◎公共关系书系◎

ON NEGOTIATION
SERIES OF PUBLIC
RELATIONS

谈判学概论

【第四版】

刘 园◎主 编

首都经济贸易大学出版社
Capital University of Economics and Business Press
·北 京·

图书在版编目(CIP)数据

谈判学概论 / 刘园主编. --4版. -- 北京:首都经济贸易大学出版社, 2023. 1

ISBN 978-7-5638-3445-7

Ⅰ. ①谈… Ⅱ. ①刘… Ⅲ. ①谈判学-概论 Ⅳ. ①C912.35

中国版本图书馆CIP数据核字(2022)第211855号

谈判学概论(第四版)
刘　园　主编
Tanpanxue Gailun

责任编辑 田玉春
封面设计 砚祥志远·激光照排 TEL: 010-65976003
出版发行 首都经济贸易大学出版社
地　　址 北京市朝阳区红庙(邮编100026)
电　　话 (010)65976483　65065761　65071505(传真)
网　　址 http://www.sjmcb.com
E-mail publish@cueb.edu.cn
经　　销 全国新华书店
照　　排 北京砚祥志远激光照排技术有限公司
印　　刷 唐山玺诚印务有限公司
成品尺寸 170毫米×240毫米　1/16
字　　数 300千字
印　　张 17.25
版　　次 2006年1月第1版　2011年1月第2版
2018年1月第3版　**2023年1月第4版**
2023年1月总第6次印刷
书　　号 ISBN 978-7-5638-3445-7
定　　价 44.00元

第四版前言

2022 年春天，在新冠肺炎疫情仍然在全球肆虐之际，一场突如其来的俄乌冲突打破了世界的基本格局，疫情的传播、政治的撕裂、战火的蔓延、经济的下坠，都让和平、康宁、和谐显得如此珍贵。化解冲突、对抗的重要路径——谈判，寄托了交战双方和各国人民的厚望。谈判的技巧，谈判的推进，谈判风险的化解，谈判目标的达成，越发显得重要，成为世界各国人民呼唤和平、渴望合作、祈盼经济增长的希望所在。

本书第四版在第三版的基础上，不仅更新了所有新闻导读的内容，而且新编写了对于谈判成功十分重要的谈判礼仪和谈判风格两章，从而使新版更加聚焦谈判本身的要义，更有利于学习者体会和掌握谈判的精髓。

第四版仍由对外经济贸易大学国际经贸学院博士生导师刘园教授主编，彭程跃先生担任副主编。此外，汪一鸣、王亦豪也对本书做出了重要贡献，特此致谢。

刘　园

2022 年 8 月 1 日于北京

ON NEGOTIATION

第三版前言

基于本书上版出版以来国际政治、经济形势出现的巨大变化，新版在过去旧版的基础上增加了第七章“谈判的心理建设”和第九章“掌控谈判”这两章对于获得谈判成功重中之重环节的全新内容，并在每章开篇部分增加了新闻导读，更新了第十章第二节中的案例内容。整体上力求使本书的视野更加广阔，内容更加鲜活生动，提升读者的学习效果。

本版仍由对外经济贸易大学国际经贸学院博士生导师刘园教授主编，刘鑫爽、隋修平、江路、侯彬任副主编。此外，李捷嵩、陈浩宇、周扬、万山峰等均对本书做出了贡献，在此一并表示感谢！

刘　园

2017 年 10 月于北京

ON NEGOTIATION

第二版前言

2008年爆发的全球金融危机，不仅影响了世界经济的发展进程，更深刻地改变了自第二次世界大战以来形成的各国实力对比格局。国家间竞争态势的陡然转换，使得人们不得不面对（而且极有可能还要坚持更长时间）经济的萧条和衰退，这给当今世界带来了更多的冲突、矛盾和突发性事件。作为解决冲突与矛盾最重要、也是迄今为止被证明自人类文明形成以来最有效的途径——谈判，就被赋予了前所未有的重任。求同存异的愿望、和平发展的主题、人类必须要走向和谐幸福的理念，更使得人们意识到，具有卓越的谈判技巧将给各方带来更多的福祉，能够坐下来沟通并最终实现理解和相容，无论是对个人还是对团体，无论是对民族还是对国家，都显得那样难能可贵。

读者对本书的反馈说明，本书较好地做到了紧跟社会、经济运行的变化规律，从纵览社会、经济生活的现象入手，以社会学、心理学、管理学、各国文化差异对比等学科的基本原理为手段，以剖析人的主观行为和客观结果之间的规律为主线，以对谈判如何影响最终个体、团体决策和行为的判断为方向，以培养和提高学生分析问题解决问题的能力为目标，最终构建起了连接课堂与社会实践之间的桥梁。基于此，本书的再版重印就有了十分积极的意义。

刘　园

2010年12月岁末

ON NEGOTIATION

前 言

谈判学是一门科学，更是一门艺术，它是公共关系学等学科的重要组成部分及其拓展和融合。现代谈判学在人类智慧结晶的基础上，更融入了心理学、管理学、经济学、历史学、社会学乃至数学等多学科知识的精粹。

无论是外交谈判、军事谈判、危机公关谈判，还是商务谈判，古今中外的杰出谈判者为人们留下了一段段化干戈为玉帛、化对手为朋友、化危机为祥和、化竞争为合作的佳话，这就是谈判学的价值所在。随着人类生产力水平的不断提高，良好的公共关系在建立和谐社会中所发挥的作用愈来愈受到人们的重视。而谈判作为建立高水平、高质量公共关系的重要手段和途径，作为人的价值实现的有效载体，作为企业保持竞争力长盛不衰的必备条件和环境，早已成为社会各界不断探索的目标和领域。

西方国家对谈判学的研究起步较早。早在20世纪60年代，美国就成立了全国性的谈判学会，其中哈佛大学的谈判中心不仅负责政府部门、公司和企业高级谈判人员的培养，而且经常参与重大的国际谈判活动。而我国对谈判学的研究起步相对较晚，无论是在各种商务谈判还是其他类型的谈判中，由于高水平的、经过专业训练的谈判人员的匮乏，都曾使我们失去了本应属于我们自己的许多机会和利益，给国家和企业造成了不必要的损失。随着中国与世界更加迅速地融为一体，随着世界各地的人们更加迫切地要求了解中国，对我国一流的、大批的谈判人才的培养早已是迫在眉睫。

本书通过对谈判与公共关系的联系与作用的分析，在对谈判学的基本原理和基本知识进行系统介绍的基础上，剖析了各国、各民族文化和风俗传统对不同国籍和地区的谈判风格的影响，归纳、总结了心理学、博弈论等相关知识对人们谈判理念的形成所产生的作用，并对大量中外驰名的成功谈判案例进行了评介。本书理论与实务并举，中外成功谈判案例兼顾，可作为高等学校公共关系、公共管理、企业管理等相关专业的本科及研究生教材，也可作为企业、组织、团体进行高级谈判人才培训的参考用书。

本书由对外经济贸易大学博士生导师刘园教授担任主编，李魁、郑毅、赵磊、张鹏任副主编。此外，参加本书编写工作的还有刘晓、陈春桃、宋诚、刘莉莉、梁律、刘皇岑、杨丽、武景、吴祖丁、王婷婷、冯琳琳、韩文涛等。

本书引用了一些相关案例，在此向原作者表示衷心的感谢。

由于编者水平有限，加之时间仓促，书中恐有疏漏之处，恳请各位专家、读者不吝赐教。

刘　园

2005 年 8 月于北京

ON NEGOTIATION

目 录

ON NEGOTIATION

第一章 谈判学概述

学习要点

谈判是一种历史悠久并遍及各个领域的社会现象，谈判作为协调各方关系的重要手段，广泛应用于政治、经济、军事、外交、科技等各个领域。谈判对于人类历史的发展和人类文明的进步具有重要作用。但是，人们对谈判理论的研究却起步较晚，至今谈判学仍处于构建阶段。因此，本章将首先介绍谈判的基本含义和主要特点、谈判学的基本范畴以及谈判的基本原则、基本程序和谈判的主要类型。

新闻导读

拜耳并购孟山都

美国种子公司巨头孟山都(Monsanto)当地时间12月13日发布官网声明,股东们已经批准德国拜耳公司(Bayer)并购孟山都。

这次股东特别大会以99%的赞同票达成以每股128美元、共计660亿美元的价格将孟山都并入拜耳的决议,交易的截止窗口是2017年年底。

但拜耳和孟山都能否成功“合体”为全球最大的种子和农用化学品公司,还需要过美国政府这一关。美国司法部联邦贸易委员会将基于反垄断法,对该并购案的合法性进行裁决。

孟山都首席执行官Hugh Grant表示:“我们很高兴得到股东们的强有力支持。这是一个重要的里程碑,我们两家公司将互补合作,共建农业的未来,帮助应对气候变化和粮食短缺等全球性挑战。”拜耳首席执行官Werner Baumann也表达了类似观点。

但全美农民联盟(National Farmers Union)和自然资源保护协会(Natural Resources Defense Council)显然不这么想,并已经向司法部施压,抵制这一并购的进行。

近两年,种子和农化行业“巨头并购”频现,前有美国陶氏化学(Dow)和美国杜邦(DuPont)两大公司合并,成为仅次于德国巴斯夫(BASF)的第二大化工企业,后有中国化工(Chemchina)以430亿美元收购了农化和种子巨头瑞士先正达(Syngenta)。

据美联社报道,全美农民联盟担心这些并购形成的超级巨头在垄断美国的种子和农化市场后,会抬高产品价格,损害农民利益。自然资源保护协会则认为孟山都和拜耳合并后会增加有毒农药的使用量,危及自然环境。

拜耳总部位于德国勒沃库森,旗下主要包括医药保健、作物科学、材料科技三大主要业务,其生产了被称为“世纪之药”的阿司匹林。目前,拜耳的市值约为900亿美元。

孟山都是一家跨国农业公司,总部位于美国密苏里州圣路易斯,目前市值约460亿美元。以销售额计,孟山都是全球最大的种子公司,同时也是转基因种子的最大生产商，其生产的草甘膦除草剂被全球广泛使用的同时又一直饱受争议。此前，孟山都曾提出愿意支付最高470亿美元竞购瑞士农化巨头先正达，但被先正达拒绝。后来，先正达被中国化工收购。

此前，金银岛资讯副总裁唐敏对澎湃新闻称，全球农产品价格大幅下滑导致全球农业公司效益下降，是这轮并购潮的大背景。就孟山都而言，在过去一年里，农产品价格持续走低和农业紧缩政策都对其收益施加了压力，孟山都已经对旗下业务进行了调整，但自身销售额和利润仍低于预期。

资料来源：虞涵棋．拜耳并购孟山都．澎湃新闻，2016－12－14（http://www.thepaper.cn/newsDetail_forward_1580249）.

第一节 谈判的含义和特点

一、谈判的基本含义

所谓谈判（negotiation）是指参与各方基于某种需要，彼此进行信息交流、磋商协议，旨在协调其相互关系，赢得或维护各自利益的行为过程。

现阶段，中外学者对什么是谈判有多种不同的解说。

美国谈判协会会长、著名律师杰德勒·I. 尼尔龙伯格（Gerard. I. Nierenberg）在《谈判的艺术》一书中所阐述的观点非常明确："谈判的定义最为简单，而涉及的范围却最为广泛，每一个要求满足的愿望和每一次要求满足的需要，至少都是诱发人们展开谈判过程的潜因。只要人们为了改变相互关系而交换观点，只要人们为了取得一致而磋商协议，他们就是在进行谈判。"

荷伯·科恩（Herb Cohen）认为："谈判是知识和努力的汇聚。谈判的目的在于得到我们需要的，并寻求对方的许可，就是这么简单。""谈判就像在一张绷紧了的网中，运用情报及权力来左右他人的行为。只要你仔细想这个广泛的定义，就会了解事实上无论是在工作或个人生活中，你时时都在谈判。"

我国国内对谈判理论的研究始于20世纪80年代末期，在已出版的著作中比较典型的定义有：

“谈判是双方或多方为了消除分歧、改变关系而交换意见，为了取得一致、谋取共同利益和契合利益而磋商协议的社会交往活动。”

“谈判是人们为了各自的利益或责任，通过交换意见，谋求一致协议的交往活动。”

“谈判就是人们基于一定的需求而彼此进行信息交流、磋商协议的一种过程，是人们旨在确立、强化、发展或消除其相互关系而进行的一种积极行为。”

根据上述含义，我们可以概括出谈判的定义：谈判是一个过程，在这个过程中，利益各方就共同关心或感兴趣的问题进行磋商，协调和调整各自的经济、政治或其他利益，谋求妥协，从而使各方都感到是在有利的条件下达成协议，促成均衡。谈判的目的是协调利害冲突，实现共同利益。

谈判作为协调各方关系的重要手段，广泛应用于政治、经济、军事、外交、科技等各个领域。

二、谈判的主要特点

谈判作为人类交往活动的组成部分，具有以下特点。

（一）行为性

谈判是人的行为，而且是人的理性行为。

无论谈判是在国家之间进行、在组织之间进行，还是在个人之间进行，进行谈判活动的总是具体的人。人都有自己的欲望、需求、思想、情感、爱好、性格、风俗、习惯、价值观念等。这些因素可引起人的动机，动机又支配和影响着人的行为。谈判就是在人的动机支配下采取的一种为了满足需求的行为活动。

人们为了满足需求，就要互相交换条件，既有取，又有给。在“给”与“取”的问题上就存在着竞争，存在着智慧的较量。一般来说，谈判人员较善于忍耐克制，将喜怒哀乐、绝望、恐惧等情绪藏于心底，以示其雍容大度。但在谈判桌前也时而有人像演员一样，运用感情冲动作为沟通思想的方式，巧妙地掩饰内心的真情实感。虽然谈判者大都耳聪目明、善于言辞、反应敏捷、精明强干，可有的谈判者却故意装聋作哑、假充糊涂，自称才疏学浅，一问三不知。通常，谈判者为了获取利益而层层设防、步步为营、寸利必争、奋力进取，可有的人却偶尔故露破绽、以退为进、欲取故予。

人的行为千奇百怪,由行为引起的反应错综复杂。因此,对谈判人员行为的认识是制约谈判局势的重要前提。

（二）合作性

谈判的前提是参与者都存在着尚未满足的欲望和需求,否则,就不会有谈判发生。需求和对需求的满足是谈判的基础,要想通过对方使自己的需要得到满足,就必须把谈判当做参与各方彼此合作的过程。

谈判的目标不是一方独得胜利,另一方完全失败,而应该是参与各方都感到自己有所收获,即“双赢”才能达成协议。只有谈判各方重视谈判的合作性特点,在合作的基础上进行协商,为实现双方的利益目标而努力,才能使谈判取得一致。对于共同利益和目标的追求,是谈判取得一致的巨大动力。谈判人员应该随时注意彼此制约的利害关系并将其引向达到共同愿望的轨道。一般来说,每个谈判者都要考虑和顾全双重利益:一是通过谈判能够得到的实质利益;二是双方保持关系的利益。从某种意义上来说,与合作伙伴、家庭成员、职业同事、政府机关以及世界各国保持长远的良好关系,要比从任何特定谈判中所得到的实质利益更重要。重视谈判的合作性特点,将谈判视为合作过程,既可以使谈判达成各自满意的协议,又可以使双方建立长期友好的合作关系。

（三）竞争性

谈判既具有合作性的特点又具有竞争性的特点。事实上,每场谈判都充满着竞争。谈判的本质是满足需求,谈判的目的就是通过与对方的合作使自己的需求得到满足,为了满足需求就必须交换条件。处于优势地位的一方难免会有利益独占的倾向,而处于劣势地位的一方也要力争有所挽回,于是各自采取着不同的策略和技巧,施展着各自的本领和能力。所以,谈判具有竞争性的特点,没有竞争的谈判几乎不存在或者不能称之为真正的谈判。

谈判中的竞争不同于体育比赛中的竞争。体育比赛具有明确的规则和既定的胜负标准,规则和标准制约着选手的行为,而实际的谈判过程却是不拘一格的。谈判过程中,各方都可能采用各种变化莫测的策略。这些策略一般来说是难以预料的,现场也不容易控制。而对于采用各种策略所依据的价值观念或胜负标准,就更加难以掌握。所以,不能用体育比赛的方式去谈判,更不能期望绝对压倒对方,置对方于死地,以达到自己单方面的目标。

谈判的目标应该是双方都感到自己有所收获。谈判过程中竞争的主要作用是协调谈判人员的行为,谈判人员可以通过竞争来衡量或估计自己与对方对抗的能力和水平,通过竞争使双方各自得到相应的报偿。

谈判中的竞争需要合作,合作是为了竞争。谈判人员如果不重视谈判的合作性与竞争性的特点以及两者的相互关系,在处于优势地位的情况下,单凭自己的主观愿望一意孤行,只打自己的"如意算盘",得寸进尺,逼人太甚,就有可能使谈判中止,导致不欢而散。

(四)沟通性

谈判的成功需要以信息交流和思想沟通为基础。谈判的沟通性特点涉及三个层次:信息交流、思想沟通、利益互换(谈判结果)。这三个层次既各自独立,又相互影响。思想沟通依赖于信息交流,信息交流、思想沟通的程度制约或决定着谈判结果。

在谈判过程中,为了实现利益互换,就必须进行信息交流。随着交流的深入,谈判双方可能产生相互满意的心理,这样就会建立一种互相信任和理解的关系,从而使谈判更加顺利,更加有效。而另一种可能是彼此之间充满敌意,这样往往会导致谈判失败。

在信息交流、思想沟通的过程中,必须重视谈判的合作性特点。谈判人员应该掌握把自己放在对方的立场上来估计形势这种重要的技巧。这就不仅需要考虑自己的利益,而且需要顾及对方的利益,需要了解对方的观点和感情的力量,既要认识对方与自己的差距,又要承认自己与对方的差距。为了消除认识上的分歧和差距,就应该把问题摆出来,以坦诚的态度对待对方的意见,彼此进行明确的、有说服力的语言交流。

第二节 谈判学的基本范畴

一、谈判学的定义

谈判是一种历史悠久并遍及各个领域的社会现象,谈判对人类历史的发展和人类文明的进步发挥着重要作用。

关于什么是谈判学，我们见到的定义有以下几种。

“现代谈判学是研究现代谈判有效活动过程及其一般规律的科学。”

“谈判学是一门横断科学。它是以协调各种社会关系而举行的会晤活动为研究对象的学问。”

“谈判学是一门以有效的谈判事务为目的，系统地研究谈判现象和活动规律的社会科学。”

这些定义都是谈判研究人员对谈判学进行的总结。鉴于此，我们对谈判学做如下表述：

谈判学是介绍谈判活动的基本常识、揭示谈判活动的一般规律、探讨谈判策略技巧的应用问题的一门综合性应用科学。

二、谈判学的研究对象

谈判学的研究对象主要包括揭示谈判活动的一般规律、探讨谈判策略和技巧的应用。

（一）揭示谈判活动的一般规律

谈判是人的理性行为，对人的行为的认识是任何谈判的基本问题。人的行为千奇百怪，变化多端，但是在谈判人员的每一个行为和由行为引起的反应后面，都隐藏着满足某种需要的动机和愿望。满足需要是一切谈判的共同目标，这种共性能够为我们研究谈判学提供一种规律性的结构。谈判既是普遍存在的社会现象，又是一种具有独立特点的特殊活动，这种活动的进展依赖于某些特定方法，这些特定方法具有某种程度的适用性、一般性和规律性。

（二）探讨谈判策略和技巧的应用

谈判是一种复杂多变的活动，也是一个艰难曲折的过程，任何成功的谈判都需要理论指导，都必须遵循谈判的特点和规律。谈判是参与人员智慧的较量，是其各种能力的综合运用。这些智慧和能力在具体的谈判过程中就体现为策略和技巧的运用。

策略和技巧的应用需要因时、因地、因人、因事而异。如何在具体的谈判过程中应用各种策略和技巧，怎样才能把每一种策略和技巧应用得恰到好处，这是一门复杂的学问。这一部分内容将在后面的章节中详细介绍,这里不再赘述。

第三节　谈判的基本原则

一、平等互利的原则

平等互利原则是指谈判人员在享受平等权利、承担平等义务的基础上进行洽谈,以求取得各自都有益的谈判结果。

谈判是达成协议的手段,协议的最终目的是满足各自的利益,要想使自己的利益得到满足就必须取得对方的同意与认可。因此,谈判的成功在于利益互换,互换是谈判成功的基础。

要想实现利益互换就必须平等相待。谈判中出现不同意见、不同观点是不可避免的,只能通过协商加以解决,而绝不能采用强硬、胁迫手段将自己的意志强加于人。

平等互利原则适用于各个层次、各种类型的谈判。尤其是在涉外谈判中,更应该本着互惠互利、彼此尊重、相互理解、平等相待的精神去谋求共同利益,这样才能建立起友好合作的交往关系。

二、灵活机动的原则

谈判过程是一个不断思考的过程,需要灵活掌握各种谈判技巧,要能猜测出对方内心的想法与计策,使自己在谈判中始终占据比较有利的位置。总之,在谈判过程中,在不放弃重大原则的前提下,要有实现整个目标的灵活性,特别是要根据不同的谈判对象、不同的竞争对手、不同的合作伙伴,采用灵活的谈判技巧,才能促使谈判成功。

三、友好协商的原则

几乎在所有谈判中,谈判双方都会就协议或合同条款发生这样或那样的争议。不管争议的内容和分歧程度如何,双方都应本着友好协商的原则来谋求解决,切忌使用要挟、欺骗或其他强硬手段。如出现几经协商仍无望获得一致意见的重大分歧,则宁可终止谈判,也不能违反友好协商的原则。终止谈判的决定一定要慎重,要全面分析谈判对手的实际情况,看其是否缺乏诚意,或是否确实不可能满足我方的最低要求，再决定是否放弃谈判。只要尚存一线希望，就要本着友好协商的精神，尽最大努力达成协议。谈判不可轻易进行，也切忌草率终止。

四、依法办事的原则

依法办事的原则主要适用于经济谈判和科技谈判，该原则是指谈判的内容及最终签署的各种契约都必须严格遵守国家的有关法律、法规和政策。因此，谈判当事人的发言，特别是书面文字，一定要符合法律的规定和要求。谈判中的一切语言、文字应具有双方一致承认的明确的合法内涵。必要时应对用语给以具体明确的解释，写入协议文件，以免因解释条款的分歧导致签约后在执行过程中发生争议。按照这一原则，主谈人的重要发言，特别是协议文件，必须经由熟悉国际法、国际惯例和其他法律法规的律师进行细致的审定。

五、原则和策略相结合的原则

谈判过程是一个调整双方利益以求得妥协的过程。由于谈判双方的立场不同，利益不同，引起冲突和斗争在所难免，讨价还价在谈判过程中是很自然的。问题是应持什么态度、根据什么原则、采用什么办法来妥善解决这些困难，争取通过谈判达到最佳效果。在谈判中，我们既要坚持原则，又要留有余地。凡涉及我国政策法令及国家或企业根本利益的原则问题，我们必须寸步不让，据理力争，但又要避免简单粗暴，一定要以不卑不亢的态度，从实际出发，耐心地反复说明立场，争取使对方接受。对某些非原则性问题，必要时则可以在不损害我方根本利益的前提下做出某些让步。在合同条款的谈判中，有时也可以在某些条款上做出一些让步，以换取对方在其他条款上接受我方的意见。不论是原则问题还是非原则问题的讨论，我们都应该自始至终坚持贯彻“有理、有利、有节”的方针，以理服人。

第四节　谈判的基本程序

不同类型和不同方式的谈判，可以有不同的程序，但一般正规的大型谈判通常可划分为五个阶段：谈判准备阶段、谈判开局阶段、交流探测阶段、磋商交锋阶段和协议签订阶段。

一、谈判准备阶段

一场谈判能否达到预期的目的,获得圆满的结果,不仅靠谈判桌上有关策略、战术和技巧的灵活运用和充分发挥,还有赖于谈判前充分细致的准备工作。后者是前者的基础,尤其是在缺少谈判经验的情况下,准备工作就显得更为重要。在与经验丰富的对手谈判时,就更要重视谈判前的准备工作,以充分、细致、周到的准备来弥补经验和技巧上的不足。

谈判准备工作的内容主要包括以下五个部分。

(一)对谈判环境因素的分析

谈判往往涉及政治、经济、社会文化、法律等各个方面的因素,这些因素对谈判的成败有很大影响,必须对这些因素进行认真分析,才能制定出相应的谈判计划。

(二)信息的收集

在谈判中,谈判人员对谈判信息的收集、分析和利用的能力,对整个谈判活动有着极大的影响。在谈判信息方面占据优势的一方往往会把握谈判的主动权。因此,经验丰富的谈判大师们都极其重视对各种谈判信息的运用,他们都具有敏锐地洞察细微事物的能力,并十分注意捕捉对方思想过程和行为方式中的各种信息。

(三)目标和对象的选择

由于整个谈判活动都是同谈判对象围绕着谈判的主题和目标来进行的,因此,谈判方案的制定必须首先确定谈判的对象和目标,既要明确与谁谈判,又要明确通过这次谈判想达到的目标。

(四)谈判方案的制定

我们在了解了谈判环境、谈判对手和自身的情况之后,在正式进行激烈的谈判交锋以前,还需制定出一个周全而又明确的谈判计划,即制定一个谈判方案。谈判方案是指在谈判开始以前对谈判目标、谈判议程、谈判策略预先做的安排。谈判方案是指导谈判人员行动的纲领,在整个谈判过程中起着非常重要的作用。

(五)模拟谈判

模拟谈判能使谈判人员获得实际经验,随时修正谈判中可能出现的错误,提高谈判能力。

谈判前的准备是否充分是决定谈判成败得失的关键。准备工作充分,谈判中就能处于主动地位,谈判就能顺利进行,效果也好;否则,仓促上阵,往往使自己陷入被动地位,难以取得好的谈判效果。我们将在第四章对谈判前的准备工作进行详细阐述。

二、谈判开局阶段

谈判开局阶段,主要指谈判双方见面后,在进入具体谈判内容之前,相互介绍、寒暄以及就谈判内容以外的话题进行交谈的那段时间和经过。开局阶段所占用的时间较短,谈论的内容也与整个谈判主题关系不大或根本无关,但这个阶段却很重要,因为它为整个谈判过程确定了基调。

谈判的内容、形式、地点不同,其谈判气氛也各不相同。有的谈判气氛十分热烈、积极、友好,双方都抱着互谅互让的态度参加谈判,通过共同努力去签订一个双方都满意的协议,使双方的需要都能得到满足;有的谈判气氛却很冷淡、对立、紧张,双方均抱着寸步不让、寸利必争的态度参加谈判,针锋相对、毫不相让,使谈判变成了没有硝烟的战争。有的谈判简洁明快,节奏紧凑,速战速决;有的谈判却咬文嚼字,慢条斯理,旷日持久。不过,更多的谈判气氛则是热中有冷,快中有慢,对立当中存在友好,严肃当中包含轻快。一般来讲,通过谈判气氛,我们可以初步感受到对方谈判人员谈判的气质、个性和对本次谈判的态度以及准备采取的方针。

在开局阶段,究竟营造何种谈判气氛为宜,要根据准备采取的谈判方针和谈判策略来决定,也要视谈判对手是陌生的新人还是熟识的老友加以区别。也就是说,谈判气氛的选择和营造应该因人而异,服务于谈判的目标、方针和策略。

三、交流探测阶段

交流探测阶段主要以“谈”为主,即谈判人员应该集中发表自己的意见、动机和意图,通过交换观点,达到相互了解。

交流探测阶段的发言要尽量防止话题过分单一,应该广开言路,探讨各种途径;最好不要互相询问,更不要在具体问题上无休止地纠缠。

要注意听清对方的发言,准确地理解其中含义。然后与本方谈判人员商量,有针对性地调整谈判方案,确定谈判策略,为磋商交锋阶段做好准备。

四、磋商交锋阶段

磋商交锋阶段是双方谈判人员真正进行“谈”和“判”的阶段，是谈判的主体阶段。在这一阶段，双方谈判人员都会依据自己的谈判目标，为达成协议而千方百计地说服对方接受自己的观点。

在磋商交锋阶段，谈判双方的对立状态明显展开。各方人员都为掌握谈判的主动权而大显神通，毫无保留地施展本领，时而唇枪舌剑，时而斗智斗力。

对立与交锋是谈判的命脉，没有双方的磋商或交锋就不是真正的谈判。在这一阶段，谈判人员应该坚定立场与信念，朝着自己事先确定的目标勇往直前。但也要时刻牢记，谈判中的竞争是为了合作，是为了满足各自的需要。因此，磋商、交锋、讨价还价，都是为了谋求一致，为了探讨和寻求共同利益的结合点。磋商交锋阶段既需要针锋相对，坚持不懈，又要掌握时机，互相让步，彼此妥协。

五、协议签订阶段

谈判双方经多次反复洽谈，就合同的各项重要条款达成协议以后，为了明确各方的权利和义务，通常要签订书面合同。书面合同是确定双方权利和义务的重要依据，因此，合同内容必须与双方谈妥的事项及其要求完全一致，特别是主要的交易条件都要订得明确和肯定。拟定合同时所涉及的概念不应有歧义，前后的叙述不能自相矛盾或出现疏漏和差错。

书面合同经过各方代表讨论推敲、修改完善之后，参与各方的代表需要签字确认。在签字完成后，这些合同条文便开始生效并具有法律效力。在履约过程中，如果出现纠纷，处理的方法主要有协商、调解、仲裁、审判。如果出现违约行为，则应当受到谴责或制裁，承担相应的法律责任。

第五节　谈判的主要类型

依据不同的标准，可以将谈判划分为不同的类型。按谈判活动所涉及的内容来划分，可将谈判分为商务谈判、科技谈判、外交谈判等类型。

一、商务谈判

企业经济活动的内容是多种多样的，因此，商务谈判(business negotiation)的内容也是复杂多样的。我国企业在涉外经济活动中经常碰到的商务谈判主要有以下几种。

(一)投资谈判

投资就是把一定的资本(包括货币形态的资本、物质形态的资本、所有权形态的资本和智能形态的资本等等)投入和运用于某一项以营利为目的的行为。投资谈判(investment negotiation)是指谈判的双方就双方共同参与或涉及的某项投资活动，对该投资活动所涉及的有关投资的周期、投资的方向、投资的方式、投资的内容与条件、投资项目的经营及管理，以及投资者在投资活动中的权利、义务、责任和相互关系所进行的谈判。

(二)租赁谈判及"三来一补"谈判

租赁谈判(leasehold negotiation)是指某国的企业为从国外租用机器和设备而进行的谈判。它涉及机器设备的选定、交货、维修保养、到期后的处理、租金的计算及支付，以及在租赁期内租赁公司与承租企业双方的责任、权利和义务关系等问题。

"三来一补"谈判中的"三来"是指从国外来料加工、来样加工和来件装配业务，这方面的谈判内容主要包括来料、来件的时间，质量认定，加工标准，成品的交货时间及质量认定，原材料损耗率的确定，加工费的计算及支付等。"一补"是指补偿贸易。补偿贸易的谈判主要涉及技术设备的作价、质量保证、补偿产品的选定及作价、补偿时间、支付方式等方面的问题。

国际租赁和"三来一补"业务在我国许多企业，特别是中小型企业中开展得非常活跃。它们在内容上与投资和贸易活动相近，但又有所区别。

(三)货物贸易谈判

货物贸易谈判(goods trade negotiation)即一般商品的买卖谈判。它主要是买卖双方就买卖货物本身的有关内容，如质量、数量、货物的转移方式和时间、买卖的价格条件与支付方式以及交易过程中双方的权利、责任和义务等问题所进行的谈判。

货物贸易谈判是商务谈判中数量最多的一种谈判,在企业涉外商务谈判中占有十分重要的地位。

(四)服务贸易谈判

服务贸易谈判(service trade negotiation)是买卖双方就提供或接受劳务服务以及无形资产的使用所进行的谈判。服务贸易主要包括运输、旅游、通信、建筑、保险、金融、计算机和信息等服务,专利权和特许权的使用,以及其他商业服务。由于服务本身不是物质商品,是通过人的特殊劳动满足人们需要的劳动过程,因此,服务贸易谈判与一般的货物贸易谈判有所区别。

(五)技术贸易谈判

技术贸易谈判(technique trade negotiation)是指技术的接受方与技术的转让方就技术转让的形式、内容、质量规定、使用范围、价格条件、支付方式及双方在技术转让中的权利、责任和义务关系等问题所进行的谈判。技术本身的特点使技术贸易谈判与一般商品货物买卖谈判有着较大的差别。

(六)损害及违约赔偿谈判

这里的损害是指在商务活动中,由于一方当事人的过失,给另一方当事人造成的名誉损害、人身伤害和财产损失。违约是指在商务活动中,由于非不可抗力引起的合同一方的当事人不履约或违反合同的行为。在上述两种情况下,负有责任的一方要向另一方赔偿经济损失。

损害及违约赔偿谈判(compensation negotiation)与前面几种类型的商务谈判相比,是一种较为特殊的谈判。其特殊性表现在:在这种谈判中,首先必须根据事实和合同规定分清责任的归属,这是谈判其他事项的前提。在分清责任归属和大小的基础上,再根据损害的程度,协商谈判赔偿的范围和金额以及某些善后工作的处理。

二、科技谈判

根据涉及的内容,科技谈判(science & technology negotiation)可分为技术开发谈判、技术转让谈判、技术咨询谈判和技术服务谈判四种。

(一)技术开发谈判

技术开发谈判(technology development negotiation)是指当事人就新技术、新产

品、新工艺和新材料及其系统的研究开发问题确定各自权利与义务而进行的谈判。

这里所说的新技术、新产品、新工艺和新材料及其系统是指当事人在谈判时尚未掌握的产品、工艺、材料及其系统等技术方案,不包括在技术上没有创新的现有产品改型、工艺变更、材料配方调整以及技术成果的检验、测试和使用。所说的研究开发,即 R&D,指的是科学研究和技术开发。联合国教科文组织(UNESCO)将 R&D 界定为:为增加知识的总量,以及运用这些知识去创新而进行的系统的、创造性的工作。

技术开发谈判常常涉及以下内容:新产品的研制、引进技术的消化吸收、工矿企业的技术改造、自然资源的开发利用、动植物新品种的培育、环境保护、计算机软件的开发等。

技术开发谈判根据谈判当事人主要义务的不同又可以分为委托开发与合作开发两种情况:委托开发是指委托方提供经费,委托研究开发方对约定技术进行研究开发;合作开发是指由当事人各方共同投资、共同研究开发约定的技术。

(二)技术转让谈判

技术转让谈判(technology transfer negotiation)是指当事人就专利权转让、专利申请权转让、技术秘密转让、专利实施许可问题确定各自权利与义务而进行的谈判。技术转让就是当事人通过科技谈判将现实拥有的特定技术成果的权利进行有偿转让。在技术转让谈判中,转让技术成果的一方称为转让方(或让与方),接受技术成果并支付价款的一方称为受让方,受让方支付的价款叫做使用费。

根据作为标的的技术成果的权利性质,可将技术转让谈判分为专利权转让谈判、专利申请权转让谈判、技术秘密转让谈判和专利实施许可谈判。

《中华人民共和国合同法》第 343 条规定:"技术转让合同可以约定让与人和受让人实施专利或使用技术秘密的范围,但不得限制技术竞争和技术发展。"这就将市场经济的竞争机制和约束机制引入了我国的科技谈判,也体现了对当事人约定实施和使用技术成果范围的权利的保护。

(三)技术咨询谈判

技术咨询谈判(technology consulting negotiation)是指当事人就为特定技术项目提供可行性论证、技术预测、专题技术调查、分析评价报告和为此支付报酬的问题而进行的谈判。在技术咨询谈判中,为特定技术项目提供咨询的一方叫做受托方,接受技术咨询并支付报酬的一方叫做委托方。

技术咨询谈判具有以下特征：

1. 谈判的内容具有特定的议题，诸如项目可行性论证、技术预测、专题技术调查、分析评价报告等。

2. 谈判的成果具有假设性质，有待于实践检验。

3. 责任的分担具有特殊性。《中华人民共和国合同法》第 359 条第 3 款规定：“技术咨询合同的委托人按照受托人符合约定要求的咨询报告和意见做出决策所造成的损失，由委托人承担，但当事人另有约定的除外。”明确规定受托方免予承担责任。

（四）技术服务谈判

技术服务谈判（technology service negotiation）是指当事人就解决特定技术和为此支付报酬的问题而进行的谈判。包括技术辅助服务谈判、技术中介谈判和技术培训谈判。

技术服务谈判具有以下主要特征：

1. 谈判的主体具有特定性。技术服务属于高智力性工作，因此，要求参与谈判的受托方必须是掌握一定专业技术知识的科学技术人员。

2. 谈判的客体具有特殊性。这种特殊性表现在受托方向委托方提供服务的技术通常不属于专利技术和专有技术，而是大量的人们在日常专业技术工作中反复运用的现有技术，或称为公有技术。在履行谈判合同的过程中，通常不会发生侵犯他人技术权益的行为。

3. 谈判的内容具有广泛性。一般包括产品设计、制图、工艺编织、工程计算、产品及材料鉴定、情报收集、检索和整理等。

三、外交谈判

外交谈判（diplomacy negotiation）主要分政治谈判和军事谈判两种类型。这两种类型的谈判既有区别，又有联系。

（一）政治谈判

政治谈判（political negotiation）是政府、政党、社会团体之间就内政及国际关系等方面的问题，为确定各自利益、改善相互关系、协调行为尺度而进行的谈判。例如:联合国及其他国际政治组织主持的关于制定国际法、关于人权问题的谈判;国家之间关于建立外交关系、解决边界纠纷、解决外交纠纷等问题的谈判;政党之间为争取执政权利和合法地位等问题而进行的谈判;社会团体、社会组织之间为改善相互关系,获取某种利益、地位而进行的谈判。政治谈判在国家与国家之间是解决纠纷、消除隐患、维护和平的重要手段;政治谈判在政党之间、社会团体之间是统一目标、加强团结、防止分裂的有力措施。

(二)军事谈判

军事谈判(military negotiation)是军事组织之间就宣战、停战以及协调武装冲突中的各方关系、限制武装力量等问题而进行的谈判。

军事谈判按其发生的时期可分为和平期间的军事谈判和战争期间的军事谈判。

和平期间的军事谈判主要解决关于裁减武装力量、限制军备方面的问题。和平期间的军事谈判往往与政治谈判结合进行。

战争期间的军事谈判主要是为了结成联盟、集结武装力量、协调各方的军事战略方针、调整军事计划;也有的是为了劝降劝退、为了宣战或是为了议和、乞和、求和、讲和等。

(三)政治与军事相结合的谈判

政治与军事相结合的谈判是指以解决政治、军事问题为主要议题的谈判。

政治与军事相结合的谈判需要解决的问题从内容上看包括两个方面,但这两个方面的问题往往是交织在一起的,二者具有相互影响、相互制约的关系。例如,1945 年国共两党之间在重庆举行的谈判,从政治角度来看主要是解决国家民主化建设与解放区的政权问题,从军事角度来看主要是解决国共双方军队的统一整编问题,但这两方面的问题互相关联、关系密切。

(四)政治、经济、科技相结合的谈判

政治是经济、军事和其他诸种社会关系的总和表现。因此,军事、经济、科技文化等其他问题往往都与政治有关。国际上许多重大的谈判,虽然叫做经济会议、科技会谈等名称,但却都具有鲜明的政治色彩。因此,也可将它们归为外交谈判范畴。例如,1992 年 6 月底在达喀尔举行的非洲统一组织第 28 届首脑会议,对非洲当时的政治和经济形势、南非局势以及社会问题等进行了认真讨论,

并通过了20多项决议或决定。预防、处理和解决非洲大陆上的所有冲突，是这次首脑会议的重要议题之一。关于经济问题，会议要求尽快建立非洲经济共同体，以便加速和巩固非洲经济的一体化与合作。会议还通过了一项关于向艾滋病开战的宣言。

案例应用

艾柯卡临危受命，出任克莱斯勒汽车公司总经理。此时的克莱斯勒四面楚歌，业务陷于瘫痪，债主不断上门。

更令人棘手的是，工人觉得待遇过低，要求增加薪水；而艾柯卡为了渡过难关，希望降低工人工资以缩减开支。他把自己的年薪由36万美元减为10万美元，公司高级职员的工资则降低10%。随后，他找到工会会长要求削减工人工资，由原来的每小时20美元减为每小时17美元，一下子激起轩然大波，工会拒绝答应，双方僵持不下。

一天晚上，艾柯卡找到工会谈判委员会，再次晓之以理："我再给诸位8小时的时间考虑，我将自己的工资减少近3/4，将大家的工资减少不到1/5，目的就是降低企业成本。只要企业能渡过难关，我们大家就有未来。企业垮了，我们就会失去一切。"说完，头也不回地走了。

第二天，工会答应了艾柯卡的要求，并未出现有人估计的骚乱现象。

思考题：

1. 艾柯卡为了赢得谈判，运用了什么谈判技巧？
2. 艾柯卡是如何使工会谈判委员会接受降薪的谈判条件的？

ON NEGOTIATION

第二章 谈判与公共关系

学习要点

从某种意义上说，谈判是一种技能，是公共关系中不可或缺的重要组成部分。公共关系拥有最广的内涵，涉及组织对外形象的管理，包括制定战略、安排计划等。当涉及与其他组织的往来时，谈判就发挥了重要的作用。事实上，与其他组织的洽谈、沟通是公共关系的主要内容，而谈判也就成了公共关系的重要组成部分。因此，研究谈判应从更广的概念入手，以便明晓谈判发生的环境和场合，这就是了解公共关系的必要性。

新闻导读

美墨加协定争议不断，北美自贸区面临挑战

美墨加协定即“美国—墨西哥—加拿大协定”，于2020年7月1日正式生效，取代《北美自由贸易协定》。该协定由美国主导签订，墨西哥和加拿大在谈判中做了不同程度的让步。近两年，美墨加协定在实际落实中屡生争议。分析指出，此番墨、加联合挑战美国对协定内容的解释，又一次暴露出三方在贸易领域存在的固有矛盾。在新冠肺炎疫情延宕反复、全球经济下行风险持续的大背景下，美墨加协定风波不断，给北美地区推进贸易自由化的进程蒙上阴影。

1.“苦美久矣”。“加拿大和墨西哥对美国在发展电动汽车方面的保护主义政策感到恼火，称这会损害两国的产业。”法新社近日报道称。

事实上，围绕汽车产品原产地问题，三国自谈判时就存在不小的分歧。最终达成的美墨加协定规定：北美地区所产汽车75%及以上的组成部件产自本地区方可享受零关税优惠，较此前规定的62.5%的比例大幅提高。

据外媒报道，在计算汽车核心部件（发动机、传动系统和转向系统）的三国原产地占比方面，美国出台了更严苛的解释，令整车更难达到免税门槛，引发加拿大和墨西哥的不满。2022年1月6日，墨西哥要求就这一问题设立争端解决小组。加拿大国际贸易、出口促进、小企业及经济发展部长伍凤仪日前发表声明表示，加拿大加入墨西哥提出的诉求，认为美方的相关解释不符合美墨加协定各方和业界相关者在整个谈判过程中建立的共识。

这并非三国围绕美墨加协定首次出现纷争。在协定生效后不到两年的时间里，加方、墨方可谓“苦美久矣”。

据美国《华尔街日报》报道，2021年5月，美国对加拿大乳业“开刀”，首次启动美墨加协定正式争端解决机制。美国认为，加拿大采用一整套复杂的关税配额体系，为加拿大奶制品加工商专门留出一部分市场，违反相关协议条款。加拿大针锋相对地表示，“政策完全符合贸易协议规定”，对美国的举动“感到失望”，将“坚决捍卫我方立场”。2021年11月，美国商务部表示，向加拿大软木出口商征收反倾销和反补贴关税，税额平均提升至17.9%，比最初设定的8.99%的税率翻了一倍。

加拿大呼吁美国停止征收“无理关税”，表示将在美墨加协定、北美自由贸易协定和世界贸易组织等框架内发起诉讼。

2. 矛盾堆积。美墨加协定生效时，美国政府曾标榜其为“21世纪最高标准的贸易协定”。事实究竟如何？专家指出，该协定在发挥作用的同时，也在堆积矛盾。

“从地缘经济格局角度来看，美墨加协定一定程度上稳固了北美区域作为世界经济重要组成部分的地位，为北美商品贸易规模及美加、美墨双边贸易增长提供了动力。”中国社科院美国研究所经济室主任罗振兴在接受本报记者采访时指出，但从协定具体执行情况来看，还存在不少问题。在汽车原产地规则、劳工待遇、市场开放度等关键议题上，三国谈判时就分歧巨大。受新冠肺炎疫情影响，相关核查、监督工作开展困难、执行力度欠缺，原有的一些矛盾被进一步放大了。“北美地区还面临提升贸易基础设施水平、畅通产业链供应链等紧迫任务。这是影响美墨加协定实施的关键问题之一。”

作为美墨加协定签署方中的唯一发展中国家，墨西哥承受着更大的压力。根据协定，获得汽车关税豁免还要保证每辆车40%的零部件由时薪不低于16美元的工人生产，这对具备廉价劳动力优势的墨西哥来说并非利好。同时，农产品出口争端问题并未按照墨政府意愿写入协定，美国仍将对墨农产品进口做出季节性限制，以保障本国农业生产者的利益。墨西哥媒体不无担忧地说，“美国很容易就能找到实施保护主义措施的借口”。

3.“美国优先”。据美媒报道，2022年2月15日，美墨加协定争端解决专家组确定，美国针对加拿大太阳能产品征收的不合理关税违反了两国之间的贸易协定。加拿大发表声明称，将“努力争取完全消除不合理的关税”，确保“太阳能产业以及所有加拿大产业和工人充分受益于美墨加协定”。

处处体现“美国优先”的美墨加协定，将给北美地区贸易自由化带来什么？

据外媒报道，一段时间以来，美国政府签署“购买美国货”的行政命令、撤销连接美加两国输油管道的扩建许可、吝于向加拿大和墨西哥两国提供疫苗等做法，“招致了邻国的广泛批评”。墨西哥经济部长塔蒂亚娜称，“从未预料到美国在经济上变得如此封闭”。

从协定本身来看，美墨加协定在部分条款和运行机制上具有一定的超前性。但从原产地规则等条款来看，它又是一项保护主义色彩极强的区域贸易协定，甚至包含“以邻为壑”的贸易保护措施。在当前全球生产依赖日益增强的背景下，人为切断产业链关联不仅影响全球经济复苏，也会对自身发展带来负面影响。此外，美墨加协定对三方而言并非是一个完全平等的协定，美国秉持本国利益优先的思维方式，损害墨、加利益。“协定的可持续性目前仍是一个问号。随着各方矛盾不断凸显，美墨加协定应不断加以改革、完善。”

资料来源：李嘉宝．美墨加协定争议不断，北美自贸区面临挑战．人民日报海外版，2022－02－24(http://chinawto.mofcom.gov.cn/article/e/t/202203/20220303283661.shtml).

第一节　公共关系的概念

生活中人们无时无刻不在谈判：朋友之间为了决定去哪里就餐而谈判，孩子们为了决定看哪一个电视节目而谈判，律师为了能在上法庭前调解纠纷而谈判，警察为了解救出人质而与恐怖分子谈判，国家之间为了开放边境、发展自由贸易而谈判，等等。谈判并不是那些有经验的外交家、顶尖销售员才具有的一种特有的技能，而是每个人每天都要做的事。尽管在日常生活中的谈判不会像签订国际协议谈判或公司合并谈判那样引人注目，但无论是外交家还是大公司，其谈判的结构和程序与个人为生活琐事而进行的谈判是基本相同的。

与人打交道就要谈判，谈判能力的高低在某些场合成为制胜的关键。特别在市场经济环境中，社会分工明确，每个人都各司其职，其活动离不开其他人的配合。如何使自己脱颖而出、在激烈的竞争中立于不败之地，谈判在其中起到重要的作用。但是，谈判只是与人打交道这门科学的重要组成部分，而并非全部。要想成就自己，就必须把握宏观大局，而不能只见树木，不见森林。因此，了解公共关系的基本内涵和规律是十分必要的。有公共关系就有谈判，谈判就发生在公共关系中。

一、公共关系的基本概念

公共关系(public relations, PR)是社会组织与其他相关联的社会组织或群体之间各种关系的综合表现，是一种通过塑造、宣传以及管理组织的形象来增强内部凝聚力和对外部公共吸引力的一种软性经营管理艺术。有一位公关经理曾用一位小伙子追求漂亮姑娘的例子来形象地描述公关的本质特征。她说：如果小伙子对姑娘大献殷勤，起劲儿地表白自己如何喜欢他、欣赏她，这不是公共关系而是推销；如果小伙子精心打扮自己，并以翩翩的风度去吸引姑娘的注意力，这也不是公共关系而是广告；如果小伙子认定目标，制定计划，埋头苦干，取得了优异的成绩，赢得了大家的好评，而这种赞扬通过众人之口传入姑娘的耳中，使姑娘对小伙子产生了尊敬，然后转化为爱慕之情，这才是公共关系。这是一个巧妙的比喻，它形象地说明了什么是公共关系，即组织机构与公众环境之间的沟通与传播的关系，通过把自身的本职工作做好，同时与自己与之打交道的目标群体搞好关系，通过舆论把这些好的形象传播出去，从而形成较高的知名度。公共关系既不同于商业性的广告又不同于一般的推销活动，它是一种管理活动。至于不同主体的接洽，则属于谈判的范畴。

二、公共关系的本质特征

（一）公共关系是一种软性经营管理艺术

作为一种关系，公共关系有别于其他各种具体的政治关系、经济关系、行政关系、法律关系、家庭伦理关系等，它特指组织与公众之间的信息交流关系，这种关系渗透在组织的各种具体关系之中，是组织的一项重要的管理职能。公共关系活动是一种润滑剂，服务于组织的各种管理活动，它不是某种具体关系本身（如有别于市场销售关系等），而只是在实现某种具体关系的时候相伴随的传播沟通关系，即通过双向的信息传播与沟通，去达成组织与具体关系对象之间的相互了解、理解、信任与合作，以促成具体关系的顺利发展。目前流行的整合营销活动就是公共关系活动与营销活动的有机结合。例如，2022 年 3 月，苹果公司宣布将为 iPhone 等硬件产品推出有关新的订阅服务的公关活动，以开发一种新的商业模式，这种商业模式可能会改变全球智能手机行业的游戏规则。克莱斯勒公司在遇到危机时，让其起死回生的方法就是公共关系活动，这些公共关系活动对推动公司的发展起到了关键的作用。无论是政府公共关系还是企业公共关系，其实质都是组织与公众之间的双向信息交流关系。所以，在此意义上说，公共关系虽然是一种管理艺术，但是它与其他的管理活动不同，它是软性经营管理艺术。

（二）公共关系的目标是为组织树立良好的公众形象

公共关系用通俗的话讲，就是通过传播、沟通以及协调让别人给予自己积极的评价。

形象和声誉作为一种无形财富、无形资产，不同于有形的产品、设备、资金和人力，不能单纯用技术的、经济的、行政的方法来管理，而必须借助于公共关系特有的传播沟通的方法来处理。组织的形象和声誉不是由组织自己主观认定的，而是由公众来认可和评价的。公共关系有别于其他传播活动的特点是，它不是简单地告知信息，而是通过传播来塑造组织的形象；公共关系有别于其他管理活动的地方不是管理具体的人、财、物，而是管理形象，它是一种软性管理艺术，管理无形的声誉和形象。

组织的形象对于组织来说是一笔无形的财富，对组织的生存和发展起着举足轻重的作用。这一点已越来越受到组织的重视。例如，海尔的总经理张瑞敏在一次中央电视台的《焦点访谈》节目中提到了一个例子，即海尔公司为了树立将质量放在第一位的企业形象，当在一次冰箱的检测过程中发现了一些质量问题时，当着全体工人的面销毁了这批有问题的产品，尽管有些职工流着泪恳求经理低价卖给员工个人，但是张瑞敏坚决地指出，绝不允许残次产品影响海尔的声誉。也正是因为海尔视企业形象如企业生命，才使得海尔能够拥有今天驰名中外的良好声誉。

（三）公共关系是一项经常性的经营管理职能

一个组织应做到时时有公关、处处有公关。亚柯卡的公关实践告诉我们，不能把公关人员当做“救火队”，公共关系的管理职能应该是经常性与计划性的，公关工作是一种长期性的工作。如果一个组织平时就注重公关工作的话，那么，在组织遇到危机时，就会看到其神奇的效果；反之，如果组织平时不注重公关工作，那么，当需要公关的帮助时，则不会轻易在短时期内见效。所以，组织在平时就应抓住一切机会树立自己的形象。

三、公共关系的要素

公共关系包括三个要素：第一，公共关系主体；第二，公共关系客体；第三，公共关系的工作手段。

（一）公共关系的主体

公共关系的主体是组织机构而非个人，这一点非常重要，是我们在理解公共关系的定义时的关键之点。公共关系的主体可以很大,也可以很小,国家、家庭、学校都可作为它的主体,它是各种政治、经济、军事、文化团体及民间组织的统称,是公共关系活动的实施者。任何一个组织的生存与发展,都需要得到社会的认可、接受和支持,都需要在一定的现实条件和环境中进行。所以,组织需要通过公共关系管理活动为其创造良好的环境和塑造美好的形象。

(二)公共关系的客体

公共关系的沟通对象是相关公众,也叫公关客体。公众是与社会具有直接或间接关系的个人、群体和组织的总称(现实的或可能的),是与公共关系主体利益相关并相互影响和作用的个人、群体或组织的总称。公众构成组织的一种特定环境,任何组织的发展与成功都有赖于良好的公众环境,都需得到公众的认可与支持。这种关系是利益关系。公众既是一个组织赖以生存和发展的"生态环境",又是该组织公共关系的工作对象。它是与组织具有某种关系的人或人群的总和,不是泛指社会上的每一个人或组织,而是指与组织已发生或将发生利益关系的对象。公众可以是个人,也可以是一个组织,这一点与主体不同。当组织需要策划一项公共关系活动时,首先需要做的就是公众分析,即分析组织本次公关活动的受众对象,只有这样做,组织的活动才能有的放矢;当实施此项公共关系活动时,又必须时时处处以公众的利益和要求作为工作项目的出发点;当评估此项活动时,则以是否使公众满意和是否引起公众的期望行为作为衡量标准。所以,公共关系也可以称为公众关系。

(三)公共关系的工作手段

公共关系的工作手段是传播沟通媒介。广泛地应用各种形式的人际沟通媒介和大众传播媒介去了解和影响公众的态度和行为,是公共关系活动的主要特色。这一特色使公共关系活动与生产活动、销售活动、财务活动、行政活动等区别开来,它既不能代替这些活动,也不能为这些活动所代替,它在本质上是一种信息传播过程,是对信息的管理与经营。公关人员应当具有比较好的媒体素质,即与媒体打交道、搞好关系和在媒体面前表达的能力。公关工作的主要途径就是让媒介作为第三者,站在一个比较客观的角度去报道组织的优势,而不是组织自己来"老王卖瓜,自卖自夸"。

第二节　公共关系的多重含义

公共关系到底有几层含义,目前还未达成一个共识。人们普遍认为,它既可以是一种状态,又可以是一种活动,还可以是一种学说、一种观念和文化。

一、公共关系状态

公共关系状态(the condition of PR)是指社会组织的形象状态,即社会组织在公众心目中的总体印象,主要表现在以下两个方面:

第一,公众舆论状态。公众舆论对社会组织的反映、评价,体现为社会组织的知名度和美誉度。比如,海尔在中国人的心目中就是好产品的代名词,可口可乐意味着饮料行业中的佼佼者,这意味着这两个组织目前的公众舆论状态良好。

第二,社会关系状态。它体现为组织与相关公众之间的具体关系状态是紧张还是和谐。

公共关系状态是客观的和无形的。客观,即指任何一种公关组织都处在一定的公共关系状态之中,不论组织已经意识到还是尚未意识到,组织都实实在在地处在一定的公众环境之中和处于一定的舆论状态之下;无形,是指相对于人、财、物来说,公共关系是无形资产。

公共关系状态其实就是对组织的状态的一种静态描述。一般来说,公共关系有四种状态(如图 2－1 所示):第一种是高知名度/高美誉度,这种状态是组织的最理想的状态;第二种是高知名度/低美誉度,这是最不理想的一种状态,即组织处于一种危机状态;第三种状态是低知名度/低美誉度,这是组织发展的初始状态;第四种是低知名度/高美誉度,这是组织的一种较为稳定和安全的状态,说明组织处于发展阶段,有很好的发展前景。任何组织都会有一种公共关系状态,属于这四种中的一种。

二、公共关系活动

公共关系活动是组织为了树立良好的形象而从事的各种活动。例如:市场调查、制造新闻、广告制作与宣传、CI 传播、谈判、宴请、举办展览会、售后服务、危机

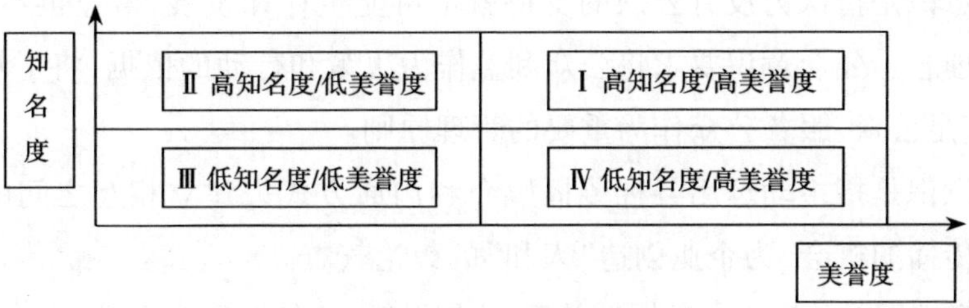

图2-1 公共关系的四种状态

公关、新闻发布会等。公共关系活动也可以指组织或个人自发的、日常的沟通与传播行为，如在日常的交往中如何礼貌待人、友好相处等。现代公共关系活动已形成一系列比较规范和专业化的管理实务，包括公众调查、公关咨询、公关策划、公关宣传、公关交际、公共服务以及各种公关特别项目等，这里的公共关系活动主要是指作为组织的一种经营管理行为的“公共关系实务”。应该说，公共关系活动自古就有，而将公共关系上升为一种经营管理职能和方法，形成专业化或职业化的实务工作，则是现代社会的产物。这标志着人们的公关行为经历了一个从自发到自觉、从无意识到有意识、从经验到科学的发展过程。当人们用“公共关系”这一概念去界定自己的这种传播沟通行为的时候，已是一种质的飞跃，说明公共关系活动已经定型为有别于人类其他活动的一种特殊的实践活动。

组织为了获得较好的公共关系状态，就需通过有组织、有计划地开展公共关系活动去实现，二者是结果与手段、过程的关系。

三、公共关系观念

我们还可将公共关系理解为一种意识、观念和文化，即客观的公共关系状态和能动的公共关系活动在人们思维中的反映，并以观念和文化的形式，构成经营管理中的一种价值观念、行为准则和道德规范。它影响和指导着个人或组织决策与行为的价值取向，从而反作用于人们的公关活动，并间接影响实际的公关状态。当人们自觉地意识到公共关系的客观性和公关活动的重要性时，便会形成一定的公关意识或公关观念，包括形象意识、公众意识、传播意识、协调意识和互惠意识等。

形象意识是指在决策和行为中高度重视声誉和形象，将良好的形象视做无形的财富，将其列为重要的战略目标。

公众意识是指认为没有公众的支持就不可能生存和发展，事业也不能获得成功的正确理念。公众意识要求将公众利益作为决策和行动的依据，将了解公众、顺应公众、满足公众、服务公众作为重要的管理原则。

传播意识是指主动运用各种传播媒介和沟通方式去建立相互之间的了解，不放弃任何传播的机会，为企业创造“人和”的舆论气氛。

协调意识即对外对内主动协调关系，化解矛盾，使各方利益达到平衡。

互惠意识主张关系的双方共同发展，共同获益，平等互利。

四、公共关系学

公共关系学是指以公共关系的客观现象和活动规律为研究对象的一门综合性的应用学科，是研究组织与公众之间传播与沟通的行为、规律和方法的一门学科。

公共关系学科是应用性很强的边缘性学科，又是理论上综合性较强的交叉性学科，涉及的学科有社会、哲学、政治、经济、传播、管理以及行为科学等。它是以传播学和管理学为基础建立起来的新兴学科。

第三节　公共关系的专题活动

一、记者招待会

一般来说，召开记者招待会前应做好以下准备工作。

（一）确定主题

主题是记者招待会的中心议题，记者招待会必须围绕主题来展开，而主题又必须围绕组织发生的事件和决策来确定。记者招待会将宣布什么，是就某一事件进行解释，还是公布一条新的信息，或是在大会上将新产品介绍与展示给记者看等，召开会议的公关人员对此必须做到心中有数，明确会议的类型和性质。

（二）确定邀请对象

会议的主题决定着邀请对象的范围。如果事件涉及全国，则要邀请中央新闻单位的记者出席;如果事件发生的范围及影响仅仅限于本埠,就只需邀请当地新闻单位的记者出席;如果事件涉及专门业务,则要邀请专业性报刊和新闻单位内部从事专门报道的记者、编辑出席。对记者要一视同仁,不能邀请了一部分而忽略了另一部分。应注意做到邀请层面适当,兼顾各方面的媒体。

(三)挑选记者招待会的主持人和发言人

记者招待会的主持人和发言人必须能够胜任自己的工作,即必须有出众的口才,同时思维敏捷,反应迅速。一般由主持人发布重要信息,介绍招待会的主题和单位的基本情况,再由发言人做详细发言。因此,会议的发言人和回答记者问题的人应是本组织的主要领导人。如果需要同时有几位领导人共同出席,事先应集中讨论会议主题,注意在重大问题上口径一致。

(四)准备记者招待会上的发言和报道提纲

要根据记者招待会的主题和统一的口径,由熟悉情况的人组成专门的起草小组,全面搜集有关的资料和情报,写出准确生动的发言稿供发言人使用。另外,还需列出报道提纲,提供给与会的记者,供他们撰写新闻稿时参考。

(五)准备辅助宣传资料

为了使参加会议的记者们能够对组织所公布的消息或所解释的问题给予充分的理解,组织的公共关系部门一定要在会前准备好充分的资料,包括领导人的发言材料,送给记者们的文字、实物、图片资料,组织自身对问题的认识和感受的文字资料。这样可以使记者们准确、真实地掌握会议的议题,并针对感兴趣的问题提出看法、意见或要求组织做出解释。

(六)做好其他准备工作

1. 地点。记者招待会的地点要根据会议的主题择定。利用本单位的会议室、租用宾馆或到外地均可,要以方便每一位来宾为出发点。会前对会场要进行实地考察,切忌临时改变会议地点。

2. 日期。确定记者招待会的日期时,应尽量避免节假日或有重大社会活动的日子,以防记者无法脱身,不能前往。日期选定后,应提前3~4天把写好的请柬派专人送到应邀者手中,切忌邮寄,以免发生丢失和滞后收到请柬的现象。

3. 会场。会场布置要方便记者工作,如准备好录音和录像辅助器材、电话、传真等。

4. 会前要安排好会议的记录者、摄影者、摄像者，为将来的宣传和纪念活动做好准备工作。

5. 组织记者参观。一般在记者招待会前后，配合会议的主题，要组织记者进行参观，给记者实地采访、录像、拍摄的机会。如果有这一项目，必须在记者招待会前安排好将要参观的地方，做好组织工作。

6. 参加会议的领导人、工作人员、服务员应穿戴整洁、得体，精神饱满，从而体现出组织的风格。

7. 经费预算。举办记者招待会之前，应制定预算计划，由组织拨给专款，会议后结清账目。

（七）举办记者招待会应注意的事项

1. 会议主持人应充分发挥其主持和组织的作用。要努力做到：言谈既要庄重，又要有幽默感，注意活跃整个会议的气氛，引导记者踊跃提问；切实把握会议的主题，防止离题太远；控制发言时间，避免重复提问，引导深入提问；维持会议的秩序，使会议顺利地进行；在气氛紧张时，及时缓和气氛；严格掌握好会议的时间，各项议程不要拖拉，不能随便延长会议时间；等等。

2. 发言人的演讲应简明扼要，切忌长篇大论。对记者的提问应随问而答，不能答非所问、离题太远。如遇到实在难以回答的问题，应首先表示歉意，然后告诉记者如何去获得圆满的答案，或请人代答，绝不能轻率地、漫不经心地说“无可奉告”，更不能反唇相讥，嘲弄对方。

3. 对于不能发表的信息或机密情报，应解释原因。

4. 不要随便打断记者的发言和提问，也不要采取任何动作、表情阻止他们。

5. 所发布的消息应准确无误，发现错误后应马上公开更正。

记者招待会结束以后，要检验招待会的效果是否达到了预期的目的。要尽快整理出记者招待会的记录材料，从中总结出此次招待会在组织、布置、主持和回答问题等工作中的成功和失误，将这些经验编成档案进行保存。大量搜集每一位到会记者在报刊上发表的稿件、文章，并进行归类，检查是否达到了这次记者招待会的预定目标。检查是否有由于组织公关人员工作不到位所造成的失误，如有应设法补救。如果是记者本身的疏忽所致的错误，也不要指责，而应该婉转地转告记者本人。对各记者提问的倾向性和公开或私下聊天中所表露的看法进行分析，从而了解各记者所代表的新闻机构的背景及其意见和态度,以及产生的原因等,以便做到心中有数。

二、展览会

展览会(exhibition)是公共关系活动中经常采用的一种传播形式。它可分为贸易性展览会(展销会)和宣传性展览会。展览会通过真实可见的实物展示、热情周到的服务、全面透彻的资料和图片介绍、技术人员的现场操作和讲解员的生动解说,可以吸引更多的到场者,给观众留下深刻的印象。对于贸易性展览会来说,它可以让公众借此机会了解市场行情,获得可靠信息,同时,进一步强化产品的感染力,增强企业的竞争力;对于宣传性展览会来说,则可以让社会公众通过展览会接受某种思想观念和信仰。因为展览会较为直接和直观,往往使公众信服,对于新企业、新产品形象的塑造和某一新思想的传播,展览会的作用更加明显。

(一)展览会的类型

1. 从展览会的性质看,有贸易性展览会和宣传性展览会。贸易性展览会的目的是树立企业信誉,促进商品的销售,展出的主要是实物产品;宣传性展览会的目的是为了宣传某一观点、思想和信仰,或者是让人们了解某一段史实,通常展出照片资料、图表和有关的实物。

2. 从展览会的规模看,有大型综合展览会、小型展览会和袖珍展览会。大型综合展览会一般由专门的单位举办,企业通过报名参加。这种展览会规模很大,参展的项目很多,需要主办者有较强的组织展览能力,如世界性的博览会、全国性的展览会。小型展览会的规模较小,一般由企业自己举办,展出自己的产品。微型的袖珍展览是指商店的橱窗展览和流动的展览车等。

3. 从展览会所涉及的内容看,有综合性的展览会和专业性的展览会。综合性的展览会又叫横向展览会,是一个国家、一个地区或一个单位经济发展的缩影,具有广博性。专业性的展览会又叫纵向展览会,是围绕某一专题或某一项内容举办的展览,具有纵深性。

4. 从展览会持续的时间看,有长期固定的形式和一次性、定期更换的形式。

5. 从展览会举办的地点看,有室内展览会和露天展览会。

（二）展览会的特点

1. 复合性。展览会是一种复合性的传播方式。所谓复合性传播方式，指的是同时使用多种媒介进行交叉混合传播。一个展览会通常会同时运用多种传播媒介，包括：声音的媒介，如讲解、交谈和现场广播；文字的媒介，如印刷的宣传手册、介绍材料；图像媒介，如各种照片、幻灯片和录像；实物媒介，如产品等。由于展览会这种复合性传播方式综合了多种传播媒介的优点，所以，展览会的沟通效果通常较令人满意。

2. 直观性。展览会是一种十分直观、形象、生动的传播方式，一般以展出实物为主，观众看得见、摸得着，又有专人当场进行示范、讲解。这种形象、生动的传播方法，能够强化观众的记忆。

3. 直接性。展览会能为某一组织或企业提供与公众进行直接双向沟通的机会。展览会上，一般都有专人回答参观者的问题，并就他们感兴趣的问题进行深入的讨论。这样，参展单位在让公众了解自己的同时，也了解了公众，能及时掌握公众对展览会的反应，参展单位可根据公众反馈回来的信息进一步搞好工作。另一方面，这种直接双向沟通的针对性较强，能就个别公众或某一特殊情况进行交流，收效很大。

4. 高效性。展览会上有许多企业和产品参展，是一种高度集中和高效率的沟通方式。展览会节省了参观者的时间，提高了他们接收信息的效率。人们往往不会错过与自己业务有关的机会，这就给新企业和新产品提供了一个脱颖而出的好机会。

5. 易传性。展览会是一种综合性的大型活动，往往能成为新闻媒介追踪的对象，成为新闻报道的题材，因此对社会公众的影响很大。当新闻报道某处要举办展览会时，就会有许多需求者和好奇者涉足展览会，同时也引起更多公众的注意。参展单位可以利用展览会这一机会大造声势，扩大影响，并利用这一和新闻记者广泛接触的机会，搞好与新闻界的关系。

（三）举办展览会要注意的问题

展览会是一种面向全社会的传播活动。在展览会期间，参展单位既要开展业务和宣传活动，又要树立自己的形象，因此需要细致、全面的公共关系工作。举办展览会应该考虑和注意如下问题：

1. 明确展览主题。有了明确的主题思想,才能提纲挈领,使所有展品得到有机排列和组合,给人以有条不紊、层次分明之感。如果主题思想不明确、不集中,就会给人一种茫无头绪之感,而且,展览会的主题将决定展览会中将使用的特殊沟通方式和接待形式。

2. 构思展览结构。展览会如同一项系统工程,要有一个总体设计。确定展览会的类型、参展单位和参展项目,考虑参展项目和产品品牌怎样搭配,这需要一定的经验和专门的技巧,以使展览结构趋于合理。

3. 明确参观者的类型。展览会针对的公众是谁?包括的范围有多大?这是在展览会策划阶段必须回答的问题。参观者的类型将影响到信息传播手段的复杂性和多样性。

4. 撰写展览脚本。展览脚本要充分体现展览会的主题思想,明确展览结构。在撰写脚本时,应根据整个展览的总体要求和各展览部分的具体特点,将参展的每一部分都整理出展览大纲,寓于展览脚本之中,使之与展品、资料、图片等融为一体。

5. 准备各种资料。展览会需要的资料很多,其中包括领导人的致辞、企业生产经营的情况介绍、产品的技术资料、给观众的致信、为办展览会而编写的各种宣传材料(如报纸、小册子、图片说明)以及解说词等。

6. 展览会的经费预算。举办展览要具体列出展览会的各项费用,包括租金、运输费、设计布置费、材料费、宣传费、劳务费等。应有计划地分配展览会的各项费用,防止超支和浪费。

7. 其他会务工作。在展览会举办地点的选择上,要把方便参观者放在首位,尽量选择交通、食宿便利的地方。要考虑辅助设备和相关服务部门的设置。布置展厅时,先要贴出展览会的平面图,在入口处设置咨询台、签到处和意见登记处,同时准备好展览会徽志和纪念品,并做好与新闻界的联络工作。

(四)公关人员在展览会中的作用

1. 协助主办单位或单位负责人组织、布置展览会。这主要包括确定展览会的主题和基调,构思整个展览结构和大纲,并依此搜集实物和有关材料,撰写展览脚本,物色合适的设计师、美工人员和其他工作人员,对照脚本实施展览方案,展览会筹备完毕后,组织预备展览,征询各方意见,并迅速组织修改。

2. 在展览活动中主动做好协调工作。这其中包括开幕式剪彩人员的邀请、接待,各路贵宾的接待、安排,以及征求意见、测定展览效果、吸收反馈信息等。注意收集各种资料数据,如参观人数、各种留言题词、销售情况、媒体反应等,为展览结束时撰写总结报告做准备。

3. 联系新闻媒介。首先应考虑是否成立新闻办公室,为新闻记者提供工作上的方便,解决诸如提供资料、设备、数据、翻译、交通工具、传递信息手段等方面的困难。在预展时应主动邀请记者采访,使新闻界事先有充分的思想准备。邀请记者参加开幕式、剪彩典礼之前,应提供一份特写文章之类的新闻稿,材料务求详尽,供记者、编辑参考或删改。展览进程中应随时提供具有新闻性的信息。出现重要进展或变更时,要及时举办记者招待会,统一发布信息。如果条件许可,可自备录像设备,为电视记者采访、编辑新闻时提供参考资料,同时为本单位留下具有历史意义的镜头。

4. 培训展览会的工作人员。

5. 注意采用一些举办展览会的技巧,使展览会办得生动活泼、别具一格。

(五)测定展览会的效果

展览会的效果是指实施公关工作所带来的社会效益,主要体现在观众对企业产品的反映、对组织形象的认识和对整个展览会举办形式的看法等方面。其测定方法如下:

1. 观众留言簿的形式。在展厅出口处设置观众留言簿,主动征求观众的意见。

2. 召开座谈会的形式。在展览会期间,随机地找一些观众座谈,请他们谈谈观后感,并提出自己的看法。

3. 现场采访的形式。公关人员应该在展览会现场随机进行采访,提出一些双方都感兴趣的问题,并进行录音和记录。

4. 问卷调查的形式。展览会结束之后,公关人员可根据掌握的观众名单,邮寄问卷调查表或登门访问,以了解展览会的实际效果。

三、典礼与仪式

在组织发展的过程中,每一个重要的发展阶段,都为这个组织提供了召开庆祝会的充分理由。庆祝会可以把重要的信息传递出去,当这个信息的重要性需要不断延续时,庆祝会就可以年年开下去。正如英国的一位公关人员所言:"实际上没有一天、一周、一月是没有特殊事件可供纪念的,而历史上任何事件都有它的1周年、10周年、100周年……都是值得纪念的。"每逢重大节日来临和重要事件发生,或是某组织的纪念日、某工程开工或竣工、某个展览会开幕,都可举行隆重的庆祝活动。公关人员是这类活动的组织者,应当研究和掌握组织这类活动的规律。

在组织举行盛大的庆典活动或仪式时,公关人员应该是幕后的主持者,许多事情要由他们周密策划,以使活动圆满成功。

第一,拟定典礼或仪式的程序。该程序或步骤最好能事先印刷好,在宾客到来之前分发到每个座位上,也可以在宾客签到时分发。

第二,拟出出席典礼或仪式的主宾名单。请柬应设计得庄重、正规,最好在活动日前3天送达,以便安排各项工作。

第三,组成接待小组,负责引导与招待宾客。最好能安排一个专门的接待室,备有茶水、饮料等。

第四,确定哪些主要宾客要登上主席台或排在第一排,应有明确醒目的名牌。站立的会议,在主要宾客站立的地方应铺上地毯,以示庄严。公共关系人员在活动开始前5分钟引导主、宾进入既定区域。主席台座位顺序以正中为大,分左右两边依此类推,左大右小。

第五,确定剪彩人员或发奖人员。剪彩人员或发奖人员一般以职位比较高的负责人为宜,也可由宾客们推选。

第六,为演讲者起草演讲稿,正式外交场合要提前印发各位与会者。要求宾客致辞时,应提前通知他们,并在活动开始前逐一落实。

第七,布置和检查音响设备,在主席台上至少装两个话筒,有些特殊的活动应在群众和宾客席位安放话筒。

第八,设置签到簿,并在活动开始前提供一份准确无误的主宾名单给会议主持人,以便向与会者介绍来宾。

第九,如果是举办签字仪式,应摆好签字所用的桌、椅,并标明哪一方是哪一位签字者。国际上签协议的签字桌应以国旗或团体旗帜为标志。

第十,安排专人接待新闻记者,为他们提供工作方便。大规模活动最好设立新闻中心,其组织方法与记者招待会相似。

四、社会赞助

现代企业,不仅是经济技术实体,而且是社会性组织。企业的生存和发展离不开政府和社会公众的支持。企业只有把自己看成社会的一员,积极承担一定的社会责任和社会义务,才能赢得政府和社会公众的理解和支持。赞助(social sponsor)正是现代企业向社会表示其承担责任和义务的最好方式之一,也是搞好政府关系和社会关系的有效方式之一。

(一)赞助活动的作用

赞助活动是一种信誉投资、感情投资。企业举办赞助活动一般以推进社会公众对企业的了解、增进社会公众对企业的好感为主要目的。赞助的作用具体有以下几点:

1. 制造新闻,扩大影响。企业可以通过新闻媒介扩大其影响,提高企业及其产品的知名度和美誉度。例如:为促进社会主义精神文明建设,广州某酒店曾和广州市妇联等单位联合举办了我国首次"母亲节"活动,这次活动吸引了新闻界和社会各界的普遍兴趣,成功地提高了酒店的知名度和美誉度。

2. 联络公众,培养感情。赞助活动通常将企业与公众的兴奋点结合起来,可以加强与某类公众的联系,有助于产品推销。例如:广东某企业通过赞助我国各项体育运动,培养了与体育组织以及喜爱体育运动的公众之间的良好感情。

3. 制作广告,增强效果。企业通过赞助来做广告,可以增强广告的说服力和影响力。如广东某公司为参加奥运会的中国体育代表团提供专用饮料。在这届奥运会上,中国代表团取得了骄人战绩。当各国记者在追踪采访屡创佳绩的中国运动员时,他们常喝的饮料自然也成为他们的话题之一。于是,该饮料随着记者们的"中国取得胜利的奥秘""中国魔水"等报道而名声大噪。这些宣传报道为该公司做了一个大广告,而且这样的广告效果是其他形式的广告无法比拟的。

4. 追求社会效益,树立良好形象。例如,中美合营的某畜牧有限公司投产后,随即开展了近1个月的义卖活动,把30万元所得款全部捐献给广州残疾人福利基金会。这一做法,使该公司知名度迅速提高,并有力地推动了有广州多家企业参加的"亦商亦善,造福社会"活动,树立了该公司关心社会福利事业的良好企业形象。

（二）赞助的类型

1. 赞助体育运动。在当今世界，随着人民生活水平的提高，人们对体育运动越来越感兴趣。这使得企业通过对体育运动的赞助，对公众施加影响的广度和深度都明显增大。例如，某制药厂出资赞助广州足球队，该球队则以该企业的名字出现在球迷和公众面前，有力地提高了企业的声望，为企业做了极佳的促销广告。

2. 赞助文化活动。企业进行对公众文化生活方面的赞助活动，不仅可以培养与公众的良好感情，而且可以大大提高企业的社会效益和知名度。

3. 赞助教育事业。教育事业是一项关系国家千秋大业并日益受到社会重视的事业，因此日益成为企业重点赞助的对象。据美国《幸福》杂志的一项统计，美国名列前茅的通用汽车公司等 50 家大公司该年对公司以外的各类高校共捐资近 300 亿美元，几乎是美国政府用于高校投资的1/3。它们的赞助方式，一般是资助学校建设图书馆、实验楼或提供奖学金，当然它们都会巧妙地留下名来。这种做法，一方面为企业发展与有关院校的良好关系打下了基础，有利于企业的人才招聘及培训；另一方面，更为企业树立起关心公共教育事业的可敬形象。

4. 赞助社会慈善和福利事业。这是企业和社区、政府搞好关系的重要途径，是企业向社会表明其承担社会责任和义务的有效手段。

5. 赞助公共节日庆典活动。

6. 赞助各种展览和竞赛活动。

企业对外赞助的形式很多，不胜枚举。公共关系人员应该勤于思考，设计出别具一格的赞助形式，使企业获得最佳的信誉投资，改善自己的公共关系状态。

（三）举办赞助活动的步骤

1. 赞助研究。赞助可由企业主动选择赞助对象，也可在接到赞助请求后再做出反应，大多数企业都依据后者进行赞助。但是，如果企业想获得更好的信誉投资，就应该采取主动的赞助形式，这就需要对赞助进行研究。赞助研究应该从企业的经营方针、政策入手，并分析企业的公共关系政策和目的，调查外部需要赞助的公益事业情况，从而制定企业的赞助方向和赞助政策，以指导日后的赞助活动，并据此考核外来要求赞助的项目。企业为了更好地开展赞助活动，一般都组织一个专门的赞助工作委员会，负责赞助事宜。这样，赞助工作委员会应负起赞助研究的工作，进行赞助成本和赞助效果分析，以保证企业和社会同时受益。特别要防止各种赞助活动互不关联、距离企业的整体赞助主题太远的现象。

2. 赞助计划的制定。在赞助研究的基础上，由赞助工作委员会根据企业的赞助方向和赞助政策，制定出一个赞助年度计划。这个计划应包括赞助对象的范围、赞助费用的预算、赞助形式和赞助宗旨等内容。赞助计划是对赞助研究的具体化，可以协助管理当局控制赞助的范围，防止赞助的规模超过企业的承受力，避免浪费现象，做到有的放矢。

3. 具体赞助项目的审核和评定。每进行一次具体项目的赞助，应由赞助工作委员会对其进行详细的研究分析，结合该年度的赞助计划进行逐项的审核评定，确定此赞助项目的可行性、赞助的具体方式和款额以及赞助的时机，以便制定出此项赞助的子计划。

4. 赞助活动的落实。在上述工作的基础上，应派出专门的公共关系人员负责落实各项具体赞助的子计划。在实施赞助子计划的过程中，应充分运用各种有效的公共关系技巧，使企业能尽量借助赞助活动扩大其社会影响。

5. 赞助项目的效果测定。效果测定是指每次赞助活动完成之后对所带来的社会效益和经济效益的测定。它主要体现在被赞助单位对赞助单位的反映、对企业形象的认识。其测定办法有：对照赞助计划，总结完成计划和未完成计划的原因；掌握本企业举办赞助活动后的获益情况；问卷调查或走访被赞助单位，了解赞助的实际效果。对以上几方面的测定，公关人员都应做出书面总结，为以后的赞助研究提供参考资料。

五、其他公关活动

公关活动的形式是多种多样的。广义地讲，一切公关事务都可称之为公关活动。下面扼要介绍一些比较常见的公关活动。

（一）开放参观日

开放参观日活动是社会组织或企业让社会公众了解自己的一种很好的方法，也是消除公众对组织的误解、以得到他们的理解和支持的方法。

开放参观日活动是一件复杂的工作。为了使参观者对组织或企业产生兴趣和好感，组织对外开放参观日需要做好具体、细致的准备工作。

1. 确立开放参观日活动的主题思想。开放参观日的目的在于扩大组织或企业的影响，取得社会各界的信任与支持。因此，开展开放参观日活动应有一个明确的主题思想，即通过这次活动想达到怎样的效果、使参观者留下什么样的印象。

2. 精心准备，向公众开放。公关人员应在这方面多做工作，比如准备一些文字材料、音像资料、实物产品、模型等，这样可以给参观者留下深刻的印象。

3. 选择合适的时机。开放参观日最好安排在一些有特殊意义的日子里，同时还要注意活动的规模、环境、气候等因素。

4. 要想使活动产生持久的效果，不妨给参观者赠送一份有纪念性的宣传小册子，这些小册子还可以转送给有兴趣但无法亲自参观的人。赠送宣传小册子是很有用的传播途径。

（二）媒介事件

媒介事件是指社会组织为了吸引新闻媒介报道并扩散自身所希望传播开去的信息而专门策划的活动。

策划媒介事件，首先要把社会组织与新闻媒介的关系作为前提；其次，要注意以下几个基本问题：

1. 应抓住公众在当时最关注的话题进行策划，这样才能引起公众和新闻界的重视，获得曝光的机会，并塑造自己的形象。

2. 公关活动要具备“新、奇、特”三个条件，这要求公关人员独具匠心、富于创新。

3. 要事先制造一些热烈的气氛，使公众有些心理准备，以强化效果。

4. 要有意识地把组织与某些权威人士或社会名流联系在一起，以增加显著性，从而赢得报道机会。

（三）危机管理

危机事件是指影响或严重影响组织或企业的一类事件。它可能是事故，也可能是灾祸；引起的原因或是自然的，或是人为的。一般来说，危机事件具有偶然性、意外性和突发性的特点，只要事先做好一定的调查和分析判断工作，就可能做到防患于未然，即使发生了危机事件，公关人员也不至于感到束手无策。

危机管理当然不完全属于公关工作，但公关人员有责任帮助组织或企业的管理部门去应付这个危机。公关人员在危机管理中应配合管理部门做好以下几个方面的工作：

1. 事件预测。事件预测是指对企业或组织所有活动中潜在的和有可能发生的危机事件的预测,它包括对各种事故、灾祸以及未来业务上的严重困难等的预测。公关工作者必须与管理部门密切合作,以防危机事件的发生,并设计出当危机事件发生时能做出有效反应的措施。

2. 事件演习。事件演习是对假想事件的一种演练,其目的是通过对假想事件的演练,提高对事件一旦发生时的应变能力。

国外一些大企业、大公司经常采用事件演习这种办法对公关工作者和管理人员进行实地训练,如假想油轮突然爆炸、飞机坠毁、重要决策者自杀、某处发生火灾等。

3. 事件监控。任何一类危机事件都会成为社会公众关注及新闻媒介报道的题目。常常有这样的情形:错误的信息似乎比真实的信息更能引起轰动。因此,建立事件监控机构有助于企业或组织及时地反驳别人散布的错误信息和有可能产生的敌对报道。

危机事件一旦发生,公关人员应及时、准确地查明原因,迅速制定对策,尽量减轻损害,并配合组织的其他职能部门重新建立起组织的形象。其基本措施是:

首先,正视事实。危机事件一旦发生,企业或组织必须接受既成事实,并及时地向社会开放必要的信息传播通道,因为任何一类事件的发生都会成为社会公众的注意中心。但是,这种开放不能超出已知事实允许的范围,只有待事实完全清楚后,才可向社会公众公布恰当的结论。

其次,处理迅速。面对已经发生的危机事件,公关工作者应尽快进入角色,调查事件,估计可能产生的一切后果,并调动一切有效手段控制局势的发展。同时,应配合管理部门,积极引导内外部公众渡过这一非常时期。

最后,争取支持。争取支持是处理危机事件和再造组织形象的关键,不论是来自外部的还是来自内部的危机事件,在处理过程中,都要主动争取内外部的援助和支持。同时,还应与传播部门密切合作,这对于顺利地处理危机事件和再造组织形象是非常有利的。只有获得社会各界的了解、信任与支持,才可能最大限度地减少危害。

第四节 公共关系中的谈判原则

谈判是一门技术，也是艺术，谈判水平的高低直接影响公共关系工作的效果。因此，有必要将谈判从公共关系中抽出来进行专门研究，培养专业的谈判人员。本节所涉及的谈判是针对公共关系活动中的谈判，并非一般意义上的谈判。

公共关系中的谈判活动，应遵循以下原则。

一、互惠互利

成功的谈判是能够满足谈判各方的需求，体现各方都是胜者的新格局。谈判只有建立在互惠互利、共存共荣的基础上，才是健康的谈判。一场成功的谈判对谈判双方来说都是圆满的，但对谈判的单方，一般不能不说是一种“有缺憾的圆满”。因为任何一场谈判总是要受到谈判各方意志的牵制，谈判结果不能不是单方愿望的折扣，是双方的“妥协”。那种企图在谈判中什么都要得到、什么都不放弃、追求完全满足自身要求的圆满是难以成功的。因此，有原则的妥协和退让是谈判获得成功的条件之一。

互惠互利的谈判结局对双方来说都应是有利的，但绝对的公平合理是不存在的。能否争取更有利于己方的谈判，是检验谈判者能力高低的标准之一。现代谈判是一种极富竞争性而又需合作的过程，如果你把利益的要求提高到足以损害谈判对手的前提之上，那么你就失去了与人合作的基础，从长远看，这是危险的。成功的谈判应当是利益均沾，企图一口吞下整个“面包”的谈判者是要碰壁的。

二、以理服人，平等相待

坚持平等相待原则，就是在公共关系谈判中做到：谈判双方不论人员多少，组织大小，实力强弱，都应在享受平等的权利和义务的基础上，以平等的地位参与洽谈协商，而不附带任何政治色彩和其他条件。对于谈判中出现的不同观点和意见，也只能以协商的方法妥善解决，以适当的让步寻求一致，而不能以压、逼的方式把自己的意志强加于对方。任何以压逼的方式取得自己的利益，都是不允许的。谈判是智慧的较量，更是以理服人的过程。谈判桌上，唯有确凿的事实、准确的数据、严密的逻辑和艺术的手段,才能将谈判引向自己所期望的胜利。

谈判是在双方平等和尊重的基础上展开的,那种竞雄斗气、压倒对方的谈判作风,是与谈判的真谛相悖的,只能将谈判引向破裂,难以达到存异求同的谈判目标。因此,以理服人、平等相待是谈判中必须遵循的原则。

三、求同存异

要使谈判的各方都有收获,大家都是胜利者,就必须要坚持求大同、存小异的原则。因为谈判本身就蕴涵着谈判各方观念和利益上的“异”和“同”。所谓“异”,即人们在基本利益、思想观点、行为方式上的不同或不一致,因此才有可能产生谈判。所谓“同”,即人们有共同的需要和对需要的满足,有共同的观念和利益要求,因此才会通过谈判谋求一致的协议,以实现各自的利益和目标。求大同,就是谈判各方在总体上、原则上必须一致;存小异,就是谈判各方必须在原则允许的范围内做出适当的妥协让步,能够容忍与自己利益要求不符的意见和要求存在于协议之中。古人云:“将欲取之,必先予之”,“有所不为而后可以有为”。在谈判中要善于看到各个方面的共同利益和发现对方利益要求中的合理部分,并以对方的合理要求作为自己让步的依据,这样才能推动双方做出同等程度的让步,才能以存小异求得大同,才能够保证双方基本权利和要求的实现。

案例应用

一个合资协议的谈判

1995 年 4 月 7 日,我国某公司与外国某公司就共同投资在北京建立合资公司一事举行谈判。经努力双方达成合资协议。总结这次谈判,我方的主要做法是:

首先是慎重选择合作伙伴。外方是一家管理先进、设备精良、资金雄厚、信誉很高的国际运输服务公司,与其合资风险小、受益大,是理想的合作伙伴。

其次是合理配备谈判班子。针对外方高精尖人员的构成,我方相应选派 4 人组成谈判小组。其中由 1 名熟悉外方业务、了解市场行情、富有谈判经验的分公司经理担任主谈,另外 3 人为熟悉业务,懂国际商务、财务和法律的财会经理、办公室副主任和英语翻译。该小组分工明确、各司其职,

案例应用

具有较强的应变协同能力。

再次，在合资谈判全过程中比实力，斗智谋。我方在谈判中按有理、有力、有节的策略谋取主动，赢得优势，主要表现为“三个结合”：

第一，“谈”和“停”相结合。谈判中，我方既显示出合作诚意，又表现出恰当的不妥协决心，对于重大利益问题，如果外方要求不合理，绝不做无条件让步。例如，对于我方的“责任条款”、双方的“不竞争条款”和有关费用的协议，我方坚持己见，一直到签署文件的最后期限，外方迫于时间压力，担心无法完成谈判任务，因此做出妥协，同意了我方的修改意见。

第二，“圈内”与“圈外”相结合。在“圈内”谈判桌上，我方以有关法规及上级主管部门指示限制对方，坚持我方原则，据理力争，反驳对方不合理的要求。在“圈外”，我方采取一些方式与外方小组成员保持友好气氛，而对其主谈人则利用外方内部矛盾使其产生心理压力，从而为我方在谈判后期创造有利条件。

第三，“台前”与“幕后”相结合。主场谈判使我方领导者能及时掌握动态，正确指挥，赢得主动。外方受条件限制，不易做到这一点。并且外方公司决策程序多，信息反馈慢，心理压力和来自组织的压力都比较大。每当出现僵局或棘手的重大问题时，我方领导能够出面磋商调解。最终在双方的谅解和努力下，经过五次修改的合资协议得以正式签字，圆满完成了这一历史性的合资谈判。

思考题：

1. 为什么说谈判是现代公共关系中协调各种关系的有效手段？
2. 我们在谈判中应该注意哪些问题？
3. 在本案例中，体现了哪些谈判原则和谈判技巧？

ON NEGOTIATION

第三章 谈判人员的组织与管理

学习要点

任何谈判都是有计划、有目标、有组织的行为过程，要做好谈判工作，无论是谈判前筹划谈判方案、收集信息资料、做好各项准备，还是在谈判中坚持原则、精心选择策略、灵活运用谈判技巧，都离不开精明强干的谈判人员。谈判往往不是一个人所能完成的，而需要由谈判小组来进行。因此，要以一定的组织形式做保证，做好谈判班子的配备、管理等方面的工作。通过本章的学习，读者应当了解谈判人员的个体素质、群体构成以及组织与管理等方面的内容。

新闻导读

蚂蚁金服收购全球支付巨头 WorldFirst，加快支付宝全球化

WorldFirst 现在已经正式成为了蚂蚁金服的子公司，不过 WorldFirst 表示，自己的业务面向全球用户，而且产品和服务都会保持不变。作为英国第三大外币兑换公司，WorldFirst 为全球的 60 多个平台提供服务，也是亚马逊的重要战略合作伙伴之一。

目前 WorldFirst 的或用客户超越了 8 万多，年交易量超过 100 亿英镑，WorldFirst 在跨境支付上面的优势是巨大的。WorldFirst 在七八年前就已经进入中国的国际电商平台，为电商的买家卖家提供结汇服务，并且支持使用美元、欧元、英镑等。

蚂蚁金服收购 WorldFirst 之后，携手支付宝，融合 WorldFirst 的优势，在跨境支付上面提升服务空间，更好地服务小微企业，在全球推进金融服务。对于支付宝来说，国内的金融业务已经趋于稳定，但是距离支付宝的全球计划还有一段距离。虽然说支付宝在国内的呼声很高，也在不断地寻求跨境电商服务，但是电商和金融毕竟不一样，要想真正地融入一个区域当中，还得从内部入手，这也是蚂蚁金服要收购 WorldFirst 的原因之一。

现在支付宝的跨境支付服务已经涵盖 200 多个国家和地区，并且已经和印尼、马来西亚、新加坡等达成合作。支付定正在进行软件的本土化，打造符合当地用户需求的软件 Paytm、Easypaisa、GCash 等，并为用户提供国际支付服务。WorldFirst 的国际汇款，正是支付宝现在所需要的，能够支持多种支付方式，能够让国际化的支付宝的用户体验大大提升，解决不支持支付的尴尬，也能为跨境电商带来更多的消费者流量。

对于支付宝来说，现在最需要扩大的就是跨境支付，WorldFirst 刚好能满足其需求，融合了 WorldFirst 在跨境支付上面的优势之后，也将推动整个蚂蚁金服在全球的金融影响力，推动支付宝的全球化和本土化。

金融全球化的优势就在于如果某一市场的金融市场出现大的变动，还能从别的市场中调动资源，让自己在金融波浪中站位脚跟。虽然现在整个全球的金融市场相对来说都比较稳定，但是这种将市场资源投放出去的做法依旧很值得考虑，以备不时之需。

全资收购 WorldFirst 也将有助于蚂蚁金服的全球推广，并将业务范围扩张到支付宝之外升级化的跨境金融服务。国内的市场肯定是不够，阿里巴巴八纵格局中的优势就是金融电商，当然要把自己的主要服务从国内市场推出去，面向全球的用户，以扩张自己的金融业务。

资料来源：搜狐网，2019－09－20（https://www.sohu.com/a/342192255_120302309）.

第一节 谈判人员的个体素质

谈判是一种对思维要求较高的活动，是谈判人员知识、智慧、勇气、耐力等的测验，是谈判人员之间才能的较量。所谓素质，它不仅指谈判人员的文化、技术水平和业务能力，也包括谈判人员对国际、国内市场信息，有关产品知识、价格情况，法律知识，各国和各民族的风土人情及风俗习惯等知识的掌握情况，还指谈判人员的道德情操、气质、性格特征。总的来讲，谈判人员的个体素质主要是指谈判人员对与谈判有关的主客观情况的了解程度和解决谈判中遇到的问题的能力。

一、谈判人员应具备的基本观念

（一）忠于职守的观念

谈判人员是作为特定组织的代表出现在谈判桌前的。谈判人员不仅代表组织的利益，而且还肩负着维护国家利益的义务和责任。因此，遵纪守法、廉洁奉公、忠于国家和组织，是谈判人员必须具备的首要条件。在我国的一些涉外商务谈判中，见利忘义，损公肥私，甚至与外商合伙坑害自己的同胞，牺牲国家利益的现象也不鲜见。可以说，一旦谈判班子中出现了这样的人，泄露己方的谈判目标、战略战术以及机密，使对手对己方的底细了如指掌，己方在谈判中便极易陷入被动。为了防止这类情况的发生，参加谈判的人员必须具备忠于职守、廉洁奉公的思想素质。作为谈判人员，必须自觉维护国家、组织的利益，绝不能见钱眼开，收受贿赂，必须严守组织机密，决不能毫无防范，口无遮拦。

（二）平等互惠的观念

在谈判中，双方地位平等，关系互惠。可是，有些谈判人员常常不能把自己和对方放在平等的地位上以求互利互惠，存在着以下两种倾向：

1. 妄自菲薄。遇到身份和级别较高、实力较强的对手，有些谈判人员总觉得比对手要矮三分，尤其是和欧美的谈判高手打交道、要进口仪器设备或先进技术时，认为自己有求于对方，对方是对自己“施恩”，结果让谈判的控制权落入对方手中；或是强调“谦虚”“礼让”，总觉得对方的意见应当受到重视，无形中丧失了自己的有利地位，以致无法充分发挥自己的谈判能力。

2. 妄自尊大。对待身份低、实力较弱的对手，有的人总是觉得对方比自己矮三分，有求于自己，自己是向对方“施恩”，从而盛气凌人，一心只想利益独占。

以上两种倾向都不利于谈判的顺利进行。只有本着“平等互惠”的原则，才能排除妄自菲薄和妄自尊大两种错误情绪的干扰，对谈判事件、交易条件保持清醒的头脑，做出正确的判断，充分发挥各自的谈判能力，力求收到最理想的效果和获得最大的利益。

（三）团队精神

谈判多为集体谈判，每一方都是由几个人组成的小组或团队，其中一人为总代表或主谈人，领导整个团队完成实际的谈判工作。参加谈判的人员，无论是作为团队总代表的主谈人还是其他的团队成员，都必须具有集体主义精神和团队意识，除了各自做好分内工作以外，还要注意协调配合，以争取己方在谈判交易中获得更多的利益。

坚持集体主义和团队作战的精神，可收到以下效果：

1. 减少暴露己方弱点的机会。在谈判过程中，虽然每位谈判人员依据自己的专业、特长对谈判的某些事项有深入的认识，但就谈判事项的各个细节而言，需要各类高深、广博的专业知识的综合。通常，要求参加谈判的团队整体提供这些必要的知识和见解。在这种情况下，无论是由谈判团体的各个队员表达自己的见解，或是由主持人综合陈述团队整体的主张，抑或由其他成员对前一代表发言进行补充、说明，都必须相互呼应，力求做到天衣无缝。

2. 增强己方谈判的整体力量。在谈判中，如果团队成员各执己见，就会出现“各吹各的号”的局面，削弱甚至丧失己方谈判的力量，很容易被对方控制。因此，参加谈判的人员若能发挥集体主义精神和团队精神，取长补短，密切配合，就会增强己方谈判的整体力量。

3. 一致对外，积极主动。如果参加谈判的团队成员缺乏集体主义精神和团队意识，那么在谈判过程中即使不出现内部摩擦，也很容易造成主谈人孤军作战的局面，而其他成员由于害怕发言与主谈人意见不一致被对方抓住把柄而缄默不语。因此，在团队内充分发表不同意见和见解，经统一协调，形成己方一致的对外意见，将之化为各成员的自觉行动，才会出现谈判场上一致对外、积极主动的局面。各个成员在谈判场上要做到攻有目标（己方达成一致的最高谈判目标及其所规定的各项细节）、守有底线（己方达成一致的最低谈判目标及其所规定的各项细节），从而积极主动、灵活机动地参与谈判场上的交锋。

二、谈判人员应具备的基本知识

谈判人员的知识结构是指根据谈判工作的主要内容和谈判活动的基本特点应该掌握的知识系统。一名优秀的谈判人员，其知识系统应当包括四个子系统，即谈判的基础理论知识、谈判的主要实务知识、相关的基础学科知识和相关的行业知识。

（一）谈判的基础理论知识

所谓理论就是人们把在实践活动中获得的认识和经验加以概括和总结而形成的某一领域的知识体系。科学理论是人类智慧的结晶，它来源于实践，又对实践起着指导作用。

谈判人员应该掌握的基础理论知识包括：谈判的基本特点、谈判的基本方式、谈判的基本程序、谈判的基本原则、谈判的主要类型、谈判的需要理论、谈判主体的行为特征、对谈判人员的行为预测、谈判的决策过程和方法、谈判的策略与技巧等。

（二）谈判的主要实务知识

谈判的主要实务知识是指谈判人员应该掌握的在谈判活动中经常应用的实际操作知识。包括整理相关资料、计算统计数据、制定谈判计划、确定谈判议程、起草谈判文书、安排相关活动、主持召开会议、处理日常事务等方面的知识或常识。

（三）相关的基础学科知识

谈判活动遍及人类社会的各个领域，谈判内容涉及人们生活的各个方面。从谈判实际需要的角度来说，谈判人员的知识面越宽越好，但是人们凭有限的精力在有限的时间内只能掌握有限的知识。因此，对相关的基础学科知识难以做出准确的界定。这里强调的是与谈判活动联系密切的基础学科知识，主要有以下两类：

1. 文化基础学科知识。它包括语文、数学、逻辑、历史、地理、外语、计算机等，这些知识是学习和掌握其他科学知识的基础，也是从事并胜任谈判工作的基础。

2. 专业基础学科知识。这方面的知识主要有法学、市场学、经济学、营销学、社会学、行为学、心理学、信息学、策划学、文化学、民俗学、礼仪学、口才学等方面的知识。这些知识是与谈判活动密切相关的基础学科知识，对于创造性的应用谈判理论或谈判的策略技巧具有重要的指导作用。

（四）相关的行业知识

谈判人员分别服务于不同的领域、行业或组织。在此所说的相关行业知识主要是指有关谈判人员为之服务的组织所属的领域或行业知识。例如，政治领域、经济领域、科技领域、文化领域，工业、农业、商业、教育、工厂、矿山、商场、饭店、学校、医院、邮政、电信等。不同的组织分别属于不同的领域或行业，各自具有不同的性质和特点。每一个谈判人员都应该熟悉并掌握与自己所在组织相关的行业知识。

三、谈判人员应具有的能力和心理素质

谈判人员除了应当具备一定的知识之外，还要注重提高自己的能力及心理素质。知识是与能力密切联系的，但两者又有区别。一个人具有某方面的知识，还得将其灵活有效地加以运用，才能转化为能力。

另外，谈判中的表现还体现着谈判人员的性格和气质。所谓气质，一般指人的生理、心理等素质。巴甫洛夫根据对动物和人的行为表现提出四种基本的高级神经活动类型：兴奋型、活泼型、安静型、懦弱型，分别对应胆汁质、多血质、黏液质、抑郁质，并且指出，一般人的气质属于混合类型。所谓性格，一般指的是表现人的态度和行为方面的较稳定的心理特征，如果断、刚强、懦弱等，它是个性的重要组成部分。性格是在一个人的心理素质的基础上，在社会实践活动中逐渐形成、发展和变化的。由于每个人的生活经历、所处社会环境不同，每一个人的性格都会有不同的特征。个性则表现为个人稳定的心理特征（如性格、兴趣和爱好等）的总和。

一个高效率的、称职的谈判人员应具备一定的能力和良好的心理素质，主要包括四个方面。

（一）敏捷清晰的思维推理能力和较强的心理自控能力

谈判双方由于利益的抗衡和相互依存，谈判人员在心理上承受的压力很大，需要随时就某个谈判事项的具体典型特征和实质进行分析与判断。谈判人员在承受压力的情况下，要依据自身的知识和经验，细心地观察与思考，根据已知的前提进行分析判断与推理，在种种可能与假设的分析过程中识破对方的计谋，并使自己的提议与要求得以实现。即使在谈判局势发生急剧变化，甚至在激烈的辩论争执中也能克服自身的心理障碍，控制自身的行为，以恰当的语言和举止来说服和影响对方。

（二）信息表达与传递的能力

谈判者信息表达与传递能力的强弱直接决定了其谈判能力的强弱与水平的高低。表达传递的方法包括有声语言和无声语言，应当具备表现力、吸引力、感染力和说服力。语言的表达与传递，要根据谈判情况的变化，灵活、巧妙地加以设计和表现。其效果如何取决于谈判人员的创造性思维与行为，使信息表达与传递准确、适度。

（三）坚强的毅力、百折不挠的精神及不达目的绝不罢休的自信心和决心

一旦接受了谈判任务，就要依照己方既定的目标与原则，以勇往直前的姿态全力以赴。在谈判桌上，双方的利益是你进我退的，一方若有半点委曲求全的意思，对方定会得寸进尺。因此，在谈判中，不管有什么样的困难和压力，都要显示出奋战到底的决心和勇气。即使是妥协求和，也要在经过力争后以强者的大度予以提出。

谈判如同作战，先要精心设计合理的目标和周全的计划，然后依靠毅力和耐力去与对手周旋，以期最终实现自己的目标。谈判顺手时，必须乘势前进，步步深入，扩大战果，一气呵成。遇到双方僵持不下的情况，也不能放弃原则，而要据理力争，维护己方的最大可获得利益。

（四）敏锐的洞察力和高度的预见与应变能力

谈判中需要与各种各样的人打交道，而且谈判环境复杂多变，谈判过程中很多意想不到的事都是有可能发生的。因此，要求谈判人员善于察言观色，及时掌握对方动向，摸清对方“底牌”，随机应变。美国的尼尔伦伯格在《谈判的艺术》一书中

认为:“老练的谈判家能把坐在谈判桌对面的人一眼看穿,断定他将采取什么行动和为什么行动。”

合格的谈判人员能够随时根据谈判中的情况变化及有关信息,透过复杂多变的现象,抓住问题的实质,迅速分析并做出判断,采取必要的措施,果断地提出解决问题的具体方案。

另外,主持谈判的代表必须是能够统帅全局的人,有长远的眼光,能运筹帷幄,善于针对谈判内容的轻重、对象的层次,事先决定“兵力”部署和方案设计,并随时做出必要的改变,以适应谈判场上形势的变化。

第二节　谈判人员的群体构成

谈判人员的组成是一个群体,是一个组织。谈判人员群体构成涉及三方面的内容,即谈判队伍的规模、组织结构和分工配合。

一、谈判组织的构成原则

谈判队伍由多方面的人员构成,可以满足谈判中对多学科、多专业的知识需求,取得知识结构上互补与综合的整体优势,群策群力,取长补短,集思广益,形成集体的进取与抵抗力量。但如果队伍规模过大,调配不灵,将会产生内耗,增大开支,不利于谈判的进行;人员过少,则又难以应付谈判中需要及时处理的问题,拖长谈判期限,因而丧失时机,失去市场。因此,确定适度的谈判组织规模,是筹建谈判队伍首先要考虑的问题。在筹建谈判小组、选择谈判人员、考虑谈判规模时,一般要遵循以下几个原则。

(一)根据谈判对象确定组织规模

谈判队伍的具体人数如何确定,并没有统一的模式。一般的谈判只需三四个人就行了。如果谈判涉及项目多、内容较复杂,则可分为若干个项目小组进行谈判,适当增加人员,但最多不超过 8 人。根据国内外的谈判经验,谈判队伍的人数规模一般在 4 人左右。其理由是:①在这个范围内,谈判组织能够有效地进行工作,内部能适当而严密地分工和协作,内部的意见和交流也易保持通畅。②根据管理学原理，每个管理者的能力都是有限的，当他直接指挥和协调的下属人数超过一定数量时，就不可能进行有效的领导，因为他应付不了自己和下属人员间不断增加的信息交换量；同样，谈判作为紧张、复杂、多变的活动，既需要充分发挥个人的独创性和独立应付事变的能力，又需要内部随时协调统一，始终一致对外，其领导者的有效管理幅度只能在 3 人左右。

在一些重要的国际谈判中，会涉及更多、更广的专业知识，不仅需要商品知识、金融知识、运输知识，还必须懂得国际法律知识、国外的民族特点及风土人情等，有时还需要某些方面的国际问题专家。这种谈判组织不仅规格要高，人数也比较多，有时甚至超过 10 人。但是，这并不意味着谈判需要吸收所有相关专业的专家同时参加。为了控制人员规模，有时采取人员轮换的方法，当某几个人完成谈判任务而又要转变谈判内容时，可以有准备地调换一个或几个谈判人员，而使总人数没有太大变化。同时，也可发挥“外脑”的作用，聘请专家作为顾问或接受谈判班子的咨询，为谈判人员献计献策。

（二）赋予谈判人员法人或法人代表资格

谈判是一种手段，目的是要达成协议，签订符合双方利益要求的合同或协议。整个谈判和协议签订的过程，都是依据一定的法律程序进行的。所以，谈判人员都应有法人或法人代表的资格，拥有法人所具有的权利能力和行为能力，有权处理经济谈判活动中的一切事务。但作为法人或法人代表，只能行使其权限范围以内的权力，如有越权行为，应由本人负完全责任。如谈判代表可以由作为法人代表的厂长、经理直接担任，也可委托本企业熟悉某项业务的业务人员代理，还可以委托律师进行某项经济法律活动，但事先应有委托书，并注明代理人所负经济法律责任的内容、目的、要求和期限，也就是作为代表的法人身份证明书。

（三）谈判人员应层次分明、分工明确

在谈判过程中，往往会涉及许多专业性知识。选择谈判人员时，既要有掌握全面情况的业内人士，也应当根据各种专业知识的需要，考虑人员的层次结构，而且一定要分工明确，这样才能组成一支强有力的谈判队伍。

（四）组成谈判队伍时要贯彻节约原则

一支谈判队伍，从参加谈判直到协议达成的整个过程，必然要有一定的费用支出，其中很多费用甚至需要支付外汇。对企业来说，对外谈判费用的支出都是由企

业负担,支出越多,负担越重。在组织谈判小组时,要充分考虑到这一点,以节省谈判费用支出。值得注意的是,在有些谈判中,行政人员多于业务人员的现象还比较普遍,造成问题不能及时解决,谈判时间延长,谈判费用增加。更为严重的是往往还造成一些决策失误,使国家遭受巨大损失。因此,应按经济规律办事,贯彻节约原则。

二、谈判人员的组织结构

在一般的谈判中,所需的专业知识大体上可以概括为以下几个方面:一是有关工程技术方面的知识;二是有关价格、交货、支付条件、风险划分等商务方面的知识;三是有关合同权利、义务等法律方面的知识;四是语言翻译方面的知识。

根据上述专业知识的需要,一支谈判队伍应包括以下几种人员:

第一,技术人员。熟悉生产技术、产品性能和技术发展动态的技术员、工程师或总工程师,可负责对有关产品性能、技术质量标准、产品验收、技术服务等问题的谈判,也可与商务人员紧密配合,为价格决策作技术参谋。

第二,商务人员。商务人员应由熟悉贸易惯例和价格谈判条件、了解交易行情的有经验的业务员或厂长、经理担任。

第三,法律人员。法律人员包括律师或懂得经济、法律专业知识的人员,通常由特聘律师、企业法律顾问或熟悉有关法律规定的人员担任。

第四,财务人员。财务人员由熟悉成本情况、支付方式及金融知识,具有较强的财务核算能力的会计人员担任。

第五,翻译人员。翻译人员由熟悉外语及有关知识、善于与别人紧密配合、工作积极、纪律性强的人员担任。

第六,谈判领导人员。谈判领导人员由企业委派专门人员,或者是从上述人员中选择合适者担任。

第七,记录人员。记录人员一般由上述各类人员中的某人兼任,也可委派专人担任。

以上参加谈判人员,按谈判的复杂程度人数可多可少,少的时候一人身兼数职,多的时候可达十几人至几十人,可分成几个小组,如商务小组、技术小组、法律小组等,各自负责自己的专业领域的谈判。还可以组织台上和台下两套班子,台上班子主要负责实际参与谈判活动,台下班子负责收集整理有关资料,为台上班子提供技术和价格谈判的依据。

值得注意的是，作为谈判队伍中的一员应当对上述几方面的知识都有所了解，而又在某一方面有专长，即所谓全能型专家。这样比较容易沟通不同意见，促进形成一致的主张。

在国际谈判中，语言翻译非常重要。谈判人员本身有较高的外语水平，有助于他们理解书面文件的意义、掌握口头表达的分寸以及判断对方对己方意见的反应等。但是，尽管这样，仍然要为谈判队伍配备一名得力的翻译人员。

谈判是一项十分紧张、耗费大量脑力的活动，在谈判的过程中，谈判人员需要不断根据临时的信息来调整自己的思路。尽管谈判前有比较充分的准备，但毕竟不可能准确地预见到谈判中出现的所有问题并事先都充分考虑好周到的应付方法，谈判人员可以利用翻译的时间，对谈判对手察言观色，缜密地思考下一步对策，在时间上减轻自己的压力。

三、谈判人员的分工配合

当挑选出合适的人员组成谈判班子以后，就必须在成员之间做出适当的分工，也就是根据谈判内容和各人专长做适当的分工，明确各自的职责。各成员在进入自己的角色、尽兴发挥的同时，还必须按照谈判的目标和具体的方案与他人彼此呼应，相互协调和配合，真正演好谈判这一台集体戏，这就是谈判人员的配合。分工与配合是一个事物的两个方面，没有分工就没有良好的配合，没有良好的配合，分工也就失去了其目的性和存在的基础。

（一）谈判人员的分工

谈判队伍的人员包括三个层次。

1. 第一层次的人员。第一层次的人员是指谈判小组的领导人或首席代表，即主谈人。他应当是富有谈判经验、兼备领导才能、能应付变幻莫测环境的谈判人员。根据谈判的内容不同，谈判的主谈人也不同。一般的商务谈判，可由企业的董事长或经理作为谈判主谈人；一般的科技谈判，可由熟悉科技发展的总工程师担任；重要的外交谈判，其主谈人甚至可由国家领导人担任。

主谈人的主要任务是领导谈判班子的工作，其具体职责是：监督谈判程序；掌握谈判进程；听取专业人员的说明、建议；协调谈判班子的意见；决定谈判过程的重要事项；代表单位签约；汇报谈判工作；等等。

2. 第二层次的人员。第二层次的人员是业内的专家和专业人员，他们凭自己的专长负责某一方面的专门工作。谈判队伍中的各专业人员要能适应谈判工作的需要，既要有熟悉全部生产过程的设计、技术人员，也应有基层生产或管理人员，更要有了解市场信息、善于经营的销售、经营人员。其具体职责是：阐明参加谈判的意愿和条件；弄清对方的意图、条件；找出双方的分歧或差距；同对方进行专业细节方面的磋商；修改草拟的谈判文件中的有关条款；向主谈人提出解决专业问题的建议；为最后决策提供专业方面的论证。

除此之外，第二层次的人员还包括财务人员和法律人员。财务人员常由会计师担任。国际商务谈判要求财务人员熟悉国际会计核算制度。财务人员的职责是：掌握该谈判项目总的财务情况；了解谈判对方在项目利益方面的期望值指数；分析、计算、修改谈判方案所带来的收益的变动；为主谈人员提供财务方面的意见、建议；在正式签约前提出对合同或协议的财务分析表。

法律人员是一项重大项目谈判的必然成员。其具体职责是：确认谈判对方经济组织的法人地位；监督谈判程序在法律许可范围内；检查法律文件的准确性和完备性。

3. 第三层次的人员。第三层次的人员是指谈判必需的工作人员，如速记员或打字员，他们不作为谈判的正式代表，只是谈判组织的工作人员。他们的职责是准确、完整、及时地记录谈判内容，包括：双方讨论的问题；提出的条件；达成的协议；谈判人员的表情、用语、习惯等。

（二）谈判组成人员的具体任务和位置

上述三个层次是谈判队伍中各成员的基本分工与职责。不同的谈判内容要求谈判人员承担不同的任务，并且处于不同的谈判位置。

1. 技术条款的分工。在进行技术条款谈判时，应以技术人员为主谈人，其他人员处于辅谈的位置。技术主谈人必须对合同技术条款的完整性、准确性负责。技术主谈人在把主要的注意力和精力放在有关技术方面的问题上的同时，必须放眼全局，从全局的角度来考虑技术问题，并尽可能地为后面的商务条款和法律条款的谈判创造条件。为了支持技术主谈人，商务人员和法律人员应尽可能为技术主谈人提供有关技术以外的咨询意见，并在适当的时候回答对方有关商务和法律方面的知识,从不同角度支持技术主谈人的观点和立场。另外,翻译人员要起到“润滑剂”的作用。

2. 合同法律条款的分工。在涉及合同中某些专业性法律条款的谈判时,应以法律人员作为主谈人,其他人员处于辅谈地位。一般来讲,合同中的任何一项条款都应具有法律意义,但某些条款中法律的规定性往往更强一些,这就需要专门的法律人员与对方进行磋商,即以法律人员为主谈人。此外,法律人员对谈判全过程中法律方面的内容都应给予高度重视,以便为法律条款谈判提供充分的依据。

3. 商务条款的分工。在进行商务条款的谈判时,要以商务谈判人员为主谈人,技术人员、法律人员及其他人员处于辅谈地位。商务人员是整个价格谈判的组织者。但进行合同商务条款谈判时,仍然需要技术人员的密切配合。技术人员应从技术的角度给商务人员以有力的支持。需要强调的是,在谈判商务条款时,有关商务条款的提出和磋商,都应以商务人员为主,即商务主谈人与辅谈人的身份、地位一定不能搞乱,否则就会乱了阵脚。

(三)谈判人员的配合

所谓谈判人员的配合就是指谈判中成员之间的语言及动作的互相协调、互相呼应。

英国贸易专家斯科特认为,谈判组织的领导人在谈判开始时,向对方介绍自己的同事,对谈判对手具有强烈的影响。例如,一位谈判领导人这样介绍自己的同事:“这位是我们的会计,诺尔曼·凯特勒。”而在另一种场合,他这样介绍:“这位是诺尔曼·凯特勒。他具有15年财务工作的丰富经验,有权审核1 500万英镑的贷款项目。”显然,同前一种场合相比,诺尔曼·凯特勒在后一种场合就会给谈判对手以引人注目的印象。

谈判人员之间的支持可以是口头上的附和,如“绝对正确”“没错、正是这样”等;也可以是姿态上的赞同,如眼睛注视正在发言的主谈人频频点头等。谈判人员的这种附和、赞同,对发言人是一种有力的支持,会大大增强发言人说话的分量和可信的程度。如果在主谈人提出己方的意见和观点时,其他谈判人员或是眼睛望着天花板,或是将脸扭向一旁,或私下干自己的事,这样会影响己方主谈人的自信心,从而减弱他讲话的力量。谈判小组内部人员之间的配合,不是一朝一夕能够协调起来的,而需要长期的磨合。

综上所述，一支谈判队伍，其成员素质良好且相互配合协调，是谈判成功的基础。

第三节　谈判人员的管理

对谈判人员的管理包括人事管理和组织管理。就人事管理而言，其主要环节是选拔谈判人员、培训谈判人员，以及如何调动谈判人员的积极性。就组织管理而言，其内容包括健全谈判班子、调整好领导与谈判人员的关系以及谈判人员之间的关系，从而协调工作。

一、人事管理

（一）谈判人员的挑选

谈判胜负的决定性因素在于谈判人员的素质。因此，选拔优秀的谈判人员是谈判工作的重要环节。

挑选一名合格的谈判人员，其主要内容已在前面做过介绍。根据发达国家一些专家们的意见，结合我国的具体情况，挑选谈判人员的标准大致有以下几个方面。

1. 政治素质。这方面的要求主要是谈判人员能够忠于祖国，有高尚的道德情操，热爱本职工作，作风正派。

2. 专业知识。谈判人员应具有有关商业、技术、金融、财务、法律、外交等方面的专业知识，熟悉谈判的基本理论与技巧。

3. 个人性格。作为一名谈判人员，应当具有鲜明的个性。包括：追求高的目标、勇于开拓、风度优雅、表达能力强、善于听取别人的意见、具有较强的综合概括能力和决断能力、思维的条理性强、能经受挫折的考验、不受感情的支配、自信。

4. 主观能动性。谈判人员在谈判现场具有一定的独立性，这需要其发挥自己的主观能动性，对成功要具有强烈的期望，要有较强的自信心，在错综复杂、扑朔迷离的谈判过程中能独当一面，得心应手，掌握谈判的主动权。

5. 年龄。年龄界限也是一个重要的挑选标准，但这并不是绝对的。通常谈判人员有一个最佳年龄区，一般来说，选择谈判人员可以考虑在35～55岁年龄跨度内，这是一个人思维敏捷、精力旺盛的阶段。这个阶段的谈判人员，已积累了一定的经验，事业心、责任心和进取心也比较强。当然，由于谈判内容不同、谈判要求不同，年龄结构也可灵活掌握。有时让雄风犹在的老谈判家和思维敏捷的年轻人参加，也会收到意想不到的效果。

（二）谈判人员的培训

谈判人员应具有较高的素质，素质并不完全是先天造就的，而需后天培养。

1. 社会的培养。社会的培养主要是对谈判人员基本素质的培养，包括基础文化知识、理论知识、谈判理论的教育，还有比较重要的如人际交往能力、决断能力、毅力、健康心态的培养等内容。社会培养营造的环境很宽广，它给谈判人员奠定了一个最基本的素质。社会培养的目标是不确定的，严格地说，它只是提供了一个谈判人才的“毛坯”。

2. 企业的培养。企业对谈判人员的培养是有意识、有系统的，一般包括四个阶段，即打好基础、亲身示范、先交“小担”、再加重担。着重从两个方面帮助他们：谈判受挫时，防其气馁并善于引导；谈判成功时，防其骄横并严格要求。

（1）打好基础。新的谈判人员加入谈判队伍后，无论其年龄大小，作为组织的领导者，第一件事就是向他们讲授本行业的基本知识和要求，更重要的是应检查其是否掌握了这些基本知识和要求。采取的形式可以有两种：集中授课和单兵教练。前者指接受任务之前集中时间，系统授课，考试合格再上阵，这种方式便于检查效果，并适合人员较多的情况；后者指以师傅带徒弟的方式，明确专人带，这种方式便于安排，常用于增加零星谈判新手的情况。

（2）亲身示范。谈判是一门实践的科学，因此，在新手掌握了谈判的基本知识以后，应当让他们在实践中去体验并逐步适应千变万化的谈判环境。亲身示范应包括从谈判的组织准备、实质性谈判到签约的全过程，一边示范给新手看，一边向新手讲评。尤其是谈判桌上的形势千变万化，原先准备的方案、台词，往往会由于形势变迁而需推倒重来。在台上处理好这些变化后，台下应主动向新手解释改变原方案的原因，比较新旧方案的利弊，并预测下一步的局势变化以及相应采取的对策。这样，才能使新手亲身感受到谈判的变化及对应的决策，悟出其中的道理，进一步理解并灵活运用他们从书本上学到的基础知识。然后，可组织新手模拟谈判过程，事后再进行利弊分析。

(3)先交“小担”。经历过以上两阶段，便可让新手真正参加谈判，亲自体验商务谈判中的种种情形。

一般来讲，可以先给新手一些难度不大、谈判内容不太复杂的“小担”项目，让新手独立去挑，这对谈判人员的成长具有重要意义，有人称之为“起飞前的助跑”，这一阶段不可缺少。让新手独立进行难度小的谈判，用意在于新手谈判万一失败，损失也不致过大，不太影响企业利益的大局，也给新手更多成功和体会所学知识的机会。小项目的内容不太复杂，让新手有余力去揣摩对手，体验独立谈判的滋味，有利于新手增强获胜的自信心。对于大型项目的谈判，可以让新手参加谈判小组，作为记录员或其他辅助角色，在谈判中耳濡目染，细心体会。

此外，对新手委以“小担”，要尽量选择可以代表谈判基本知识、基本技巧的某一方面的“小担”。几次“小担”的圆满完成也就等于掌握了系统的谈判技能，从而使新手具备了参加并主持大型、复杂、艰难谈判的能力。

(4)再加重担。对在若干“小担”的负载中取得成功实绩的谈判人员，适当赋予“重担”，可以促进其成才，是实现其“起飞”的重要条件。这样的“重担”，通常是具有难度大、谈判目标高、交易标的技术复杂、涉及的交易多、己方的竞争对手多、政策性强等特点的谈判项目。

领导人员在此阶段中，肩负起“指导—检查—再指导—再检查”的责任。随时或定期检查新手谈判的进展情况和实际效果；针对谈判的实际进展及时予以指导，让谈判人员继续挑好重担；在谈判遇到重大挫折或难以继续进行下去时，领导应接过担子、打破僵局，然后再把担子交给谈判人员继续挑，直至最终完成谈判任务。

企业培养谈判人员，应注意引导其正确对待谈判中的失误和成功。谈判受挫时，不应不加分析就对新手丧失信心，而是要引导受挫者正确认识别人的反应和社会舆论，正确对自己做出评价，帮助受挫者总结经验教训。谈判成功时，领导者要防止新手出现骄傲心态，要及时地帮助其总结谈判成功的经验，分析成功中的不足，对其提出更高、更严的要求。

3. 自我培养。社会与企业只是为谈判人员创造了成长的外部条件，要想真正成长起来还得依靠谈判人员的内因，即自我培养。

作为谈判人员，首要的便是应有所追求，以谈判事业为毕生追求的目标，执着地为国家、民族、企业的利益而努力，不断地提高自己的谈判能力和自身素质。

要想提高谈判人员应当具备的善辩能力、业务能力、组织能力、交际能力等，可以采用下述四种科学方法进行自我培训。

(1)博览。广泛涉猎相关知识的书籍，如技术、商业、金融、保险、运输、法律、逻辑乃至政治、军事、文化领域方面的书籍及外文书籍。“冰冻三尺，非一日之寒”，知识的学习是漫长积累的过程。从长远的角度来说，仓促上阵弊多利少，新手应从基本功练起。在博览的基础上，可以急用先学，边学边用，逐步扩展自己的知识面。

(2)勤思。“学而不思则罔”。博览只是一个知识的吸收过程，要想在有限的时间将有限的知识真正运用于谈判实践，就必须有一个自我消化的过程。在对外观察、接触新事物的时候，多问几个为什么。认真记载各种有益的素材及瞬间的感受和体会，这是一种积累，也是一种收获，有助于提高自己对问题的理解能力。

(3)实践。“纸上得来终觉浅，绝知此事要躬行”。书上的知识要通过实践才能成为谈判的真本领，同时，实践也需理论的指导，不能盲目地去实践。

(4)总结。谈判中要学习的东西很多。要从实践中获得更大的收获，就必须学会总结。每一次学习和谈判都是一次宝贵的机会，都值得谈判人员认真总结经验教训，以指导今后的学习和实践。总结的方式多种多样，静思，反省，理清头绪或商讨书写，落实成文，从某个事件悟出更广泛、具有指导性的真理或规律。

(三)调动谈判人员的积极性

谈判需要付出巨大的劳动，谈判成果又与谈判方的经济利益有直接联系。因此，对谈判人员应给予适当奖励，激励他们充分发挥聪明才智，在谈判工作中创造优异成绩。

对谈判人员的奖励可分为物质奖励和精神奖励两类，或者称为外在奖励和内在奖励两个方面。

物质奖励的满足程度是根据谈判人员自己定出的标准来衡量的。这个标准受到其本人心中社会平均标准的影响，同时，也受到周围相关人员所受奖励多少的影响。

精神奖励则来源于谈判本身。对谈判人员的精神奖励可以采取以下多种形式:

1. 委以重任,把困难的谈判任务交给他们,使谈判人员因得到信任而感到满足。

2. 对谈判人员的工作成绩予以充分肯定,使他们得到一种事业上的满足感。

3. 给谈判人员以较大的自主权,有权处理谈判过程中出现的新问题。

4. 给谈判人员与其他同行交流的时间和机会,以探讨总结成功的经验和失败的教训等。

二、组织管理

(一)健全谈判班子

健全谈判班子指挑选各类专业人员,配备好主谈人,并给予足够的授权。

(二)调整好领导干部与谈判人员之间的关系

调整好领导干部与谈判人员之间的关系最重要的是明确各自的职责范围和各自权力的划分,建立共同的奋斗目标。在实际谈判中,单位领导更多的是在必要与充分的授权下,给谈判人员以高度的支持、理解、谅解和协调。

(三)调整好谈判人员之间的关系

调整好谈判人员之间的关系主要是强调谈判人员之间应相互默契、信任、尊重,达到有效合作的目的,以保持工作效率。其措施有以下几种:

1. 明确共同的责任和职权。

2. 明确谈判人员的分工。

3. 整个谈判小组共同制定谈判方案,集思广益。

4. 明确相互的利益。

5. 共同检查谈判进展状况和相互支持工作。

6. 谈判小组的负责人要尊重小组成员的意见,发扬民主作风,以身作则,廉洁奉公,处处关心同志,使小组成为一个团结、友爱、共同奋斗的集体。

案例应用

澳大利亚A公司拟将某种铁矿石出售给日本B公司,以下是双方谈判过程中的一些具体情况。

谈判一开始,日方人员就直接指责澳方铁矿石的杂质含量高于双方事先约定的标准,产品质量存在如此严重的问题,A公司的信誉也值得怀疑。日方人员欲通过这种方式从气势上压倒A公司,从而迫使其在价格等其他条款上做出较大的让步。

A公司谈判人员对B公司的指责十分不满,他们坚持认为,根据其本国的检验标准,其产品是合格的,况且,B公司如此不负责任地指责A公司的信誉,简直让人忍无可忍。因此,还未等对方把话说完,他们就开始反驳对方的指责,并回敬以类似的攻击。

双方谈判人员因此展开了激烈的争论。

思考题:

1. 你认为A公司的做法有哪些不妥之处?
2. 你认为B公司的做法有哪些不妥之处?
3. 你认为此次谈判的最终结果将是怎样的?

ON NEGOTIATION

第四章 谈判前的准备

学习要点

“凡事预则立，不预则废”。谈判前的准备工作做得如何，在很大程度上决定了谈判能否顺利进行，以及能否达成有利于己方的协议。

除了在谈判前的信息准备以及谈判目标与谈判对象的确定之外，谈判的整体方案也是在准备阶段中就开始运筹和制定的。为了更好地把握谈判进程，进行模拟谈判，并事先确定各交易条件的最低可接受程度也是非常重要的准备步骤。

通过本章的学习，读者可以了解在谈判正式展开之前应进行哪些准备工作，以及如何进行这些工作。

新闻导读

以 300 亿美元收购塞纳，甲骨文为何这么迫切

据智通财经 APP 报道，甲骨文正在磋商收购医疗信息公司塞纳(Cerner Corporation)，交易价值或达 300 亿美元。一旦收购靴子落地，这将是甲骨文有史以来规模最大的一笔收购交易。

受收购消息影响，甲骨文周四美股盘后下跌 3.12%，塞纳盘后则上涨 22.66%。从资本市场情绪来看，外界对两家公司的态度表现不一。

1. 甲骨文为何会斥巨资收购塞纳？据《华尔街日报》消息，这笔交易很快就会达成，这将是甲骨文有史以来最大的一笔交易。塞纳的市值约为 230 亿美元，如果要获得典型的并购溢价，则可能价值 300 亿美元。

据保观报道：塞纳公司总部位于密苏里州，创立于 1979 年，是美国医疗保健行业信息系统的领先供应商，提供健康信息技术服务、设备和硬件。塞纳设计、安装和支持围绕单一架构开发的应用程序健康网络架构，允许诊所、医院、健康维护组织(HMO)、医生和综合健康组织(IHO)跨多个学科和设施共享临床和管理数据。

1986 年，塞纳在纳斯达克上市。20 世纪 80 年代后期，塞纳的客户群稳步增长，并在 1990 年达到 250 个。截至 2018 年 2 月，其产品已在全球27 000多个设施中使用。该公司在全球拥有超过29 000名员工。

发展至今，塞纳已经成为美国医疗信息化行业的巨头之一，截至 2019 年底，塞纳以 20% 多的市场份额位列第一，超过其他公司。

作为电子健康档案(EHR)领域的佼佼者，塞纳不仅构建了一套综合性的健康网络架构，同时也提供针对自费雇主的解决方案。除此之外，塞纳更突出的地方在于通过医疗数据对风险定价、健康管理等细分环节带来的价值，这也体现在目前医疗信息化企业和保险融合的大趋势中。

不论是行业地位还是公司发展，都能够看到塞纳在医疗信息领域的发展优势。对于甲骨文来说，收购塞纳的最大目的估计也是看中了这家公司与不少大公司都有合作。

2. 收购之外，甲骨文加速布局数据中心。自从转型之后，外界对老牌巨头甲

骨文财报的关注重点依旧是云计算业务。

甲骨文公布的截至2021年11月30日的2022财年第二财季财报显示，第二财季该公司的总营收为104亿美元，同比增长6%。

由于新冠肺炎疫情促使更多公司转向混合工作模式，在云技术方面的支出增加，这使得甲骨文、亚马逊和微软等其他公司受益。

随着甲骨文致力于拓展云计算业务，该公司将亚马逊云服务(AWS)视为它在数据库市场的主要竞争对手。

为了巩固在云计算领域的发展地位，甲骨文一直在加大投资，建立更多数据中心，方便客户扩大业务并将业务转移到云计算。

据智通财经APP报道，甲骨文12月15日表示，由于疫情增加了私营和公共部门组织对云计算工具的需求，该公司已在斯德哥尔摩和米兰各开设了一个云区域(Cloud Regions)。

据悉，云计算公司如甲骨文、微软、亚马逊和谷歌一直在欧洲各地建立新的数据中心，以满足客户从内部数字存储和计算转向租用云服务器的需求。

甲骨文已经在欧洲的德国、荷兰、法国、英国和瑞士拥有云区域，包括这两个新的云区域，该公司将在全球36个地区拥有云区域，并计划到明年年底再增加8个。

据国际数据公司(IDC)的高级项目主管Carla Arend说:"欧洲的机构希望尽可能将数据存储在欧洲或当地国家。"

不过，彭博情报分析师Anurag Rana在财报发布前的一份报告中说，一些客户仍在推迟将关键的甲骨文数据库转移到云计算上的时间，当他们真的转移到云计算上时，也可能会选择市场领头羊亚马逊或微软。

美国投行Wedbush Securities分析师丹·艾夫斯(Dan Ives)表示:"在这场云计算军备竞赛中，甲骨文与微软和亚马逊的竞争仍将是一场艰难的战斗"。

一直以来，甲骨文以其数据库软件闻名，尽管在垄断云计算市场的竞争中落后于更大的竞争对手亚马逊、微软、谷歌、阿里等，但加大力度布局云计算业务也让它的股价有明显上涨。

在美股研究社看来，部分投资者对甲骨文的云计算未来保持看好态度最重要的原因是，一个优秀的云服务商需要在组织流程、系统性、IT管理等方面具备综合能力，让用户只需要集中精力使用这些服务完成自己的业务。换句话说，这是To B的基因才能完成的事，这恰好是甲骨文的强项。

收购塞纳对于甲骨文来说是否是一桩划算的买卖，现在看不到成效，但是可以肯定的是，在云计算上的更多动作还是会为甲骨文增加一些筹码。至于效果如何，关注甲骨文后续的财报业绩或许能够得到答案。

资料来源：美股研究社．以300亿美元收购塞纳，甲骨文为何这么迫切？凤凰新闻，2021－12－17（https://m.thepaper.cn/baijiahao_15886745）.

第一节　谈判前的信息准备

谈判信息是指那些与谈判活动有密切联系的条件、情况及其属性的一种客观描述，是一种特殊的人工信息。本节将从谈判信息的作用、谈判信息的分类出发，着重介绍谈判信息准备的主要内容。

一、谈判信息的作用

不同的谈判信息对于谈判活动的影响是极其复杂的。有的信息直接决定谈判的成败，而有的信息只是间接地起作用。谈判信息在谈判中的作用可以表现在以下几个方面。

（一）谈判信息是制定谈判战略的依据

谈判战略是为了实现谈判的战略目标而预先制定的一套纲领性的总体设想。谈判战略正确与否，在很大程度上决定着谈判的得失成败。一个好的谈判战略方案应当具有战略目标正确可行、适应性强、灵敏度高的特点，这就必须有大量可靠的信息作为依据。知己知彼，百战不殆。在谈判中，谁能拥有谈判信息上的优势，掌握对方的真正需要和对方谈判的利益界限，谁就有可能制定出正确的谈判策略，掌握谈判的主动权。

（二）谈判信息是控制谈判过程的手段

要对谈判过程做到有效控制，必须先掌握“谈判的最终结果是什么”这一谈判信息，依据谈判战略和谈判目标的要求，确定谈判的正确策略。为了使谈判过程始终指向谈判目标，使谈判能够正常进行，必须有谈判信息作为保证，否则，对任何谈判过程都无法有效地加以控制和协调。

（三）谈判信息是谈判双方相互沟通的中介

在各式各样的谈判中，尽管谈判的内容和方式各不相同，但有一点是共同的，即都是一个相互沟通和磋商的过程。沟通就是通过交流有关谈判信息以确立双方共同的利益关系。没有谈判信息作为沟通中介，谈判就无法排除许多不确定的因素，就无法进一步磋商，也就无法调整和平衡双方的利益。因此，掌握一定的谈判信息，就能够从扑朔迷离的信息中，发现机会与风险，捕捉达成协议的共同点，使谈判活动从无序到有序，消除不利于双方的因素，促使双方达成协议。

二、谈判信息的分类

在现实生活中，谈判信息多种多样，纷繁复杂。科学地区分谈判信息的类型，是研究分析谈判信息的基础，可以使我们更加深刻地认识谈判信息的规律性，也有助于我们进一步明确谈判信息工作的目的，从而提高谈判信息工作的效益。按照不同的标准，可以将谈判信息分为以下几种类型。

（一）按谈判信息的内容来划分

按谈判信息的内容来划分，可以将其分为自然环境信息、社会环境信息、市场细分化信息、竞争对手信息、购买力及投向信息、产品信息、消费需求和消费心理信息等等。

自然环境信息是指能引起人们消费习惯改变、购买力转移以及市场变更的自然现象方面的信息，如地震、地形变化、气温变化等。

社会环境信息是指对市场有影响的各种社会因素，如文化、人口、社会阶层、家庭、政治、法律、时尚、风俗、宗教、社会发展、城市建设等方面的信息。

市场细分化信息是指能引起市场细分的变量，如社会经济变量、地理变量、人口变量、收入和消费方式变量等。

竞争对手信息是指有关生产或经营同类产品的其他企业状况的信息。

购买力及投向信息是指消费收入、支出构成、趋向等方面的信息。

产品信息是指与产品价格开发、销售渠道、商标、包装、装潢等有关的信息。

消费需求信息是指消费者对商品品种、数量、规格、价格、式样、色彩、口味、方便程度、适用程度等方面的信息。

消费心理信息是指有关消费者购买行为、购买动机、价值观、审美观等方面的信息。

(二)按谈判信息的载体来划分

按谈判信息的载体来划分,可将其分为语言信息、文字信息、声像信息和实物信息。语言信息是指通过座谈、交流所获得的信息以及在公共场所听到的信息。文字信息是指用文字记录下来的信息资料,包括各种文献、文件、报刊资料及复制品、产品目录、产品说明书等。声像信息是指通过图片、绘画、电影、电视、广播、录像、电话、幻灯、录音等获得的信息。实物信息是指各种以样品作为载体的信息。

(三)按谈判信息的活动范围来划分

按谈判信息的活动范围来划分,可将其分为经济性信息、政治性信息、社会性信息和科技性信息。经济性信息是指与企业发展有关的各种信息,主要包括国民经济发展的信息,财政、金融、信贷方面的信息,经济资源信息等等。政治性信息是指由于某一政治活动的发生、政治事件的出现而引起市场变化的信息,如战争爆发引起的物价上涨等。社会性信息是指与市场经营、销售有关的社会风俗、社会风气、社会心理、社会状况等方面的信息。科技性信息是指与企业产品研制、设计、生产、包装有关的信息。

三、谈判信息收集的主要内容

谈判信息收集的主要内容包括市场信息、有关谈判对手的资料、科技信息、有关政策法规和金融方面的信息等。

(一)市场信息的概念及其主要内容

1. 市场信息的概念。市场信息是反映市场经济活动特征及其发展变化的各种消息、资料、数据、情报的统称。它通过语言表达作为传递工具,或者说,市场信息是由语言组成的。

市场信息所用的语言,有自然语言和人工语言。自然语言包括口头语言、书写文字等等。人工语言是为了传递信息特征而由人们创造出来的,如数学上的专用语言、计算机语言等等。人工语言的使用,可以弥补自然语言结构容易产生的意思不够明确以及不够精练等缺陷。

市场信息的语言组织结构有两种形式:一种是文字式结构,主要是通过文字叙述来表达市场信息的内容;另一种是数据式结构,它是反映市场运行数量关系的数字及必要的文字,按一定规范相互联结起来形成的结构,如统计报表等。

2. 市场信息的主要内容。市场信息的内容很多,归纳起来主要包括以下几个方面:

(1)有关国内外市场分布的信息。这方面的信息主要是指市场的分布情况、地理位置、运输条件、政治经济条件、市场潜力和容量、某一市场与其他市场的经济联系等。

随着科学技术的进步和生产力的发展,国内、国际分工都将不断扩大和深化。同时,由于交通运输工具和通信手段的日趋现代化以及资本在国内和国际流动的加快,使得国内与国际贸易中交换的商品品种不断增多,数量不断扩大,这在一定程度上扩大了国内和国际市场。因此,应通过调查摸清本企业产品可以在什么市场(国内、国际)上销售,确定长期、中期及短期的销售发展计划,从而有助于谈判目标的确立。

(2)消费需求方面的信息。这方面的信息包括:消费者忠于某一特定品牌的期限;消费者忠于某品牌的原因、条件、因素;消费者开始使用某一特定品牌的条件和使用原因;使用者与购买者之间的关系;购买的原因和动机;产品的多种用途;消费者购买的意向和计划;产品被使用的次数及消费量;消费者对产品的态度;消费者对企业市场活动的反应与态度;消费者喜欢在何处购买;新的使用者的情况及使用原因;产品(资金或劳务)的需求量、潜在需求量、本企业产品的市场覆盖率和市场占有率及市场竞争形势对本企业销售量的影响等。

(3)产品销售方面的信息。如果是卖方,则要调查本企业产品及其他企业同类产品的销售情况。如果是买方,则要调查所购买产品的销售情况,包括:该类产品过去几年的销售量、销售总额及价格变动;该类产品的长远发展趋势;拥有该类产品的家庭所占比率;消费者对该类产品的需求状况;购买该类产品的决定者、购买频率;季节性因素;消费者对这一企业新老产品的评价及要求。通过对产品销售方面的调查,可以使谈判人员大体掌握市场容量、销售量,有助于确定未来的谈判对手及产品销售(或购买)数量。

谈判人员不一定是直接消费者,因此,消费者调查具有重大意义。摸清消费者的消费需求和消费心理,可以基本掌握消费者对本产品的消费意向,预测本企业产品的竞争力,也有利于同谈判对手讨价还价。

(4)产品竞争方面的信息。这类信息主要包括:生产或购进同类产品的竞争者数目、规模以及该类产品的种类；生产该类产品的各主要生产厂家的市场占有率及未来变动趋势；各品牌产品的推介与售价情况；消费者偏爱的品牌与价格水平；竞争产品的性能与设计；各主要竞争者所能提供的售后服务的方式，顾客及中间商对此类服务的满意程度；当地经销该类产品的批发商和零售商的毛利率与各种行情；当地制造商与中间商的关系；各主要竞争者所使用销售组织的形态；是生产者的机构推销，还是中间商负责推销；各主要竞争者所使用销售组织的规模与力量；各主要竞争者所用的广告类型与广告支出额等等。

如果己方是卖方，通过对产品竞争情况的调查，能够使谈判人员掌握己方同类产品竞争者的情况，寻找其弱点，更好地争取己方产品的广阔销路，有利于在谈判桌上击败竞争对手，也能使谈判者预测己方的竞争力，以保持清醒的头脑，在谈判桌上灵活掌握价格弹性。此外，摸清竞争者和谈判对手的销售形式还可以使己方在运输费用的谈判上具有主动权。

（二）有关谈判对手的资料

为了掌握谈判主动权，还应该了解谈判对手的谈判作风，并制定出相应的策略。谈判风格可以划分为以下几种模式：

1. 强有力型模式。这种模式的特点表现在：

(1)谈判开始立场强硬。作为买主时，无论购买多么昂贵的商品，最初出价都很低，而且大都采用秘密出价方式以阻碍其他买方竞争。利用这个策略使卖方相信他们是唯一的买主。而作为卖主时，做法则相反，提出较高价格，敞开大门鼓动竞争，使许多买主彼此对立，怂恿买主竞相提价，以获取竞争之利。

(2)谈判代表权力有限。谈判前，最高权力中心仅赋予谈判代表以有限的权利，使他们在一定的范围和目标内有限地发挥作用。超出这个范围，谈判代表不能做任何答复，必须反复向上级请示，从而使谈判旷日持久，陷入僵局。

(3)情绪易激动，滥施压力。强硬型谈判者经常在适当的时候利用冲动的情绪侵犯对手，从而引起对方愤怒、思维混乱，甚至顺从退让，谈判时咄咄逼人，经常使用过激语言达到目的。

(4)不理期限，坚韧忍耐。这类谈判者不受谈判期限的制约，利用对方的急迫心理，采取停滞或拖延战术，坚持以较长时间去获取所需要的东西。在这段时间，他们至多做一些微小让步，使对手逐渐疲弱不堪。

2. 软弱型模式。和强硬型模式正好相反，软弱型模式的特点是：谈判开始立场谨慎，不提出过高要求，一般在常规范围内提出中等偏高的价格标准，绝不漫天要价。在对手的压力之下，不断做出或一次做出较大让步。在对手的强硬态度下，为避免谈判破裂，往往委曲求全，促成交易成功。

3. 合作型模式。它又被称为双方胜利和“皆大欢喜”型谈判模式。其特点是：谈判开始，双方立场均谨慎、现实，双方都尽量寻求适合各方谈判需要的不同谈判方式。双方在原则问题上首先达成协议，不排除细节问题上的争议。双方都把谈判过程看做是使双方调和或一致的过程。通过谈判，双方建立了一定的信任关系，为今后的进一步合作提供了条件。

通过各种途径掌握了对方的谈判作风，便可以制定相应的策略，促使谈判成功。对付强硬的谈判者，可以采取“以强制强”或“以柔克刚”的策略。如果对方急需己方产品，己方产品又很畅销，己方有较充裕的谈判时间，对方有强大的竞争对手，或摸清了对方底细，知道对方是虚张声势，那么就可采取“以强制强”的策略；如果急需对方产品且无其他货源可寻，谈判有较短的时间制约，需要将来与对方长期合作，或是适当让步可取得较好的经济效益，则可运用“以柔克刚”的策略。针对软弱型的谈判者，可以适当采取“以强制弱”的谈判原则。针对合作型谈判者，一般应当采取合作原则。在实际谈判中，要针对每次谈判的具体内容和各种不同的谈判模式，提出具体的策略、原则。

（三）科技信息的具体内容

在技术方面，主要应收集以下方面的资料：

1. 要全面收集该产品与其他产品在性能、质量、标准、规格等方面的优缺点比较，以及该产品的生命周期、竞争能力等方面的资料。

2. 收集同类产品在专利转让或应用方面的资料。

3. 收集该产品生产单位的技术力量和工人素质及其设备状态等方面的资料。

4. 收集该产品的配套设备和零部件的生产与供给状况以及售后服务方面的资料。

5. 收集该产品开发前景和开发费用方面的资料。

6. 尽可能多地收集对该产品的品质或性能进行鉴定的重要数据或指标及其各种鉴定方法和鉴定机构的资料，同时也要详尽地收集可能导致该产品发生技术问题的各种潜在因素的资料。

科技信息对于国际谈判,特别是引进设备的谈判非常重要,它是选择技术和准确进行谈判的先决条件。取得这些技术资料大体上可以通过这样几种方法:阅读国内外有关专业杂志;参观国内外博览会和各种专业展览会;收集和熟悉国内外产品样本和产品目录;旁听有关谈判;查阅专利,了解技术发展现状及趋势;向国内外有关咨询机构求助;与发达国家有关的情报中心取得联系;与联合国等国际性情报机构联系等。

(四)有关政策、法规的内容

在谈判开始前,应当详细了解有关的政策、法规,以免在谈判时因不熟悉政策、法规而出现失误。

1. 有关国家或地区的政治状况。政治对经济有着重要的影响,在国际商务谈判中,需要了解对方国家或地区的有关经济政策及经济合作的相关法令及国家对企业的管理制度。

2. 谈判双方有关谈判内容的法律规定。无论是商务谈判还是科技谈判,都需要了解有关的法律法规。法律所规定的当事人作为与不作为的界限,是企业经营合法或不合法的依据。除了要熟记我国现有的法律如《中华人民共和国合同法》《中华人民共和国专利法》《中华人民共和国商标法》等,还应了解国外的法律制度和国际惯例。只有这样,才能避免谈判中的一些失误。

3. 有关国家或地区的外汇管制政策。有些国家或地区,为了保证收汇和防止逃税、套汇、黑市买卖外汇,通过颁发进出口许可证等办法来加强对外汇的管制。例如,我国对于各种外汇票据的发行和流通以及外汇、贵金属和外汇票证等的进出国境,都有较详细的规定,对此类业务必须事先加以了解。

4. 国内各项政策。我国国内谈判要按照国家的法律法规和政策进行。谈判人员不但要掌握有关的现行法律,还要熟知经济法规,使各项谈判活动做到有法可依。

(五)金融方面的信息

金融方面的信息主要包括以下四个部分的内容:

1. 收集国际金融市场上的信息,随时了解各种主要货币的汇兑率及其浮动现状和发展趋势。

2. 收集进出口地主要银行的营运情况信息，以免因银行倒闭而影响收汇。

3. 收集进出口地的主要银行对开证、议付。承兑赎单或托收等方面的有关规定，特别是有关承办手续、费用和银行所承担的义务等方面的资料。

4. 收集商品进出口地政府对进出口外汇管制的措施或法令的信息。

四、谈判信息资料的处理

对收集来的资料进行分析整理，其主要目的：一是为了鉴别资料的真实性与可靠性；二是结合谈判项目的具体内容，分析各种因素与谈判项目的关系，并根据它们对谈判的重要性和影响程度进行排队，通过分析，制定出具体的谈判方案与对策。

对谈判信息资料的处理主要有两个环节：一是对资料的整理与分类；二是对信息资料的交流与传递。

（一）信息资料的整理与分类

对信息资料的整理一般分为四个阶段。

1. 对资料的评价。对资料的评价是资料整理的第一步。在现实中收集的各种资料，其重要程度各不相同，有些可以马上使用，有的到后来才派上用场，而有些资料可能自始至终都无法派上用场。如果把收集的资料不加区别地积存起来，便会使资料的使用十分困难，因此，必须首先对收集到的资料进行评估和遴选，价值不高的就应毫不犹豫地舍弃。对认为有用的需要保存的资料，也要根据其重要性不同，将其分为可立即利用的资料、将来肯定可用上的资料和将来有可能派上用场的资料。只有如此，才能为资料的筛选打好基础。

2. 对资料的筛选。对于花费很大代价才收集到的资料，人们往往不愿意将其舍弃，这是可以理解的。但是，如果把不要的或用处微小的资料全部保留，既不便于查找有用的信息资料，又因其占用空间而耗费大量的费用。因此，应不断地对收集起来的资料进行清理。资料的筛选大体有以下几种方法：①查重法。这是筛选信息资料最简便的方法，目的是剔除重复资料，选出有用的信息资料。当然，不完全排除重复，只要不是完全相同的重要资料就可以保存一部分。②时序法。即逐一分析按时间顺序排列的信息资料，在同一时期内，较新的取，较旧的舍，这样可能使信息资料在时效上更有价值。③类比法。将信息资料按市场营销业务或按空间、地区、产品层次分类对比。④评估法。这种方法需要信息资料收集人员有比较扎实的市场学专业知识，即对自己所熟悉的业务范围，仅凭市场信息资料的题目就可以决定取舍。

3. 对资料的分类。在资料整理阶段，对筛选以后的资料认真地进行分类，是最耗费时间的一项工作，但也是极其重要的环节。分类的方法大致有两种：①项目分类法。这种分类法既可以和工作相联系，按不同的使用目的来分类，如可以分为商务开发资料、销售计划资料、市场预测资料等，或按谈判的必备资料分为市场信息资料、技术信息资料、金融信息资料、交易对象的情况资料、有关政策法规等，也可以根据资料的内容，按不同性质来分，如可以根据不同产业或经营项目进行分类，产品中可以分为粮油产品、五金产品、纺织产品、机械设备等。②从大到小分类法，即从设定大的分类项目开始，大项目数最好不要超过10项，经过一段时间的使用后，若觉得有必要再细分时，可以把大项目再进行细分，但不要分得太细，以免出现重复。

4. 对资料的保存。把分好类的资料妥善地保存起来，即使是经常使用的资料也不要随便放，要与分类相适应，放到专门的资料架或卡片箱中，以便随时查找该类资料或加放同类资料。

（二）信息资料的交流与传递

为了获得有利的谈判地位，谈判人员必须十分注意信息的传递方式，恰当地选择传递的时机，把握好传递场合。通过谈判信息的传递，实现信息交流和沟通，保持谈判人员与己方的有效联系，最大限度地实现己方的谈判目标。

1. 谈判信息的传递方式。谈判信息传递方式的选择不是任意的，它往往受到其自身特点的制约。因此，传递方式的选择既要考虑谈判的目的，同时又要随时注意自身条件、环境的影响和对方的变化情况。谈判者为了减少特定的谈判传递方式对自己的不利影响，必须注意观察、收集、识别对方做出的反应，根据反馈的信息，敏锐地做出推断，及时修正、调整、变换谈判信息传递方式。谈判信息传递的一般形态就是谈判者或信息机构之间借助于口语、手势、文字、形象等进行信息传递。有的谈判学研究者认为，谈判信息的传递方式有以下几种：

(1)明示方式。所谓明示就是指谈判者在有关的、恰当的场合，明确地提出谈判的条件和要求，阐明谈判的立场、观点，表明自己的态度、打算。明示可以通过下列任何一种渠道进行，如双方相见的谈判场合，宴会、礼宾场合，群众性集会场合，官方或团体会议场合，单独会见场合，业务洽谈场合，等等。

(2) 暗示方式。所谓暗示就是指谈判者在有关的、恰当的场合，用含蓄的、间接的方法向对方表示自己的意图、要求、条件和立场等。暗示可以通过语言的形式进行，也可以通过其他的方式进行。

暗示在谈判中具有重要意义。谈判各方在态度明确的情况下，暗示是一种极好的信息传递方式，它可以避免不必要的直接对抗，传递出在明示条件下无法传递的谈判信息。对谈判者来说，采用暗示方式比采用明示方式更具灵活性。在谈判过程中，谈判者必须善于运用暗示，这就要求对影响暗示效果的主客观因素有一定的了解，以便充分发挥暗示在传递谈判信息中的作用。从主观上看，缺乏主见、随波逐流的人极容易接受暗示；独立性很强、善于独立思考的人往往很难接受暗示。从客观上看，暗示者本人的条件，如地位、权力、声望、知识、信心、相貌、身材、性别、年龄以及谈判双方的相互关系、谈判信息与谈判环境条件等，都会对暗示效果产生不同的影响。

(3)意会方式。意会是既不同于明示又不同于暗示的一种特殊的谈判信息传递方式。它是谈判信息的发出者与谈判信息的接受者早已有了信息交流的准备，早已对信息交流的背景有所了解，早已就信息传递的渠道达成了某种默契，为了避免直接明示或暗示给各自带来的不利影响，同时也为了避免信息泄露而采取的一种较为谨慎的谈判信息的传递方式。

意会在传递谈判信息方面有着特殊的作用。意会不像明示那样直截了当，因此，当谈判各方传出或接收的信息彼此矛盾或尖锐对立时，不会在"面子上"引起相互关系的紧张；意会也不同于暗示那样含蓄，采用意会方式传递给对方的信息都是明白无误的，它不会引起像暗示那样因为含蓄而产生的理解障碍甚至歧义。但须注意的是，意会也极有可能成为无效的信息传递方式。这主要取决于人们对信息传递效果的理解、体会、推断及社会生活经验，取决于人们对意会的积极或消极态度。如果当谈判信息交流的双方即使能够意会出彼此传递信息的全部含义，而双方或某一方若根据自身的社会生活经验，预感到后果对自己不利，就可能采取消极的态度，不予理会。

2. 选择谈判信息传递的时机与场合应考虑的因素。谈判信息的传递时机是指谈判者在充分考虑到各方的相互关系、谈判的环境条件、谈判信息的传递方式的情况下，确定并把握能积极调动各相关因素的谈判信息传递的最佳时间。

谈判信息传递时机的把握是否恰当，在很大程度上影响着传递效果。谈判信息的传递不是仅仅以特定的方式传递出去就行了，还需要谈判者对谈判的有关因素进行判断，尤其是需要对谈判信息在特定条件下传递的后果和对方的反应做出预测。在对传递的后果和反应有一定准备的情况下传递信息，才能确保信息准确送达接受者。

谈判信息的传递场合，主要是指谈判信息进行传递的现场。选择恰当的场合传递谈判信息有利于增强传递效果，避免不利因素的影响。因此，谈判者在选择谈判信息传递场合时应考虑以下问题：①是自己亲自出面还是请第三方代为传递信息。因为这里涉及信息传递的可靠性问题，一般来说，自己亲自出面传递信息，可靠程度较高。②是私下传递信息还是选择公开场合传递信息。如果与对方私交较深，可选择私下传递信息的方式；如果己方对相互关系、环境条件、各种意外因素都考虑得比较周全，而与对方无私交时，可选择公开传递信息的方式。

在具体的谈判过程中，如能根据谈判活动的条件和需要，正确选择谈判信息的传递方式、传递时机和传递场合，将会使谈判信息的传递产生较好的效果，从而掌握谈判的主动权。

第二节　谈判目标与对象的确定

一、谈判主题的确定

所谓谈判的主题就是参加谈判的目的，对谈判的期望值和期望水平。不同内容和类型的谈判，有不同的主题。在实践中，一般一次谈判只为一个主题服务，因此在制定谈判方案时也多以此主题为中心。为保证全体谈判人员牢记谈判的主题，在表述主题的方式上不可赘述，而应言简意赅，尽量用一句话来进行概括和表述。

二、谈判目标的确定

在谈判的主题确定以后，接下来的工作就是制定出谈判目标。谈判目标就是谈判主题的具体化。

谈判的具体目标,体现着参加谈判的基本目的,整个谈判活动都必须紧紧围绕着这个具体目标来进行,都要为实现这个目标服务。因此,对谈判的具体目标的确定,必须认真而慎重地考虑。

由于谈判的目标只是一种主观的预测性和决策性目标,在实践中,还需要参加谈判的各方根据自身利益的需要、他人利益的需要和各种客观因素的可能,来制定谈判的目标系统和设计目标层次,并在谈判中经过各方不厌其烦地"讨价还价"来达到某一目标层次。

谈判的具体目标可分为四个层次。

（一）最高目标

最高目标也叫最优期望目标。它是己方在谈判中所要追求的最高目标,也往往是对方所能忍受的最大限度。如果超过这个目标,往往要冒谈判破裂的危险。在实践中,最优期望目标一般是可望而不可即的理想方向,很少有实现的可能性,因为谈判是双方利益重新分配的过程,没有哪个谈判者心甘情愿地把自己的利益全部让给他人。同样,任何一个谈判者也不可能指望在每次谈判中都独占鳌头。尽管如此,这也并不意味着最优期望目标在谈判中没有作用。最优期望目标是谈判开始的话题。如果一个诚实的谈判者一开始就推出他实际想达到的目标,由于谈判心理作用和对手的实际利益,他最终可能达不到这个目标。如在资金供求谈判中,需方可能实际只想得到 50 万元,但谈判一开始,需方可能报价 80 万元。这 80 万元是需方的最优期望目标。这个数字比其实际需要的 50 万元多 30 万元,用一个简式表达就是:

$$Y + \Delta Y = E$$

式中,Y 为需方的实际需求资金数额;ΔY 为多报价即增量;E 为需方的最优期望目标。

但是,供方绝不会做提供 80 万元资金的慷慨之事。根据供方了解的信息（如偿还能力、经济效益高低和利率等情况）,他明知对方实际只需要 50 万元,为了使谈判深入下去,使主动权掌握在自己手中,就故意压低对方的报价,只同意提供 30 万元。如此这般,几经交锋,双方列举各种理由予以论证,谈判结果既不是 80 万元也不是 30 万元,可能是略低于或者略高于 50 万元。

（二）实际需求目标

实际需求目标是谈判各方根据主客观因素，考虑到各方面情况，经过科学论证、预测和核算后，纳入谈判计划的谈判目标。这是谈判者调动各种积极性，使用各种谈判手段，努力达到的谈判目标。如在上例中，其中 50 万元资金就是实际需求目标。这一阶段的目标具有如下特点：

1. 它是秘而不宣的内部机密，一般只在谈判过程中的某几个微妙阶段才提出。

2. 它是谈判者“坚守的最后防线”。如果达不到这一目标，谈判可能陷入僵局或暂停，以便与谈判者的单位或谈判小组内部讨论对策。

3. 这一目标一般由谈判对手挑明，己方则“见好就收”或“给台阶就下”。

4. 该目标关系到谈判一方主要或全部经济利益。例如，企业若得不到50 万元资金，将无法更新主体设备，使企业在近期内停产或不能扩大再生产，等等。正因为如此，这一目标对谈判者有着强烈的驱动力。

（三）可接受目标

可接受目标是指在谈判中可努力争取或做出让步的范围。它能满足谈判一方的部分需求，实现部分经济利益。在上述例子中，资金供方由于各种原因（如资金筹措能力、对方偿还能力等）只能提供部分资金（如 35 万元或 40 万元等），没有满足需方的全部实际需求，这种情况是经常发生的。因此，谈判者在谈判前制定谈判方案时应充分估计到这种情况的出现，并制定相应的谈判措施和目标。

（四）最低目标

最低目标是谈判必须实现的目标，是谈判的最低要求，若不能实现，宁愿谈判破裂也没有讨价还价、妥协让步的可能。它与最优期望目标之间有着必然的内在联系。在谈判中，表面上一开始要价很高，往往提出最优期望目标，实际上这是一种策略，保护的是最低目标，乃至可接受目标和实际需求目标。这样做的实际效果往往会超出谈判者的最低需求目标或至少可以保住这一目标，然后通过对最优期望目标的反复压价，最终可能达到一个超过最低目标的目标。之所以如此，是因为如果没有最低目标作为心理安慰，一味追求高标准的目标，这种心理往往带来僵化的谈判策略。这样的谈判策略导致以下两个结果：

一是不利于谈判的进程。谈判当事人的期望值过高，容易产生盲目乐观的情绪,往往对谈判过程中出现的千变万化的情况缺乏足够的思想准备,对于突如其来的事情不知所措。最低目标的确定,不仅可以创造良好的应变心理环境,还为谈判双方提供了可供选择的契机。

二是不利于所属成员和团体行为的稳定。如某生产厂家对某项产品销售的谈判期望值过高(即销售量和销售价格的期望值过高),并用这种过高的期望值去影响和诱发所属成员积极的经济行为。尽管这样做能起到一定的作用,但一旦在谈判中预定过高期望值或在某一方面没有达到目标时,势必影响所属成员经济行为的稳定性。然而,如果这个生产厂家把制定切合实际的销售谈判目标或以达到最低目标作为合作的起点,对于该企业来讲,继续谈判达到了最低要求,也能产生较强的群体凝聚力。

可以确定,最低谈判目标是低于可接受目标的。可接受目标在实际需求目标与最低目标之间选择,是一个随机值。而最低目标是谈判一方依据多种因素,特别是其拟达到的最低利益而明确划定的限制。

实际需求目标又是一个定值,它是谈判一方依据其实际经济条件做出的"预算"。而最优期望值也是一个随机数值,只要是高于实际需求目标就可以了,这是谈判的起点,是讨价还价的"筹码"。

以上四个谈判目标层次是一个整体,各有各的作用,需在谈判前认真规划设计,不可凭"拍脑袋"决定,那样只会给谈判者带来麻烦。

在确定谈判目标系统和目标层次时,要注意坚持三项原则,即实用性、合理性和合法性的原则。所谓实用性,是要求制定的谈判目标具有谈判的可能性。也就是说,谈判双方要根据自己的经济能力和条件进行谈判。如果离开了这一点,任何谈判的结果都不能付诸实施。如一个企业通过谈判获得了一项先进的技术装备,但由于该单位的职工素质、领导和管理水平和其他技术环节上存在问题,该项技术装备的效能无法发挥,这种引进谈判的目标就不具备实用性。所谓合理性,包含谈判目标的时间和空间的合理性。在市场经济条件下,市场变化万千,在一定时间和一定空间范围内是合理的东西,在另一时间、另一空间可能就不是合理的。同时,谈判的目标对于不同的谈判对象及其不同的空间区域,同样也有不同的适用程度。除此之外,作为谈判的主体,也应对自己的利益目标在时间和空间上做全方位的分析,只有这样才能获得成功。所谓合法性,是指谈判目标必须符合相关的法律规则。在谈判中,为达到自身的利益追求目标,有的采取对当事人进行行贿等方式使对方顺从,有的用损害集体利益使自己得到好处,有的采用经济压力强迫经济能力较弱者妥协,还有的提供伪劣产品、过时技术和假信息等,这些均属不合法行为。

值得注意的是,一般的谈判存在着多个谈判目标,这时就需要考虑谈判目标的优先顺序。

当谈判中存在着多重目标时,应根据其重要性加以排序,确定是否要达到所有的目标,哪些目标可舍弃,哪些目标可以争取达到,而哪些目标又是万万不能降低要求的。与此同时,还应考虑到长期目标和短期目标的问题。

在确定谈判目标时,必须以客观条件为基础,即综合组织外部环境和内部条件。一般说来,具体谈判目标要考虑以下因素:①谈判的性质及其领域;②谈判的对象及其环境;③谈判项目所涉及的业务指标的要求;④各种条件变化的可能性、变化方向及其对谈判的影响;⑤与谈判密切相关的事项和问题等。

三、谈判目标的优化及其方法

谈判目标的确定过程,是个不断优化的过程。计划中所确定的目标,是要经过对比分析、反复推敲的可行性分析过程。对于多重目标,必须进行综合平衡,通过对比、筛选、剔除、合并等手段减少目标数量,确定各目标的主次和连带关系,使各目标之间在内容上保持协调性、一致性,避免互相抵触。

评价一个目标的优劣,主要依据目标本身的含义是否明确、单一,是否便于衡量以及在可行的前提下利益实现的程度如何等等。从具体目标来说,表达要简单明了,最好用数字或简短的语言体现出来,如“在报价的有效期内,如无意外风险因素,拟以12%的预期利润率成交”。

需要指出的是,谈判的具体目标并非一成不变,它可以根据交易过程中的各种支付价值和风险因素做适当的调整和修改。

值得注意的是,这种谈判方案的调整只反映了卖方的单方面愿望,而在谈判的磋商阶段,买方不会被卖方牵着鼻子走。为了达到谈判的目标,卖方有时应当做出某些让步,做出这种让步是因为对方提出了这种要求。如果对方未提出这种要求,卖方也可以在某些方面做出让步来换取其他方面的主动。但是谈判者必须牢记的一个原则是:任何让步都应建立在赢得一定利益的基础之上。

四、谈判对象的确定

在谈判中，确定了自己的主要需求和谈判目标，明确了谈判方向之后，就要结合市场信息调查选择谈判对象。要对所有可能的谈判对象，在资格、信誉、注册资金和法定地位等方面进行审核，并请对方提供公证书或取得旁证，避免盲目从事，在不了解市场及商情的情况下，不举行任何正式谈判。同时，要注意寻找己方目标与对方条件的最佳结合点，即通过比较，择定一个或两个最有利于实现己方目标的可能谈判者作为正式洽谈的伙伴。己方谈判意向公布后，直接或间接要求参加谈判的伙伴可能很多，其谈判条件也会有很大差别。例如，有的产品质量高价格也高，如果己方经济实力不强，就应放弃同这样的对手谈判；有的产品价格低廉，十分具有吸引力，但如果质量太差，也不应急于与之谈判。总之，可能谈判者的情况及谈判条件千差万别，应该认真进行研究。既不能谁先找上门就把谁作为正式谈判对象，也不能谁的产品质量好和条件优惠就同谁谈，而应知己知彼，从经营的总体利益出发，以己方付出较小代价而收益较大为标准，慎重选择正式谈判对象。

第三节 谈判方案的制定

在正式谈判前，如前文所述，需了解谈判环境、谈判对手和自身的情况，初步了解双方的谈判实力。在正式进行激烈的谈判交锋以前，还需制定出一个周全而又明确的谈判计划，即制定一个谈判方案。

一、制定谈判方案的基本要求

谈判方案是谈判人员在谈判前预先对谈判目标等具体内容和步骤所做的安排，是谈判者行动的指针和方向。有了谈判方案，就会使参加谈判的人员做到心中有数，明确努力方向，打有准备之仗。谈判方案应对各个阶段的谈判人员、议程和进度做出较周密的设想，对谈判工作进行有效的组织和控制，使谈判人员既有方向，又能灵活地左右错综复杂的谈判局势，使谈判沿着预定的方向前进。

从形式上看，谈判方案应该是书面的。文字可长可短，可以是长达几十页的正式文件，也可以是短至一页的备忘录。一般来说，一个成功的谈判方案应该注意以下三方面的基本要求。

（一）谈判方案要简明扼要

所谓简明扼要就是要尽量使谈判人员能较为容易地记住谈判方案的主要内容与基本原则，在谈判中能随时根据方案要求与对方周旋。谈判方案越是简单明了，谈判人员照此执行的可能性就越大。

谈判是一项十分复杂的业务工作，参加谈判的人员只有清晰地记住谈判的主题方向和方案的主要内容，在与对手交锋时才能按照既定目标，自如地对付错综复杂而多变的谈判局面，驾驭谈判局势的发展。因此，制定谈判方案时要用简单明了、高度概括的文字加以表述，以便在每一个谈判人员的头脑中留下深刻印象。

（二）谈判方案要具体

方案的简明扼要不是唯一目的，它还要与谈判的具体内容相结合，以谈判的具体内容为基础，如果没有具体内容，就很难对它进一步概括，简明扼要地予以表达。谈判方案的内容虽有具体要求，但不等于把有关谈判的细节都包括在内。如果事无巨细、样样俱全，执行起来必然十分困难。

（三）谈判方案要灵活

由于谈判过程千变万化，方案只是谈判前某一方的主观设想或各方简单磋商的产物，不可能把影响谈判过程的各种随机因素都估计在内。所以，谈判方案还必须具有灵活性，要考虑到一些意外事件的影响，使谈判人员能在谈判过程中根据具体情况灵活运用。例如，对可控因素和常规事宜应细致安排，对无规律可循的事项可灵活掌握。

二、谈判方案的主要内容

（一）确定谈判目标

谈判目标是通过谈判要解决的问题。如前所述，谈判目标可以划分为最优期望目标、实际需求目标、可接受目标和最低目标四个层次，对此，谈判者事先要有所准备，做到心中有数。对于谈判目标底数要严格保密，绝不能透露给其他人。谈判目标如有重大修改，要经过商定。没有授权的谈判者要向有关领导请示，即使是有决定权的谈判者，也应当与参加谈判的有关人员协商，取得一致意见后再加以改动。

（二）规定谈判期限

在谈判开始以前，应当对谈判的期限有所计划和安排。由于谈判的效率问题是评价谈判成功与否的一个重要标准，而谈判的期限直接涉及谈判的效率，因此，谈判方案的制定应将谈判期限的规定包括进去。

谈判的期限是指从谈判的准备阶段到谈判的终局阶段。在商务谈判中的期限通常指从谈判者着手准备谈判到报价的有效期结束之时为止。买卖双方都规定了一定的期限，超过这个期限后即使履行了协议，也可能带来一定的损失，如圣诞礼品在圣诞节后市价将会大跌，因此必须赶在圣诞节期间销售。除去时间限制的影响，谈判的时间拖得越久，谈判双方耗费的人力、物力和财力也越多。因而，应在谈判之前对谈判的时间做出精确计算和适当安排，最后规定一个谈判期限。

谈判期限的规定可长可短，但要具体、明确，同时又要有伸缩性，能够适应谈判过程中的情况变化。

（三）拟定谈判议程

在确定谈判方案的目标、谈判对象和谈判期限之后，即可制定谈判议程。谈判议程即议事日程，它的确定和安排，对谈判双方来讲非常重要，议事日程本身就是一种谈判战术，谈判高手都很重视这项工作。

谈判议程一般都要说明谈判时间的安排和谈判议题的确定。谈判议程可由一方准备，也可由双方准备，协商确定。谈判议程包括通则议程和细则议程，前者由谈判双方共用，后者给己方使用。

1. 己方安排谈判议程的优势分析。己方安排谈判议程有许多优势，己方可根据自己的需要适当安排。例如，可根据自己的习惯来安排谈判时间，按自己制定好的谈判方式安排讨论问题的先后。如果己方认为先就一般原则进行讨论，细节放在后面比较好，就可以把主要领导人的会谈放在前面先行讨论；如果己方认为小问题容易达成协议，而大的原则问题上会存在争议，就可把细节问题放在前面先行讨论。

但是，谈判议程由己方安排也有不利之处。例如，己方安排的议事日程往往泄漏了己方的某些意图，对方可能会从中揣摩出一些很有价值的信息，这就会对己方不利。另外，对方可以在谈判前有意不对己方的议事日程提出异议，在实际谈判中才突然提出要求修改某些议程，很容易使己方陷入被动，甚至使谈判破裂。

2. 谈判议程的内容。在拟定谈判议程时，要注意两点：一是要有互助性，即不仅要符合我们自己的需要，也要兼顾对方的实际利益和习惯做法；二是简洁性，在一次谈判过程中，过多的谈判事项往往会形成人们的思想负担。典型的谈判议程至少要包括下列四项内容：

(1)时间安排。即确定谈判在何时举行，为时多久。倘若是分阶段的谈判，还需确定分为几个阶段，每个阶段所花费的时间大约是多少等等。

对于双方意见分歧不会太大的议题应尽量在较短的时间内解决，以避免无谓的争辩。

对于主要的议题或争执较大的焦点问题，可将其安排在整个谈判进行到总时间 3/5 之时加以讨论。若把焦点性问题放在谈判进行到总时间 3/5 的前两个小时之内提出来，更有利于问题的解决。

文娱活动的安排要恰到好处。在枯燥的谈判过程中适当安排一些文娱活动，既可活跃气氛，增进友谊，又可松弛神经，消除疲劳，是非常必要的。但是文娱活动的安排也不能过多。如果谈判进行一周的话，安排一两次文娱活动就可以了，且最好安排在谈判的第二天以及商谈焦点问题的当天。此外，安排的活动内容不要重复，要尽量丰富一些，要注意不能使文娱活动成为谈判对方借此疲劳己方、实现其谈判目标或达到其他目的的手段。

在进行时间安排时要考虑到意外情况的发生，适当安排机动时间。当然，机动时间的安排也不可太多，否则会使谈判的进程过于松散，节奏过于缓慢。

在确定谈判的时间时，要考虑以下几个因素：谈判准备的充分程度；谈判人员的身体和情绪状况；谈判的紧张程度；谈判议题的需要；谈判对手的情况。

(2)确定谈判议题。谈判议题是双方讨论的对象，凡是与谈判有关的、需要双方展开讨论的问题，就是谈判的议题。

确定谈判议题时，首先要将与本次谈判有关的问题罗列出来；其次，将罗列出的各种问题进行分类，确定问题重要与否，与己方的利弊关系；最后，将对己方有利的问题列为重点问题加以讨论，对己方不利的问题尽量回避，这将有助于己方在谈判中处于主动地位，但回避并不等于问题不存在，因此还要考虑到当对方提出这类问题时，己方采取的应付对策。

(3)谈判议题的顺序安排。谈判议题的顺序有先易后难、先难后易和混合型等几种安排方式,可根据具体情况加以选择。

所谓先易后难,即先讨论容易解决的问题,以创造良好的洽谈气氛,为讨论困难的问题打好基础;所谓先难后易,是指先集中精力和时间讨论重要的问题,待重要的问题得以解决之后,再以主带次,推动其他问题的解决;所谓混合型,即不分主次先后,把所有要解决的问题都提出来进行讨论,经过一段时间以后,再把所有要讨论的问题归纳起来,先将统一的意见予以明确,再对尚未解决的问题进行讨论,以求取得一致的意见。

有经验的谈判者在谈判前便能估计到哪些问题双方不会产生分歧意见,较容易达成协议,哪些问题可能有争议。有争议的问题最好不要放在开头,这样会影响以后的谈判,可能要占用较多的时间,也可能会影响双方的情绪。一开始就"卡了壳",对整个谈判不利。有争议的问题也不要放到最后,放在最后可能时间不充分,而且在谈判结束前可能会给双方都留下一个不好的印象。有争议的问题最好放在谈成几个问题之后,在谈最后一两个问题之前,也就是说在谈判的中间阶段谈较难的问题。谈判结束之前最好谈一两个双方都满意的问题,以便在谈判结束时创造良好的气氛,给双方留下一个好印象。

(4)通则议程与细则议程的内容。通则议程是谈判双方共同遵照使用的日程安排。在通则议程中,通常应解决以下问题:双方谈判讨论的中心问题,尤其是第一阶段谈判的安排;列入谈判范围的有哪些事项,哪些问题不讨论,问题讨论的顺序是什么;讨论中心问题及细节问题的人员安排;总体及各阶段谈判的时间安排。通则议程可由一方提出,或双方同时提出,经双方审议同意后方能正式生效。

细则议程具有保密性,它是对己方审议同意后具体策略的具体安排,供己方使用。其内容一般有:对外口径的统一,包括文件、资料、证据和观点等;谈判过程中各种可能性的估计及其对策安排;谈判的顺序,何时提出问题,提什么问题,向何人提出这些问题,由谁提出,谁来补充,在什么时候要求暂停讨论等;谈判人员更换的预先安排。

(四)安排谈判人员

谈判是谈判主体间一系列的行为互动过程,谈判人员的素质和能力直接影响到谈判的成败得失。因此,欲使谈判获得成功,获得预期的经济效益和社会效益,除了靠产品的质量、企业的信誉外，在谈判方案中，对谈判班子的组成和谈判人员的分工做出恰当的安排是一项十分重要的内容。此内容在第三章中有较详细的介绍，这里不再赘述。

(五)选择谈判地点

谈判场所对谈判效果也具有一定的影响作用，谈判者应当对此十分重视并加以利用。通常，对于日常谈判活动，最好能争取在自己的办公室和会议室等自己熟悉的地方举行。在己方所在单位与对方谈判，具有许多好处和优势，如向上级请示、查找资料和数据等比较方便，在生活方面能保持正常等等。当然，在对方单位谈判也有一定好处，如便于观察和研究某些情况，有利于与对方上司和其他人士接触，较容易寻找借口等。

一般来说，对于重要的问题和难以解决的问题最好争取在本单位进行谈判，一般性问题和容易解决的问题，或是需要到对方处了解情况时，也可以在对方单位举行谈判，但必须做好充分准备。如果对方不同意到其单位谈判，或另有原因，也可以找一个中间地带的场所，这样双方所处的条件就等同了。

谈判房间的布置也很重要。最好选择一个安静、没有外人和电话干扰的地方，房间的大小要适中，桌椅的摆设要紧凑。房间温度适宜，卫生条件良好，室内灯光明亮。

还要注意选择谈判桌的形状，安排谈判人员的座位。对谈判桌的选择通常有以下几种情况：

1. 方形谈判桌。双方谈判人员面对面而坐，这种形式看起来正规些，但过于严肃，缺少轻松活泼的气氛，有时甚至会有对立的感觉，交谈起来并不方便。

2. 圆形谈判桌。采用圆桌，双方谈判人员坐成一个圆圈。这种形式通常使双方谈判人员感到有一种和谐一致的气氛，而且交谈起来比较方便和容易。

3. 不设置谈判桌。在双方谈判人员不多的情况下，也可以不设谈判桌，大家随便坐在一起，轻轻松松地洽谈生意。有时，没有谈判桌的效果也很好，能增加友好的谈判气氛。但在比较正式的谈判中，谈判桌的设置是必要的。

谈判人员的位置安排也十分重要。在座位安排上，可以是双方人员各自坐在一起，也可以使双方人员交叉而坐。通常，双方人员各自坐在一起比较合适，特别是当谈判出现争议时，这样便于查阅一些不便让对方知道的资料，并能从心理上产生一种安全感，而双方人员交叉而坐，在“谋求一致”的思想指导下，能增添合作、轻松和友好的气氛。

不仅谈判桌的形状和谈判人员座位的安排很重要，甚至双方谈判人员座位之间的距离远近也值得重视。离得太近，会感到拘束不舒服；离得太远，交谈时不方便，还会产生一种疏远的感觉。适当坐近些，会产生一种亲密的交谈气氛。

谈判人员的食宿安排，也是谈判准备工作中不可缺少的一个方面。在食宿方面为对方提供满意的服务，能表示己方的诚意、热情和文明礼貌。要注意对方人员的生活习惯、文化传统等。当然，在通信、交通等方面，也要为对方创造尽可能方便的条件。

第四节 模拟谈判

一、模拟谈判的必要性

模拟谈判是在谈判正式开始前提出各种设想和臆测，进行谈判的想象练习和实际演习。模拟谈判的必要性体现在两个方面：

第一，模拟谈判能使谈判者获得实际经验，提高谈判能力。正如舞蹈演员演出前在脑海里练习舞步，教师在上课前温习课程内容，模拟谈判对谈判者的经验和能力的获得能起到重要的作用。根据心理学的原理，正确的想象练习不仅能提高“彩排”者的能力，有时甚至比实际行动更有效，人的深层心理或神经系统，根本无法区分实际行动所获得的经验和想象中获得的经验有何差异，只要正确地进行思想练习和实际演习，就能获得效果，提高谈判能力。

第二，模拟谈判可以随时修正谈判中的错误，能使整个模拟谈判过程顺利地进行，从而使谈判者获得较完整的经验；而现实的谈判则只能在结束后总结经验，修正错误。

二、拟定假设

进行正确的想象练习，首先要拟定正确的假设或臆测。拟定假设是根据某些既定的事实或常识将某些事物承认（臆测）为事实。例如：根据有钱总可以买到东西的常识,可以假设去商店买东西,只要出钱,对方就总会出卖商品;根据车子可以在绿灯时自由前进的常识,可以假定在十字路口,当交通标志转变为绿灯时,车子就会往前开动。

根据假设的内容,可以把假设划分为三类:一是对外界客观存在事物的假设;二是对对方的假设;三是对己方的假设。

对外界事物的假设包括对环境、时间、空间的假设。进行拟定假设,目的是要找出外在世界真实的东西。在商务谈判过程中,要通过对外界事物的假设进一步摸清事实,知己知彼,找出相应的对策。比如,在一次贸易洽谈中,若对方捧着许多材料进入谈判场所,我们需要准确地判断出对方的材料与今天的谈判是否有直接关系。我们在谈判过程中要采取一定方式摸清对方的底细。同时我们要假设,如果对方通过调查已摸清了我方的底细,我们应如何;如果对方没有摸清我方的底细,我们又如何。

对对方的准确假设,常常是谈判的制胜法宝。对方在谈判中愿意冒险的程度,对产品性能、运输方式等方面的要求,都需要我们根据事实加以假设。准确的假设能使己方在谈判中占据主动地位。

对己方的假设包括谈判者对自身心理素质、谈判能力的自测与自我评估,以及对己方经济实力、谈判实力、谈判策略、谈判准备等方面的评价。

无论是哪一种假设,通常都有可能是错误的,不能把假设等同于事实,要对假设产生的意外结果有充分的心理准备。对于假设的事物要小心求证,不能轻易以假设为根据采取武断的做法,否则,会使己方误入谈判歧途,给自己带来重大损失。例如,当我们假设只要出钱就可买到东西时,如果对方无货或者对方展示的是样品,或者对方产品质量、规格不对路,那么上面的假设就不正确。我们假设十字路口的交通标志为绿灯,车子就会往前开动,但如果道路前方发生车祸不能通行,那么,上述假设也会落空。因此,拟定假设的关键在于提高假设的精确度,使之准确地接近事实。

提高假设的精确度必须明确区分哪些是事实本身,哪些是自己的主观臆测。从语意学的观点看,事实有四种:①能够经过验证的东西,如物品重量、光泽等;②能够共同感受到的东西,如商品要经过生产才能制造出来等;③人们共同信仰的理论、真理,如某些自然科学和社会科学方面的理论知识;④根据真理能够加以推理并验证的东西。

提高假设的精确度,还要以事实为基准拟定假设。所依据的事实越多,假设的精确度就越高。下面举例说明。

某家工厂的收益连续3年下降(事实A);这3年内该工厂始终维持着原有的管理体制(事实B);同时,该工厂一直没有开发新产品、开拓新市场(事实C)。立足这三个事实,我们可假设如下:①假如事实B和事实C不变,该工厂明年的收益仍可能降低;②为扭转这种局面,该工厂可能迫切需要技术、人才、资金及开发新产品、新技术,需要转产或开拓新市场;③如果己方正和这家工厂进行上述方面的谈判,己方提高要价,采取强硬立场,可能会取得成功。

如果假设的基石是假设,这种假设是十分靠不住的。上例中,那家经营不善的工厂可能明年收益会继续降低,立足这个假设还可以继续拟定下列假设:①明年经营恶化,可能会付不起债务;②因为付不清债务,可能会不履行契约;③企业可能会破产,使债权人蒙受重大损失;④根据上述假设,己方不能和这家工厂做交易,应取消谈判。

显然,上述根据假设拟定出来的假设是靠不住的,这种假设会使己方失去许多机会。

三、想象谈判全过程

进行正确的想象练习,还要在拟定假设基础上想象整个谈判过程。有效的想象练习不只是想象事情的结果,而是想象事物的全过程,想象自己可能采取的一切行动,否则,想象练习是不完全的。

谈判前的想象练习应该从开始至结束按照谈判顺序想象下去,演习自己和对方面对面谈判的一切情形,包括谈判时的现场气氛、对方的面部表情、谈判中可能涉及的问题、对方会提出的各种反对意见、己方的各种答复以及各种谈判方案的选择、各种谈判技巧的运用等,想象谈判中涉及的各种要素。

四、集体模拟

进行正确的想象练习,不仅是个人的苦思冥想,而且是整个谈判队伍的集体模拟。集体模拟可采用沙龙式或戏剧式两种主要形式。

沙龙式模拟是把谈判者聚集在一起,充分讨论,自由发表意见,共同想象谈判全过程。这种模拟的优点是利用人们的竞争心理,使谈判者充分发表意见,互相启发,共同提高谈判水平。谈判者的才干有了表现的机会,人人会开动脑筋,积极进行创造性思维，在集体思考的强制性刺激及压力下，能产生高水平的策略、方法及谈判技巧。

戏剧式模拟是指在谈判前进行模拟谈判。它和想象谈判不同，想象谈判主要是谈判者个人或集体的思维活动。戏剧式模拟谈判是真实地进行演出，每个谈判者都在模拟谈判中扮演特定的角色，随着剧情发展，谈判全过程一一展现在每个谈判者面前。根据拟定的不同假设，安排各种谈判场面，从而增强每个谈判者的实际谈判经验。通过戏剧式模拟，能够使谈判的准备更充分、更准确，能使每个谈判者找到自己在谈判中的最佳位置，能够为分析己方谈判动机、思考问题的方法等提供一次机会，最终将有助于谈判的成功。

案例应用

在谈判前摸清对手的底牌

荷兰某精密仪器生产厂与中国某企业拟签订某种精密仪器的购销合同。但双方在仪器的价格条款上还未达成一致，因此，双方就此问题专门进行了谈判。

谈判一开始，荷方代表就将其产品的性能、优势以及目前在国际上的知名度做了一番细致的介绍，同时，说明还有许多国家的有关企业欲购买他们的产品。最后，荷方代表带着自信的微笑与口气对中方代表人员说：根据我方产品所具有的以上优势，我们认为一台仪器的售价应该在4 000美元。

中方代表听后十分生气，因为据中方人员掌握的有关资料，目前在国际上此种产品的最高售价仅为3 000美元。于是，中方代表立刻毫不客气地将其掌握的目前国际上生产这种产品的十几家厂商的生产情况、技术水平及产品售价详细地向荷方代表全盘托出。

荷方代表十分震惊，因为据他们所掌握的情况，中方是第一次进口这种具有世界一流技术水平的仪器，想必对有关情况还缺乏细致入微的了解，没想到中方人员准备如此充分，荷方人员无话可说，立刻降低标准，将价格调低到3 000美元。并且坚持说，他们的产品完全是世界一流水平，是物有所值。

案例应用

事实上，中方人员在谈判前就了解到，荷兰这家厂商目前经营遇到了一定的困难，陷入一场巨额债务中，回收资金是当务之急，正四处寻找其产品的买主，而目前也只有中国对其发出了购买信号。于是，中方代表从容地回答荷方：我们也绝不怀疑贵方产品的优质性，只是由于我国政府对本企业的用汇额度有一定的限制，因此，我方只能认可2 500美元的价格。荷方代表听后十分不悦，他们说，我方已经说过了我们的产品是物有所值，而且需求者也不仅仅是中方一家企业，如果中方这样没有诚意的话，我们宁可终止谈判。

中方代表依然神色从容，"既然如此，我们很遗憾。"

中方人员根据已经掌握的资料，相信荷方一定不会真的终止谈判，一定会再来找中方。

果然，荷方的忍耐达到了极限，没过多久，他们就主动找到中方，表示价格可以再谈。在新的谈判中，双方又都做了一定的让步，最终以2 700美元成交。

思考题：

1. 荷方的谈判人员为什么能够将价格立刻从4 000元降到3 000元？
2. 请简要分析4 000元、3 000元、2 500元等价格之间的联系？
3. 当荷方提出终止谈判时，为什么中方谈判人员依旧从容？在此次谈判中，中方人员运用的是何种策略？
4. 从上面这个谈判案例中，你能得出什么结论？

ON NEGOTIATION

第五章 谈判各阶段的策略

学习要点

谈判从正式开局到达成协议，要经历一个错综复杂、千变万化的过程，但大体可包括三个阶段，即开局阶段、谈判中间阶段和收局阶段。另外，谈判如果出现僵局，这一阶段相应的解决策略也很重要。在长期的谈判实践中，人们就各个阶段总结出许许多多有关谈判的策略和技巧，这些策略和技巧至今仍在许多谈判中被广泛地运用。

掌握一定的谈判策略，可以在谈判中灵活地加以运用，以求达到谈判的战略目标。同时，对谈判对手的种种谈判策略和手段，不论其如何变化，谈判人员也能清楚地予以识别，处之泰然。

新闻导读

筹划一年后合并变合作，吉利与沃尔沃合并阻力在哪

经过一年时间的酝酿，吉利汽车（HK. 00175）与沃尔沃汽车的“合并重组”方案最终敲定。2021年2月24日，吉利与沃尔沃在联合线上发布会上宣布：在保持各自独立公司架构的同时，双方将围绕汽车新四化前瞻技术，在动力总成、三电技术、高度自动驾驶等业务领域进行合并及协作。其中，动力总成业务合作是重点所在，双方以股权合并形式将动力总成业务合并成立新公司，重点开发新一代双电机混合动力系统和高效内燃发动机。

据了解，吉利与沃尔沃的合并重组工作开始于2020年2月。根据当时发布的公告，吉利与沃尔沃双方正筹划进行重组，重组后的资产将纳入吉利汽车香港上市公司，并将考虑未来在瑞典斯德哥尔摩上市，整合后的新集团将保持沃尔沃、吉利、领克和极星等品牌的独立。对比之下，此次的最终合并方案较此前的方案已经大为“缩水”——不仅明确了两家公司各自保持独立公司架构，合作范畴也仅限于具体的业务领域，双方将不再谋求合并为同一个集团公司。

“吉沃合”反而更像是“吉沃分”。实际上，吉利控股早在2010年就已经全资收购了沃尔沃汽车，吉利汽车与沃尔沃汽车都是吉利控股的子公司，因而双方之间的合作在过去从未停止过。此次成立动力总成合资公司，也早在2019年10月双方就有过相关公布，因此此次合并更像是对以往双方合作的一次延续。

这引发了不少人的疑问：吉利与沃尔沃的合并是否已经终止了？在2020年吉利与沃尔沃合并重组计划抛出时，业界曾普遍认为两家公司将从此真正走到一起，形成一个总销量超过200万辆的规模巨大的汽车集团。但目前看来，吉利还是吉利、沃尔沃还是沃尔沃，合并后公司登陆瑞典资本市场的计划也不再提及。

但吉利和沃尔沃均认为，这已经是一个最佳的合并方案，既能最大限度地达成协同效应，又避免了因公司股权合并可能带来的资本市场上的额外负担。“今天公布的方案，是吉利控股、吉利汽车与沃尔沃汽车共同反复思考，并充分征求了各方面意见而确定的”，吉利汽车控股有限公司行政总裁桂生悦对此解释称。

1.“缩水版”方案。吉利与沃尔沃的此次合并方案仅仅限于动力总成业务、智

能电动汽车、自动驾驶、销售渠道和服务等具体业务层面。关于动力总成业务的合并,吉利汽车集团CEO、总裁安聪慧表示,沃尔沃和吉利的动力总成业务将以合资合作的方式进行,目前双方已经组建了合并团队,新公司在今年年底前将投入运营。"这个公司除了为吉利控股旗下品牌提供动力总成支持外,不排除为吉利控股集团之外的其他品牌提供支持。"安聪慧说。

据记者了解,沃尔沃与吉利在技术层面的合作早有渊源。从2013年起,吉利与沃尔沃就共同成立中欧汽车技术研发中心,开发CMA模块化架构。目前,吉利旗下的星越、星瑞等新车型都采用了沃尔沃2.0T Drive-E发动机。其中更为明显的是领克品牌,作为吉利和沃尔沃共同合资运营的中高端品牌,领克从一开始就以"沃尔沃技术"的标签作为其主要竞争手段。

除了动力总成业务,吉利与沃尔沃合作的另一大重点在于智能电动汽车领域。根据业务合并规划,双方在目前共享SEA浩瀚、SPA2电动车架构基础上,已经启动下一代纯电专属模块化架构的联合开发,沃尔沃、吉利、领克、极星品牌都将共享该架构。双方还将在三电技术和智能网联方面实现技术共享,共用电池包和电驱系统,并通过联合采购降低成本。

在安聪慧看来,吉利和沃尔沃共同开发下一代纯电专属架构,是为了应对目前电动汽车发展的全新形势。他说:"我们双方的合作要考虑未来的智能电动的发展,更加有竞争力的未来5年之后、10年之后的一个产品的规划和实施。我想未来双方开发的下一代纯电专属模块化架构,是建立在现有基础之上,并能够更进一步地引领行业。"

当前的电动汽车行业较前几年已经有了全新的格局,以特斯拉、蔚来、小鹏、理想等为代表的新造车企业表现凶猛,它们不仅创造了很好的销量,并且在资本市场上市值大增。传统车企阵营中也有比亚迪、上汽通用五菱等表现不错的企业。相较之下,吉利汽车在新能源领域表现不佳。数据显示,2020年吉利汽车销量为132.02万辆,同比下降近3%,虽然蝉联自主品牌乘用车销量冠军,但其新能源相关车型销量仅为6.81万辆,占总销量比重仅约5.2%,这还是包括吉利、领克、几何三个品牌在内的成绩。

因此,吉利急需加快其在电动车领域的追赶速度。据了解,吉利正在规划设立一家全新的电动汽车公司实体,探讨在新形势下的生产制造、营销运营新模式。就此,安聪慧告诉记者:"这个项目我们在积极地推进之中,我们将会在合适的时机对外公布进展。”

自动驾驶也将是吉利和沃尔沃的合作方向之一，双方将基于各自已有的经验，由沃尔沃汽车旗下自动驾驶软件技术开发公司 Zenseact 牵头，共同开发全球领先的高度自动驾驶解决方案。此外，双方还将持续深化在销售渠道和售后服务领域的协同，实现资源互补。据了解，双方合资打造的领克汽车已于 2020 年底正式宣布进入欧洲，领克将充分利用沃尔沃汽车的海外渠道资源，逐步服务全球用户。

2. 合并阻力在哪里？按照桂生悦的解释，吉利与沃尔沃的股权合并，在吉利汽车股东层面面临一系列不容易解决的问题，例如沃尔沃汽车如何估值、现有股东的股份会被稀释等，这些都构成阻碍两者走向合并的重要因素。“上市公司股东普遍希望吉利和沃尔沃通过业务合作提升协同效应，这一点通过这次合并有了相应的方案。但是股东同时担忧，两家公司合并到上市公司来，沃尔沃如何估值、上市公司对此付出何种代价，以及现有股东股份是不是会被稀释等，这些在此次合并方案中也得到了解决。”桂生悦说。

实际上，早在 2020 年 7 月就有消息称，吉利与沃尔沃的合并已经“暂停”。当时的行业分析认为，吉利遇到了科创板上市和吉利沃尔沃合并这两个事项之间的优先级选择问题。就在 2020 年 6 月份，吉利汽车公布了一项更大的计划，计划从港股回归科创板 A 股，计划募资 200 亿元。而后的 2020 年 9 月份，吉利汽车科创板上市通过证监会审批。

从更长的时间线来看，吉利考虑将沃尔沃汽车资产纳入吉利汽车香港上市公司已经持续了十年之久，但多次反复后都没有实质性推进。早在 2010 年 3 月，吉利控股收购沃尔沃汽车后，就做出过一项不可撤销承诺，考虑将沃尔沃汽车资产纳入吉利汽车香港上市公司。因为，自收购沃尔沃汽车的那一天起，吉利与沃尔沃之间的同业竞争就成了一个问题。

经济观察报记者发现，在吉利汽车 2010—2016 年的年报中，其都在“竞争业务”一栏中重申 2010 年做出的将沃尔沃汽车纳入上市公司的不可撤销承诺。这项承诺直到 2014 年年报中，吉利汽车突然加上了一句“沃尔沃汽车与吉利汽车不存在同业竞争的可能”。值得一提的是，在吉利汽车发布的 A 股上市招股说明书中，同样解释了吉利与沃尔沃之间不存在同业竞争的情形。

但从双方最新的合并方案来看，吉利纳入沃尔沃资产的计划再度被终止。这背后究竟是什么原因？是否与其 A 股上市有某种关联？桂生悦解释称：“从各个层面消除不确定因素是非常重要的，这次公布的方案恰恰把许多不确定因素消除了。事实上，我们就回归A股上市的设想向有关方面进行汇报的时候，也汇报过我们去年所公布的吉利与沃尔沃合并方案，今天等于说我们公布最终整合方案，对于我们当初汇报的设想有了一个具体的安排，所以我相信不会对A股上市有实质的影响。"

另一方面，从2010年开始就不断有沃尔沃汽车独立海外上市的消息出现。因此，从吉利的角度，究竟是将沃尔沃纳入上市公司，还是让沃尔沃寻求独立上市，一直都是一个艰难的选择题。在双方放弃全面合并后，沃尔沃汽车是否将重启独立IPO的计划？对此，沃尔沃汽车集团CEO、总裁汉肯·塞缪尔森说："作为一个独立公司，我们现在正在推进广泛的变革，我们未来可能有机会去接触资本市场，但是现在还没有对此做出决定。"

通过与吉利的合作，沃尔沃在过去十年进展神速。数据显示，2020年沃尔沃在华销量为16.63万辆，同比增长7.6%，收获全球市场有史以来单一市场的最高销量。这意味着，与十年前相比，今天的沃尔沃拥有了更大的价值，但是如何在资本市场将其收益实现最大化，吉利还没有最终方案。

但可以确定的是，吉利与沃尔沃并没有完全放弃在资本层面的合作探讨。吉利控股集团CEO李东辉称："不论是吉利还是沃尔沃未来在探索资本市场运作可能方案的时候，双方各自的董事会以及股东们依旧可以基于双方公司未来的发展以及资本市场的情况做出相应的建议和意见，吉利控股会尊重各自董事会和股东提出的建议、决策。"

资料来源：高飞昌．筹划一年后合并变合作，吉利与沃尔沃合并阻力在哪．经济观察报，2021-02-26(https://baijiahao.baidu.com/s?id=1692772780976387733&wfr=spider&for=pc).

第一节 谈判策略

一、谈判策略的概念

谈判策略(modern negotiation strategy)，是指谈判人员在谈判过程中为了达到预期的目标，根据形势的发展变化而制定或采取的行动方针和谈判方式。或者说，谈判策略是在可以预见和可能发生的情况下应采取的相应行动和手段。

二、制定谈判策略的步骤

制定谈判策略的步骤是指制定谈判策略所应遵循的逻辑顺序,其主要步骤包括以下几个方面。

(一)了解影响谈判的因素

谈判策略制定的起点是对影响谈判的各因素的了解。这些因素包括谈判中的问题、双方的分歧和态度、趋势、事件或情况等,这些因素共同构成一套谈判组合。首先,谈判人员要将这个“组合”分解成不同的部分,并找出每部分的意义;然后,谈判人员要进行重新安排,在观察分析之后,找出最有利于自己的组合方式。

为了判断在谈判过程中采取进攻或撤退的最佳时机,寻找最合适的手段或方式,达成最有利于自己的协议,谈判人员需要制定恰当的谈判策略。由于谈判是一个动态的发展过程,要求谈判人员能针对谈判中的发展趋势做出适当的反应,随时调整谈判策略。

(二)寻找关键问题

在对相关现象进行科学分析和判断之后,要求对问题特别是关键问题做出明确的陈述与界定,弄清楚问题的性质,以及该问题对整个谈判的成功会产生什么障碍等。

(三)确定具体目标

根据现象分析,找出关键问题,找出谈判进展中应该调整的事先已确定的目标,视当时的环境变化,调整和修订原来的目标,或是对各种可能的目标进行分析,确定一个新目标。谈判目标的确定关系到整个谈判策略的制定以及将来整个谈判的方向、价值和行动。这个过程实际上是一个根据自身条件和谈判环境的要求寻找各种可能目标进行动态分析判断的过程。

(四)形成假设性方法

根据谈判中不同问题的不同特点,逐步形成解决问题的途径和具体方法。这需要谈判人员对不同的问题进行深刻分析,突破常规限制,尽力探索出既能满足自己期望的目标、又能解决问题的方法来。

(五)深度分析和比较假设方法

在提出了假设性的解决方法后,对少数比较可行的策略进行深入分析。依据

"有效""可行"的要求,对这些方法进行分析、比较,权衡利弊,从中选择若干个比较满意的方法与途径。这要求谈判人员在决策理论的指导下,运用一系列定性与定量的分析方法,对假设方法进行深度分析,分析的标准是"有效"和"可行"。所谓有效,是指方法的针对性强,既能切实解决问题,又能实现利益目标的要求;所谓可行,是指方法本身简便易行,而且要在谈判对方认可、接受的范围之内。

(六)形成具体的谈判策略

在进行深度分析得出结果的基础上,对拟定的谈判策略进行评价,得出最后结论;同时,还需要考虑提出假设性谈判策略的方式、方法,根据谈判的进展情况,特别是在已经准确把握了对方的企图以后,就要考虑在什么时候提出己方的策略,并考虑以什么方式提出。综合考虑这些方法和提出的时间、方式,确定这些假设方法中哪些是最好的,哪些是一般的,哪些是迫不得已的,即形成所谓的"上策""中策""下策"。

(七)拟定行动计划草案

有了具体的谈判策略,紧接着便是考虑谈判策略的实施。要从一般到具体提出每位谈判人员必须做到的事项,把它们在时间、空间上安排好,并进行反馈控制和追踪决策。

以上只是从谈判的一般情况来说明如何制定谈判策略。在具体实施的过程中,上述步骤并非机械地排列,各步骤间也不是截然分开的,这些步骤和程序仅仅是制定谈判策略时所应遵循的逻辑思维。

三、谈判各阶段的策略

在实际谈判中,从谈判双方见面商议开始,到最后签约或成交为止,整个过程往往呈现出一定的阶段性,并且具有很强的阶段性特点。尽管谈判是多种策略的综合运用过程,但是在每一阶段都会有一些策略具有明显的主导性。因此,以下各节就不同的谈判阶段,即开局阶段、谈判中间阶段、收局阶段以及僵局阶段来讨论谈判策略。

第二节　开局阶段的策略

开局阶段主要是指谈判双方见面后,在讨论具体、实质性的交易内容之前,相互介绍、寒暄以及就谈判内容以外的话题进行交谈的那段时间。谈判的开局是整个谈判的起点,它的好坏在很大程度上决定着整个谈判的走向和发展趋势。因此,一个良好的开局将为谈判成功奠定坚实的基础,谈判人员应给予高度的重视。

在开局阶段,谈判人员的主要任务是创造谈判气氛、交换意见和做开场陈述。

一、创造良好的谈判气氛

根据现代谈判中双赢思想的要求,谈判双方应当共同努力,寻求互惠互利及双赢的谈判结果。经验证明,在非实质性谈判阶段所创造的气氛会对谈判的全过程产生重要影响。因此,谈判人员要在谈判开始前建立一种合作的气氛,然后有一个顺利的开端,为双方融洽的工作奠定良好的基础。

每一次谈判都因谈判内容、形式、地点的不同而有其独特的气氛:有的是冷淡的、对立的;有的是松弛的、缓慢的、旷日持久的;有的是积极的、友好的;也有的是平静的、严肃的、拘谨的。不同的谈判气氛对谈判会有不同影响。在热烈、积极、友好的气氛下,双方抱着互利互让、通过共同努力而签订一个皆大欢喜的协议、使双方的需要都能得到满足的态度来参加谈判,使谈判成为一件轻松愉快的事情;在冷淡、对立、紧张的气氛中,双方抱着寸土不让、寸利必夺、尽可能签订一个使自己利益最大化的协议的态度来参加谈判,就很有可能把谈判变成一场没有硝烟的战争。

一种谈判气氛可以在不知不觉中把谈判朝某个方向推进,比如热烈的、积极的、合作的气氛,会把谈判朝着达成一致的协议的方向推动,而冷淡的、对立的、紧张的气氛会把谈判推向更为严峻的境地。气氛会影响谈判人员的心理、情绪和感觉,如果不加以调整和改变,就会增强那种气氛。因此,在谈判一开始,建立起一种合作的、诚挚的、轻松的、认真的和解决问题的气氛,对谈判可起到十分积极的作用。

谈判双方刚见面时的寒暄等客套并不能决定谈判的气氛,这仅仅是表面现象而已。谈判人员的大脑运动才是决定谈判气氛的实质内容,正是谈判人员的大脑运动所决定的谈判人员的谈吐、目光、姿态、各种动作形式及速度造成了各不相同的谈判气氛。实际上,当双方走到一起准备谈判时,洽谈的气氛就已经形成。是热情还是冷漠,是友好还是猜忌,是轻松活泼还是严肃紧张都已基本确定,甚至整个谈判的进展,如谁主谈、谈多少、双方的策略等也都受到了很大的影响。当然,谈判气氛不仅受开局瞬间的影响,双方见面之前的预先接触、谈判中的交流都会对谈判气氛产生影响,但谈判开始瞬间的影响最为强烈,它奠定了谈判的基础。此后,谈判的气氛波动比较有限。因此,为了创造一个良好的、合作的气氛,谈判人员应当注意以下几点:

(1)谈判前,谈判人员应安静下来再一次设想谈判对手的情况,设想谈判对手是什么样的人。若是从未见过面的人则可根据己方掌握的情况来设想一下他的工作和个人生活有什么特点,他需要什么,他在企业中处于什么地位,他属于哪种类型的人,是心胸开阔、慷慨大方,不是小心谨慎、墨守成规、不守信用,或是妄自尊大、盛气凌人。这些问题在脑中过一遍,有助于调整自己的心理状态。

(2)谈判人员应该径直步入会场,以开诚布公、友好的态度出现在对方面前。肩膀要放松,目光的接触要表现出可信、可亲和自信。心理学家认为,谈判人员心理的微妙变化都会通过目光而表现出来。

(3)谈判人员应通过服饰仪表来塑造符合自己身份的形象。谈判人员不应蓬头垢面,服饰要美观、大方、整洁,颜色不要太鲜艳,式样不能太奇异,尺码不能太大或太小。由于各国的经济发展程度不同和风俗习惯的差异,对服饰的要求也不能一概而论,但干净、整齐的服饰在任何场合都是必要的。

(4)在开场阶段,谈判人员最好站着说话,小组成员不必围成一个圆圈,而最好是自然地把谈判双方分成若干小组,每组都有各方的一两名成员。

(5)行为和说话都要轻松自如,不要慌慌张张,可适当谈论些轻松的、非业务性的中间问题,如来访者旅途的经历、体育表演或文娱信息、天气情况、私人问候以及以往的共同经历和取得的成功等,此时应不带任何威胁的语调,不要涉及个人的隐私,使双方找到共同语言,为心理沟通做好准备。

(6)注意手势和触碰行为。双方见面时,谈判人员应毫不迟疑地伸右手与对方相握。握手作为一个相当简单的动作,却可以反映出对方是强硬的、温和的,还是理智的。在西方,一个人如果在以右手与对方相握的同时,又把左手搭在对方的肩上,说明此人精力过于充沛或权力欲很强,对方会认为“这个人太精明了,我得小心一点”。同时,最忌讳的莫过于拉下领带,解开衬衫纽扣,卷起衣袖等动作,因为这将使人产生你已精疲力竭、厌烦等印象。

总之,谈判气氛对谈判进程是极为重要的,谈判人员要善于运用灵活的技巧来影响谈判气氛的形成。只有建立一种诚挚、轻松、合作的洽谈气氛,谈判才能获得理想的结果。

二、交换意见

在建立了良好的谈判气氛之后,谈判人员相继落座,开始谈判。

在开局阶段,谈判人员切忌过分闲聊,离题太远,尽量将话题集中于谈判的目标、计划、进度和人员四个方面。就这四个方面充分交换意见,达成一致。

第一,谈判目标。谈判目标即说明双方为什么要坐在一起谈判。谈判目标因各方出发点不同而有不同的类型。例如:探测型意在了解对方的动机;创造型旨在发掘互利互惠的合作机会;论证型则在于说明某些问题。另外还有达成原则协定型、达成具体协定型、批准草签的协定型、回顾与展望型、处理纷争型,等等。目标既可以是上述的一种,也可以是其中的几种。

第二,谈判计划。谈判计划是指议程安排,其内容包括议题和双方人员必须遵循的规矩。

第三,谈判进度。这里的谈判进度是指会谈的速度或是会谈前预计的洽谈速度。

第四,谈判人员。谈判人员是指每个谈判小组的成员情况,包括姓名、职务以及谈判中的地位与作用。

上述问题也许在谈判前就已经讨论过了,但在谈判开始前,仍有必要再就这些问题协商一次。最为理想的方式是以轻松、愉快的语气先谈双方容易达成一致意见的话题。例如,“咱们先确定一下今天的议题,如何?”“先商量一下今天的大致安排,怎么样?”这些话,从表面上看,好像无足轻重,分量不大,但这些要求往往最容易引起对方肯定的答复,因此比较容易创造一种一致的感觉。如果对方急于求成,一开局就喋喋不休地大谈实质性问题,己方应巧妙地避开对方肯定的答复,把对方引到谈判目的、议程上来。如对方一开始就说:“来,咱们雷厉风行,先谈合同条款。”我方可以接口应道:“好,马上谈,不过咱们先把会谈的程序和进度先定下来,这样谈起来效率更高。”从而使双方合拍。这也是防止谈判因彼此追求的目标、对策相去甚远而在开局之初就陷入僵局的有效策略。

三、开场陈述

在磋商之前,为了摸清对方的原则和态度,可做开场陈述和倡议。所谓开场陈述,即双方分别阐明自己对有关问题的看法和原则。开场陈述的重点是己方的利益,但它不是具体的,而是原则性的,简明扼要地把对几个问题的主见提出来。

陈述的内容通常包括:己方对问题的理解,即己方认为这次应涉及的问题;己方的利益,即己方希望通过谈判取得的利益;己方的首要利益,阐明哪些方面对己方来讲是至关重要的,己方可向对方做出的让步和商谈事项,己方可以采取何种方式为双方共同获得利益做出贡献;己方的原则,包括双方以前合作的结果,己方在对方心中享有的信誉,今后双方合作中可能出现的良好机会或障碍。

对陈述的时间要把握好,双方尽量平分秋色,切忌出现独霸会场的局面。发言内容要简短而突出重点,恰如其分地把己方的意图、感情倾向表示出来即可,但这并不是说应该态度模糊,关键的话语还是要准确无误地进行表达。例如,“希望有关技术方面问题的讨论结果,能使我们双方都满意。”在语言用词和态度上,要尽量轻松愉快,具有幽默感,减少引起对方焦虑、不满和气愤的可能。否则,只会使对方产生敌意,筑起一道防御之墙,丧失对方原来可能协助或支持自己的机会。

陈述的结束语需特别斟酌,其要求是表明己方陈述只是为了使对方明白己方的意图,而不是向对方挑战或强加给对方接受。例如,“我是否说清楚了”,“这是我们的初步意见”等都是比较好的语句。陈述完毕后,要留出一定时间让对方表示一下意见。把对方视为回音壁,注意对方对自己的陈述有何反应,并寻找出对方的目的和动机与己方的差别。

对于对方的陈述,己方一是倾听,听的时候要思想集中,不要把精力花在寻找对策上;二是要搞懂对方陈述的内容,如果有什么不清楚的地方,可以向对方提问;三是归纳,要善于思考理解对方陈述的关键问题。

双方分别陈述后,需要做出一种能把双方引向寻求共同利益的陈述,即倡议。倡议时,双方提出各种设想和解决问题的方案,然后,再在设想和符合双方商业标准的现实之间,搭起一座通向成交道路的桥梁,双方需要判断哪些设想、方案更具现实性和可能性。

四、开局阶段应考虑的因素

不同内容和类型的谈判,需要有不同的开局策略与之对应。一般来说,确定恰当的开局策略需要考虑以下几个因素。

(一)考虑谈判双方之间的关系

谈判双方之间的关系,主要有以下几种情况:双方过去有过交往,且关系很好;双方过去有过交往,关系一般;双方过去有过交往,但己方对对方印象不佳;双方过去没有交往。

1. 如果双方在过去有过交往,且关系很好,那么,这种友好的关系应作为双方谈判的基础。在这种情况下,开局阶段的气氛应是热烈、真诚、友好和愉快的。开局时,己方谈判人员在语言上应该是热情洋溢的,内容上可以畅谈双方过去的友好合作关系或双方之间的人员交往,亦可适当地称赞对方组织的进步与发展,态度应该比较自由、放松、亲切。在结束寒暄后,可以这样将话题切入实质性谈判:"过去我们双方一直合作得很愉快,我想,这次我们仍然会合作愉快的。"

2. 如果有过交往,但关系一般,那么,开局的目标是要争取创造一个比较友好、和谐的气氛。但是,与此同时,己方的谈判人员在语言的热情程度上要有所控制;在内容上,可以简单聊一聊双方过去的业务往来及人员交往,亦可说一说双方人员在日常生活中的兴趣和爱好,态度可以随和自然。寒暄结束后,可以这样把话题切入实质性谈判:"过去我们双方一直保持着业务往来关系,我们希望通过这一次的交易磋商,将我们双方的关系推进到一个新的高度。"

3. 如果双方过去有过一定的交往,但己方对对方的印象不好,那么开局阶段谈判气氛应是严肃、凝重的。己方谈判人员在开局时,语言上在注意礼貌的同时,应该比较严谨,甚至可以带一点冷峻;内容上可以就过去双方的关系表示不满和遗憾,以及希望通过磋商来改变这种状况;在态度上应该充满正气,与对方保持一定距离。在寒暄结束后,可以这样将话题引入实质性谈判:"过去我们双方有过一段合作关系,但遗憾的是并不那么令人愉快。千里之行,始于足下。让我们从这里开始吧。"

4. 如果过去双方从来没有交往,那么第一次的交往,应努力创造一种真诚、友好的气氛,以淡化和消除双方的陌生感以及由此带来的防备心理,为后面的实质性谈判奠定良好的基础。因此,己方谈判人员在语言上,应该表现得礼貌友好,但又不失身份,内容上多以天气情况、途中见闻、个人爱好等比较轻松的话题为主,也可以就个人在公司的任职时间、负责的范围、专业经历进行一般性询问和交谈,态度上是不卑不亢,沉稳中又不失热情,自信但不傲气。寒暄后,可以这样开始实质性谈判:"这次合作是我们双方的第一次业务交往,希望它能够成为我们双方发展长期友好合作关系的一个良好开端。我们都是带着希望来的,我想,只要我们共同努力,我们一定会满意而归。"

(二)考虑双方的实力

就双方的实力而言,有以下三种情况。

1. 如果双方谈判实力相当,为了防止一开始就强化对手的戒备心理或激起对方的对立情绪,以致影响到实质性谈判,在开局阶段,仍然要力求创造一种友好、轻松、和谐的气氛。己方谈判人员在语言和姿态上要做到轻松又不失严谨、礼貌又不失自信、热情又不失沉稳。

2. 如果己方谈判实力明显强于对方,为了使对方能够清醒地意识到这一点,并且在谈判中不抱过高的期望值,同时,又不至于将对方吓跑,在开局阶段,在语言和姿态上,既要表现得礼貌友好,又要充分显示出己方的自信和气势。

3. 如果己方谈判实力弱于对方,为了不使对方在气势上占上风,从而影响后面的实质性谈判,在开局阶段,在语言和姿态上,一方面要表示出友好、积极合作的态度,另一方面,也要充满自信,举止沉稳,谈吐大方,使对方不能轻视己方。

第三节 中间阶段的策略

谈判过程的中间阶段,是双方冲突最多的阶段,因为为了维护各自的利益,或促使对方早日做出让步,谈判双方会使用各种策略来达到己方期望的最佳谈判结果。

一、主导策略

在谈判过程中,对谈判抱有很高期望的谈判者都渴望能够在谈判争论初期就占据主导地位,他们需要占据主导地位来控制局势。因此,主导策略(dominant strategy)具有很强的侵略性,谈判各方都力争占据主导地位,从而限制不符合自己意愿的决策,以防止对方说“不”。

主导策略有以下分类。

(一)前提条件策略

前提条件策略(premise condition strategy)是指谈判双方强制设定某些前提条件,以显示不愿意就彼此的分歧进行谈判。比如说,美国对伊拉克进行空袭期间,就提出“不在胁迫下谈判”和“不与恐怖分子谈判”的前提条件。这种策略使美国与伊拉克武装力量之间产生了不可逾越的障碍,进而阻碍了谈判的展开,使得问题更为棘手。在这种策略下,要想使恐怖分子妥协的可能性就微乎其微了,更可能使谈判另一方产生过激反应,比如终止谈判等等。在伊拉克,恐怖分子就出现了绑架人质、杀害人质的过激反应。

但是,作为一种建立信任的措施,某些前提条件以及谈判一方接受这些条件的意愿将会对谈判创造有利的条件。例如,在上面的例子中,谈判中要求释放病人、儿童、妇女、老人等人质就是在恐怖分子和谈判当局之间建立信任的一个有效前提条件,随后双方才能进行更为艰难的谈判。

(二)免谈条款策略

与前提条件策略密切相关的另一种策略是免谈条款策略(no bargaining strategy),即宣称某些问题在谈判中或是合同的签订过程中是免谈的。这种策略大多运用于商务谈判之中。它一般可以防止对那些力量较强的卖方或买方强加的某些固定条款和条件进行反复谈判。是否接受它们为免谈条款,在很大程度上取决于谈判双方的力量对比。

例如,在大型计算机成为一种大众化的商品之前,全世界的大型计算机市场主要由IBM、Digital、SUN等大型供应商控制,因此这些供应商普遍强迫客户接受卖方协议。当其他类型的计算机普及后,这些供应商的客户马上坚持使用买方协议,此时买方开始对供应商运用免谈条款策略了。

运用免谈条款策略的目的是使谈判对手逐渐丧失削弱己方谈判实力的可能性,从而削弱对手的谈判实力。这些条款有时是情绪化的,有时却是合理的。这种情绪化会使谈判对手做出错误的判断,谈判对手可能会觉得除非同意将某些问题视为免谈条款,否则谈判无法继续进行。但是,谈判对手也会有相应的应对策略。

他们可以完全接受要求,也可以只做部分让步,并可能会建议将这些免谈的问题暂时放在一边,看看谈判双方在其他问题上能否有所进展。或者是暗示已方,整个谈判取决于所有问题,而非一两个。这就完全要看谈判双方实力的对比了。

(三)操纵进程策略

操纵进程策略(controlling process strategy)是指谈判一方可能通过控制议程内容或讨论事项的先后次序来试图操纵整个谈判进程。一般来讲,单方面确定谈判议程或次序不符合正常的谈判规则,但在某些情况下,谈判一方会试图将多个问题按特定次序排列,以获取有利地位。

二、引导策略

引导策略(introductory strategy)是指谈判一方以一种较不明显的方式或以较低的代价促使对方在某些方面做出让步。引导策略有以下形式。

(一)黑脸白脸策略

黑脸白脸策略有点儿类似于我们常说的"托儿",是运用最为广泛的一种策略,并且常常是行之有效的。

在谈判中,谈判对手将会经过各种伪装运用这种策略。谈判对手可能以两个人出现,表面上互不相干,但实际上已经相互沟通过。谈判对手可能会告诉你他们接受你的立场,并告诉你这是为了双方今后更好的合作。但是他们必须面对他们严厉的老板,除非你做出让步来帮助他们,否则他们在老板面前无法交代,谈判也无法继续进行。如果已方中计,就不得不违背自己的初衷,从而更改自己的谈判底线,让对手正中下怀。

(二)高开低就策略

高升低就策略在商务谈判中使用得较多。因为谈判中的卖方在报价上通常会保留一些余地,所以买方就常常向卖方提出:"我觉得你能够给我们更加优惠的条件,以使我们的合作能够进行得更顺利!"而且这种策略还可以剔出原来价格中的部分水分。但卖方也会提防,比如采用说服的技巧来平息买方异议。比如,卖方告诉买方,我们的售后服务做得很好,因此价格会比别的厂家高一些。

(三)薄利多销策略

薄利多销策略是指谈判的一方为了达到目标,委曲求全,以求站稳脚跟,只要对方的提议有一丝可能成为他们通向未来的“金钥匙”，他们就几乎会考虑对方提出的任何提议的一种“欲扬先抑”的被动策略。

第四节　收局阶段的策略

收局阶段的策略往往趋向于施压策略，因为这一阶段谈判协议日益成熟，最终的交易形式也逐渐明朗。此时，处心积虑的谈判者会通过谨慎地施加压力获得收益，并使对手在最后阶段付出代价。

一、战战兢兢策略

战战兢兢策略是一种形象的说法，它实际上是指在即将签署谈判协议时，突然放下笔要求修改某项条款从而使对手让步。这种策略一般应用在即将达成协议时，谈判双方情绪都很高涨，并耗费了大量的时间和精力，已经做好了返程准备的情况下。采用这种策略，可以榨取对手更多的让步。

当对达成协议的热切期望蒙蔽了谈判一方的理性时，另一方便有机可乘。在交易即将达成，双方已经提笔准备在合同上签字时，突然，谈判一方战战兢兢地放下手中的钢笔，说道：“我觉得我们对第八条还不是很满意，因为这条可能让我们受到价格浮动的影响。如果您愿意在合同中解决这个问题，我们现在就可以签署合同。”如果谈判的另一方迫切希望达成协议，并且能够接受让步，他们可能就会做出足够的让步，从而让另一方的笔重新回到合同上来。但是，不难想象，对方可能会故伎重施，迫使谈判对手不断让步。

二、得寸进尺策略

得寸进尺策略是一种比战战兢兢策略更过分的策略。它是指在谈判中，对方总是提出这样或那样的小难题，阻碍了整个谈判的进程，使得己方不断解决问题，一个问题刚解决，另一个又接踵而来，而这些小问题的解决也正是己方的让步。

对应这种策略的解决办法是要求谈判对方一次提出所有剩余的“小难题”，己方才予以进行回应；或是坚持只能就包括在当前谈判范围之内的条款进行讨论，否则就必须重新审查谈判范围，并对涉及的其他条款进行相应的调整。这样一来，就会使“得寸进尺”策略的使用者处于一种尴尬的境地。因此，对谈判对手提出的问题决不能逐一解决，否则只要你越显得愿意满足对手，对手就会越贪得无厌。

三、过时不补策略

在采用过时不补的收局策略时，通常显示出已接近最终期限的迹象。当你在某些问题上陷入僵局时，此种迹象就变得更为明显。如果所有问题都陷入僵局，过时不补策略就成了最后通牒，其作用将大打折扣。当它是“自然”终止谈判的一种隐晦含义时，此策略能够产生最佳效果，尤其是在最终期限具备明显的（尽管是虚假的）可信度的情况下。

显而易见，过时不补策略的意图是施加压力。尽管你对对方条件的某些方面不甚满意，但迫于时间压力，你担心继续寻求更好的条款可能会危及此次交易时，该策略就发挥作用了。最终期限往往不可靠。某些期限较为严肃，而很多期限都令人怀疑，这就很难事先确定。如果最终期限只是虚张声势，问题就会比较简单；如果事实并非如此，那么你将以交易失败而告终。

你可以等待最终期限到来，并观察届时的事态发展，从而辨别最终期限的真伪。你也可以通过向最终期限的设定者宣称：“考虑到最终期限我已经尽了最大的努力……”从而回应他所提出的最终期限。最终期限如同威胁，根据大多数人的谈判经验，最好对其漠然置之。如对其做出回应，或者表面上假装接受，往往会弄巧成拙。

四、取舍由之策略

与上述策略类似，取舍由之策略也是一种具有最后通牒压力的收局策略。它与谈判有一种对立关系，在谈判中使用越早，其可信度越低；使用越晚，其可信度越高。因为人们此时会认为对方很可能是认真的。你的选择就是按他们的要求去做，即要么取之（如果你觉得这是最佳选择），要么舍之（如果他们提供的任何条件对你都无关紧要）。当然，这不仅仅是你的难题，对方也需承受你退出的后果。

尽管你在最后通牒中显示了冷漠，对方也许仍然希望你接受条件。如果你是策略的接受方，这将是决定你如何进行回应的重要因素。你只有依据实际情况才能判断虚张声势的可能性是否存在，尽管你往往可以选择拒绝那些自己不满意的交易。

五、分割差异策略

“分割差异”是一种极具诱惑力的收局策略，并披着一层公平而且理智的妥协的外衣。它看上去是如此的合理而公正。事实证明分歧很难消除，因而这一策略建议双方分割差异。此建议极富吸引力，有时候足够使谈判者同意。如此，谈判者已经跨越了双方之间50%的鸿沟。如果一方能够承受这种行为的代价，那当然更好。但是，即使通过此建议，对方也已经显示了至少和己方存在50%的差异。这将使对方很容易面临一种困境。己方现在可能会承认，对方单方面的努力已经使双方之间的分歧缩小了一半。

多数收局阶段的策略比较明显，然而，如果谈判者在谈判桌上处于毫无防备的状态，这些策略就能发挥作用。在长期身处异地进行谈判时，或当谈判者的时间表催促其尽早启程，赶赴其他社交应酬时，谈判者就可能陷入这些策略所设下的陷阱中。所以，谈判者必须小心谨慎，不要仅仅由于自己的谈判节奏而使自己失去耐心并退出谈判。在时间意识刻薄的文化中，期待人们严格遵守时间将导致严重后果，除非谈判者能够自己调整节奏来适应。

第五节　处理僵局的策略

谈判进入实质的磋商阶段以后，谈判各方往往由于某种原因相持不下，陷入进退两难的境地。我们把这种谈判搁浅的情况称为“谈判的僵局”。当僵局形成以后，必须进行迅速的处理，否则就会对谈判的顺利进行产生影响。妥善处理僵局，必须对僵局的性质、产生的原因等问题进行透彻的了解和分析，才能正确地加以判断，从而进一步采取相应的策略和技巧，选择有效的方案，重新回到谈判桌上。

一、谈判中僵局的种类

按照人们对谈判本身的理解角度不同，可以将谈判中的僵局分为不同的类型。

（一）从狭义上的分类

大多数人认为，谈判就是交换意见、达成一致看法、签订协议的过程，这是对谈判所做的狭义上的理解。从这种狭义的角度来理解谈判,僵局的种类包括谈判初期僵局、中期僵局和后期僵局三种。

在谈判的初期,主要是双方彼此熟悉、了解,建立融洽气氛的阶段,双方对谈判都充满了期待。但是如果由于误解,或由于某一方谈判前准备得不够充分,使另一方感情上受到很大的伤害,就会导致僵局的出现,使谈判匆匆收场。

谈判的中期是谈判的实质性阶段,双方需要就有关技术、价格、合同条款等交易内容进行详尽的讨论、协商。在合作的背后,客观地存在着各自利益上的差异,这就可能使谈判暂时向着使双方难以统一的方向发展,产生谈判中期的僵局,而且,中期僵局常常具有此消彼长、反反复复的特点。有些中期僵局通过双方之间重新沟通,问题便可迎刃而解;有些则因为双方都不愿在关键问题上退让而使谈判长时间拖延,问题悬而难解。因此,中期是僵局最为纷繁多变的阶段,也是经常发生谈判破裂的阶段。

谈判后期是双方达成协议的阶段。在已经解决了技术、价格等关键性问题之后,还有诸如项目验收程序、付款条件等执行细节需要进一步商议,特别是合同条款的措辞、语气等经常容易引起争议。但谈判后期的所谓僵局不像中期那样难以解决,只要某一方表现得大度一点,稍做些让步便可顺利结束谈判。需要指出的是,后期阶段的僵局决不容轻视,如果掉以轻心,有时仍会出现重大问题,甚至使谈判前功尽弃。因为到了后期,虽然合作双方的总体利益以及各自利益的划分已经通过谈判确认,但是只要正式的合同尚未签订,总会有未尽的权利、义务、责任、利益和其他一些细节尚需确认和划分,因此不可疏忽大意。

(二)从广义上的分类

其实,谈判不仅仅是从交换意见到签订合作协议的过程,而且也是贯穿于整个合作始终的过程。

在谈判中,双方的观点、立场的交锋是持续不断的,当利益冲突变得不可调和时,僵局便出现了。所以,从广义上讲,僵局的发生是伴随整个合作过程随时随地都有可能出现的。例如,项目合作过程分为合同协议期和合同执行期,因此,谈判僵局分为协议期僵局和执行期僵局两大类。协议期僵局是双方在磋商阶段意见产生分歧而形成的僵持局面;执行僵局是在执行合同过程中双方对合同条款理解不同而产生的分歧,或出现了双方始料未及的情况导致一方把责任有意推向另一方,抑或一方未能严格履行协议引起另一方的严重不满等而引起的责任分担不明确的争议，这就是从广义角度来理解的僵局。

二、僵局形成的原因

不论是谈判中的何种僵局，其形成都是有一定原因的。只要我们能够对这些原因准确地加以判断并适度地把握，处理僵局也就有的放矢了。那么，当我们认真而冷静地对僵局的成因进行分析时，就不难发现，其原因包括以下几个方面。

（一）谈判中形成一言堂

除了书面形式的谈判以外，交易双方都是面对面地通过语言来交流信息、磋商议题的。谈判中的任何一方，不管出于何种欲望，如果过分地、滔滔不绝地论述自己的观点而忽略了对方的反应和陈述的机会，必然会使对方感到不满与反感，从而造成潜在的僵局。更严重的情况是谈判中的一方认为自己理由充分，唯恐对方不了解，或是认为只有从不同角度反复陈述自己的观点，才能取得对方的理解与信任，希望以此获得成功。他们并没有考虑到给对方表达观点的机会，剥夺了对方的发言权，造成了“曲终人散”的局面，从而形成僵局。

（二）过分沉默与反应迟钝

谈判中的任何一方，无论出于什么目的，不能或不愿在谈判桌上与对方进行充分交流，过分地沉默寡言，看似在认真、专注地倾听，实际上是反应迟钝或不置可否，这会引起对方的种种猜疑和戒备，甚至引起对方的不满，从而给对方造成心理压力，形成谈判的难堪局面，造成僵局。

（三）观点的争执

在谈判过程中，如果对某一问题双方各自坚持自己的看法和主张，谁也不愿做出让步时，往往容易产生分歧，争执不下。双方越是坚持自己的立场，分歧就会越大。这时，双方真正的利益被这种表面的立场所掩盖，而双方为了维护各自的面子，非但不愿做出让步，反而会用顽强的意志来迫使对方改变立场。于是，谈判变成了一种意志力的较量，自然会陷入僵局。

经验证明，谈判双方在立场上关注越多，就越不能注意调和双方的利益，也就越不可能达成协议。甚至谈判双方都不想做出让步，或以退出谈判相要挟，这就更增加了达成协议的难度，拖延了谈判时间，容易使谈判一方或双方丧失信心与兴趣,最终使谈判以破裂而告终。立场观点的争执所导致的谈判僵局是比较常见的,因为人们最容易在谈判中出现立场观点性争执的错误,这也是形成僵局的主要原因。

(四)偏激的感情色彩

偏激的感情色彩,是指谈判者对所商谈的议题过分地表现出强烈的个人感情色彩,提出一些不合乎逻辑的议论和意见,形成强烈的个人偏见或成见,引起对方的不满,造成谈判的僵局,甚至使谈判破裂。如谈判中买方认为供货方的要价过高,便喋喋不休地旁征博引,说某某企业的货物如何好、条件又如何优惠等,引起供货方的厌烦,导致谈判陷入僵局。

(五)人员素质低下

俗话说事在人为,人的素质永远是引发事由的重要因素,谈判也是如此。谈判人员素质的高低不仅始终是谈判能否成功的重要因素,而且当双方合作的客观条件良好,共同利益较一致时,谈判人员的素质往往是起决定性作用的因素。

事实上,仅就导致谈判僵局的因素而言,在某种程度上都可归结为人员素质方面的原因。有些僵局的产生,很明显是由于谈判人员的素质欠佳。如在使用一些策略时,因时机掌握不好或运用不当,导致了谈判过程受阻及僵局的出现。因此,无论是谈判人员作风方面的原因,还是谈判人员知识经验、策略技巧方面的不足或失误都可导致谈判僵局的出现。

(六)信息沟通的障碍

谈判本身是靠“讲”和“听”进行沟通的。事实上,即使一方完全听清了另一方的讲话内容并予以正确地理解,并能够接受这种理解时,也不意味着就能够完全把握对方所要表达的思想内涵。谈判双方信息沟通过程中的失真现象是时有发生的。在实践中,由于信息传递失真而使双方之间产生误解而出现争执,并因此使谈判陷入僵局的情况是屡见不鲜的。这种失真可能是口译方面的,也可能是合同文字方面的,这些都属于沟通方面的障碍。

信息沟通本身不仅要求真实、准确,而且还要求及时迅速。但谈判实践中却往往由于未能达到这一要求而使信息沟通产生障碍,从而导致僵局。这种信息沟通障碍就是指双方在交流彼此情况、观点,协商合作意向、交易的条件等过程中遇到的理解障碍。主要表现为:双方文化背景差异所造成的沟通障碍;由于职业或受教育程度的不同所造成的一方不能理解另一方的沟通障碍;由于心理因素等原因造成的一方不愿接受另一方意见的沟通障碍;等等。这些都可能使谈判陷入僵局。

(七)软磨硬扛式的拖延

软磨硬扛虽然是商业谈判中常用的手法,但是,如果谈判人员为了达到某种不公开的目的而采取无休止的拖延,在拖延中软磨硬扛,不仅会使对方厌恶,而且会使对方产生更大的反感,致使谈判陷入僵局和破裂。例如,谈判人员借口眼下有件急事要处理,而将谈判委托给某某代表负责,而接替者又不置可否,致使谈判没有任何实际意义,明显地是在拖延谈判时间。这样不仅不尊重对方,而且会使对方感到这种做法隐藏着某种其他含义和动机,使对方产生反感,从而造成僵局。

(八)外部环境发生变化

谈判中因环境变化,谈判者对己方做出的承诺不好食言,但又无意签约,采取不了了之的拖延,使对方忍无可忍,造成僵局。例如,市场价格突然变化,如按双方洽谈的价格签约,必给一方造成损失。若违背承诺又恐对方不接受,双方都不挑明议题,形成僵局。这是由于谈判人员缺乏应有的坦诚态度,又都企图从对方那里获得需求,造成久拖不决的僵局。

以上是造成谈判僵局的几种因素。在谈判实践中,很多谈判人员害怕僵局的出现,担心由于僵局而导致谈判暂停乃至最终破裂。其实大可不必如此,谈判经验告诉我们,这种暂停乃至破裂并不绝对是坏事。因为,谈判暂停,可以使双方都有机会重新审慎地检查各自谈判的出发点,既能维护各自的合理利益,又能使人注意挖掘双方的共同利益。如果双方都逐渐认识到弥补现存的差距是值得的,并愿意采取相应的措施,包括做出必要的进一步妥协,那么,这样的谈判结果也真实地符合谈判原本的目的。即使谈判破裂,也可以避免非理性的合作,即不能同时给双方都带来利益上的满足。有些谈判似乎形成了一胜一负的结局,实际上,失败的一方往往会以各种方式来弥补自己的损失,甚至以各种隐蔽的方式挖对方的墙脚,结果导致双方都得不偿失。所以说,谈判破裂并不总是以不欢而散而告终的。双方通过谈判,即使没有成交,但彼此之间加深了了解,增进了信任,为日后的有效合作打下了基础。从这个意义上来看,谈判僵局并非坏事,在某种程度上还可以说是一件有意义的好事。

三、僵局的处理方法

在谈判出现僵局的时候,要想妥善处理好僵局,不仅要分析原因,而且还要搞清分歧的所在环节及其具体内容。例如,是价格条款问题,还是法律合同问题,抑或是责任分担问题等等。在分清这些问题的基础上,进一步估计目前谈判所面临的形势,检查一下自己曾经做出的哪些许诺存在不当之处,进而认真分析对方为什么在这些问题上不愿意做出让步以及困难所在等。特别是要想方设法找出造成僵局的关键问题和关键人物,然后认真分析在谈判中受哪些因素的制约,并积极主动地做好相关方面的疏通工作,寻求理解、帮助和支持,通过内部协调,就可以对自己的进退方针、分寸做出大致的选择。最后,要认真研究突破僵局的具体策略和技巧,确定整体的行动方案,最终妥善地处理好谈判的僵局。

(一)尽力避免僵局的原则

妥善处理谈判僵局的最有效途径是将形成僵局的因素消灭在萌芽状态。为此,应遵循以下几项原则。

1. 坚持闻过则喜。俗话说:褒贬是买主。谈判出现意见分歧是平常的事,提出反对的意见,一方面是谈判顺利进行的障碍,同时也是对议题感兴趣或想达成协议的表示。因此,听到对方的反对意见要“闻过则喜”,应诚恳地表示欢迎。问题的关键是谈判双方从指导思想上都应坚持正确的谈判态度。提出反对意见者,说话要有充分依据,尊重对方。被提意见者要谦虚,欢迎对方畅所欲言。

2. 态度冷静、诚恳,语言适中。谈判中形形色色的反对意见中,有相当一部分是不合理的。谈判人员在解释、回答这些反对意见时,绝不能用针锋相对的愤懑的口吻来反驳,而是应该态度冷静、诚恳,解释时语言适中,既不多讲,也不寡言。这样,可以减轻对方的负担,满足对方自尊心的需要,而且可以在倾听对方意见的基础上探出对方的动机和真实目的,为制定对策做准备。同时,也应将自己的看法和对方意见的不实之处反馈给对方,从而形成谈判的对等局面。

3. 绝不为观点分歧而发生争吵。谈判既是智力的角逐,又是感情的交流。当谈判中的分歧较大时,双方都会不同程度地流露出各自的真实感情,即使在理智的控制下,言谈中难免会出现一些冷嘲热讽的现象,甚至发生情绪上的对立。为此,谈判者必须有较强的自控能力,防止变争论为争吵,不要为观点分歧的争论而出言不逊，注意语言的委婉性、艺术性，以充分的理由来强化说服力，同时注意对方的情绪变化，分析其心理状态，因势利导，寻求解决分歧的途径，使谈判得以顺利进行。

（二）努力建立互惠式谈判

所谓互惠式谈判，是谈判双方都要认定自身需要和对方的需要，然后双方共同探讨满足彼此需要的一切有效的途径与办法。即视对方为解决问题者，而不是敌人。谈判人员对于谈判对方所提供的资料采取审慎的态度，不要不信任对方；谈判中态度要温和，眼睛紧盯在利益目标上，而非立场上的纠缠；寻求共同利益而不是单纯从自身利益考虑。

为了使互惠式谈判能够有效地开展，可以采用“多头并进”的谈判方法。多头并进，就是同时议论有待解决的各个项目，如价格、付款条件、交货条件及售后服务等。由于各个具体项目之间有较大的伸缩性可以调整，当其中的一项遇到难题时，可以暂时搁放，移到下一项，或是当某一项不得不做退让时，也可以设法从其他项目得到补偿。这种谈判的办法，又叫做横向谈判。尽管进展缓慢，但可以减轻谈判人员的压力，有利于避免僵局。如果采用单项深入式的谈判，每次只集中谈论一个项目，这种谈判方法虽然进度快，但是各个项目之间缺乏呼应，易使谈判双方承受较大的压力，导致谈判陷入僵局。

互惠式谈判的核心是谈判双方既要考虑自己的利益，也要兼顾对方的利益，是平等合作式的谈判。

（三）妥善处理谈判僵局的方法

1. 潜在僵局的间接处理法。所谓间接处理法，就是谈判人员借助有关事项和理由委婉地否定对方的意见。其具体的办法有以下几种：

(1)先肯定局部，后全盘否定。谈判人员对于对方的意见和观点持不同的看法或是发生分歧时，在发言中首先应对对方的观点和意见中的一部分略加肯定，然后以充分的根据和理由间接地、委婉地全盘否定。例如，需方说：“用这种包装的商品，我们不能要！”供方经过通盘分析，了解到需方这是借包装问题来为讨价还价找借口。于是供方回答道：“是啊！许多人都认为这种包装的商品不好卖，但是如果真正认识到这种包装的好处，自然会改变看法的。已经有很多顾客专门挑选这类包装的商品了。”又如，需方说：“我们不需要送货，只要价格优惠！”供方不直接答复，却说：“你的意见有道理，可您是否算过这样一笔账，价格优惠的总额与送货的好处相比，还是送货对您更有利。”供方先肯定对方的一部分意见，然后进行核算比较，最后间接否定了需方的意见。

(2)先重复对方的意见，然后再削弱对方。这种方法是谈判人员先用比较婉转的口气，把对方的反对意见重复一遍，再做回答。在重复时原意不能改变，语言顺序可以变动。这样做可以缓和谈判气氛，显得比较温和。因为，在你复述对方的意见时，对方感到你是充分尊重他的意见的，心理压力相对会减轻些，谈判就不会因观点不同形成僵局，而能缓解潜在的对立情绪，实际上，这就意味着削弱了反对意见。

运用这种方法时，要注意研究对方的心理活动、承受能力，要因时、因人、因事而异，不能机械地套用。

(3)用对方的意见去说服对方。这是谈判人员直接或间接地利用对方的意见去说服对方，促使其改变观点的方法。例如，卖方对买方说：“你方要货数量虽大，但是要求价格的折扣幅度太大了，服务项目要求也过多，这样的生意实在是难做。”买方便可以这样去说服对方：“您说的这些问题都很实际，正像您刚才说的那样，我们要货数量大，这是其他企业根本无法与我们相比的。我们要求价格折扣幅度大于其他企业也是可以理解的！再说，以后我们会成为您的主要的长期合作伙伴，而且您还可以减少对许多小企业的优惠费用。从长远看，咱们还是互惠互利的。”

(4)以提问的方式促使对方自我否定。这种方法是谈判人员不直接回答问题，而是提出问题，使对方在回答问题的过程中否定其原来的意见。例如，供方为争取一份销售合同，派一名业务员前去与零售企业洽谈。

零售方：“我们目前还不需要你们的商品，某某企业的货倒是很适合我们的需要。”

业务员：“请问你们那么好的营业场所，柜台都摆满了吗？”

零售方：“摆满说不上，但够卖的了。”

业务员：“你们经营的商品，着重花色、利润，还是商品的质量？”

零售方：“首要的是商品的销路，同时要看利润如何。”

业务员：“我们的商品销路不错，无须我多说了！但我们的价格及各种优惠条件是其他企业无法相比的。”

零售方：“你的优惠条件相当不错，但我还要看看质量。”

业务员:“你们的营业面积有多大,经营品种有多少?”

零售方:“营业厅面积足有5 000多平方米,经营品种倒不多。”

业务员:“看来,你们柜台商品陈列并不是很丰富,我的这种商品是可以摆得下的吧!”

零售方:“摆是没有问题的。”

业务员:“怎么样?对我的商品有什么想法?”

零售方:“让我考虑一下。”

零售方经过分析,认为购进这种商品有利可图,于是双方达成了协议。整个洽谈过程中,供方业务员通过提问的方式,促使零售方否定了自己原来的观点,进而达成了协议。

2. 潜在僵局的直接处理法。

(1)站在对方立场上说服对方。说服是以充分的理由和事实使对方认可。但是,在商务谈判中仅有充分的理由和事实并不一定能使对方信服。为此,当谈判中一方坚持固有意见时,要使说服有效,除了使用无可辩驳的证据和严密的推理外,还必须使对方的需要得到一定的满足。所以,要站在对方的立场上去讲清道理,使对方确实感到他原来所坚持的意见必须改变才行,以扭转谈判的僵局。

(2)归纳概括法。这种方法是在谈判中将对方的各种反对意见进行归纳整理、集中概括,然后有针对性地加以解释和说明,从而起到削弱对方观点与意见的效果。例如,需方代表对供方提供的商品提出很多意见,如商品的外观不新颖、包装有问题、质量与价格不相称、顾客不欢迎等等,需方提了一连串的反对意见,无非是在为讨价还价做准备。若逐一回答,不但啰唆,而且需方也未必听得进去。对此,供方代表可以将对方这一连串的反对意见进行归纳、整理,概括为商品的质量问题,进而抓住质量问题去进行解释和说服对方。这样,针对性强,说服力强,可以把对方的疑虑及早消除,有利于避免出现僵局。

(3)反问劝导法。在谈判中常常会出现莫名其妙的压抑气氛,这就是陷入僵局的苗头。出现这种情况的原因极为复杂,有的是谈判人员个人心理变化所致,有的是一方虽有反对意见但尚未表露所致,等等。这时,谈判人员适当运用反问法,以对方的意见来反问对方,可以防止陷入僵局,而且能够有效地劝说对方。例如,需方说:“你提供的商品,无论是质量还是价格都可以,只是目前我们不打算进货!”供方摸不清需方的真实意图,可以巧妙地说:“向您提供的这些商品,正像您说的那样，一切都不错。看来，您很识货！目前这种商品的销路看好，进些货是举手之劳，何乐而不为呢？"待需方进一步解释或回答时，供方便可知道需方的真实意图了，然后便可以有针对性地进行劝导工作，从而避免谈判陷入僵局。

(4)幽默法。幽默在谈判中运用得好，可以起到意想不到的效果。当谈判出现沉闷的气氛时，谈判人员可以说几句诙谐的话，使剑拔弩张的紧张气氛得到缓解。这样，谈判人员的心理压力也会得到缓解，精神会为之一振，可以使错综复杂的谈判活动在轻松愉快的气氛中进行。

(5)适当馈赠。谈判人员在相互交往的过程中，可以适当地互赠些礼品作为联络感情的方法，西方学者幽默地称之为"润滑策略"。这是防止谈判出现僵局的行之有效的方法，这就等于直接明确地向对方表示"友情第一"。所谓适当馈赠，就是说馈赠要讲究艺术，一是注意对方的习俗，二是防止"贿赂"之嫌，做到"礼轻情义重"。

(6)场外沟通。谈判会场外沟通亦称场外交易、会下交易等。它是一种非正式谈判，双方可以无拘无束地交换意见，达到沟通，消除障碍，避免出现僵局。对于正式谈判出现的僵局，同样可以利用场外沟通的途径直接进行解释，消除隔阂。

场外沟通，亦应提高警惕，不要做单方面的表白，以免泄露己方机密，也不要在轻松的气氛中轻信对方提供的信息。

3. 妥善处理谈判僵局的最佳时机。在谈判实践中，选择最佳时机处理僵局，往往会取得意想不到的效果。谈判活动的发展变化，在不同的时间各不相同，在不同的时间采取相应的措施处理僵局，效果大不一样。这方面的技巧和方法主要有以下几种：

(1)及时答复对方的反对意见。谈判中双方都希望自己的意见得到对方的尊重和重视，若不能给予对方明确的答复，往往会造成对方的心理障碍，形成谈判进行中的潜在僵局。为此，只要对方提出明确的反对意见后，都应及时给予答复，若一时无法答复，亦应解释清楚，这样可以采取主动，使对方感到你的诚意，有利于消除僵局。

(2)适当拖延答复。谈判中会碰到很多棘手的问题，使谈判人员不能即刻答复。在这种情况下，可以拖延一定的时间再做答复，以取得更好的效果。但拖延答复时间不宜过长，而且应当向对方说清楚。若出现下列各种情况，则可以拖延答复:①对方提出的反对意见,使你感到不能做出满意的答复时;②反驳对方意见缺乏足够的证据时;③即刻回答会使己方陷入被动时;④确实有把握控制谈判局势,使对方的反对意见随着谈判的深入逐渐削弱时;⑤对方的反对意见明显偏离议题时;⑥对方由于心理原因而提出“发泄性”的反对意见时。

(3)争取主动,先发制人。若谈判人员事先发现对方会提出某种反对意见,抢在对方之前把问题提出来,作为自己的论点,劝导对方重新认识问题,可以有效地避免和消除僵局。采用这种做法应善于察言观色,随时注意对方的态度,掌握好时间,可以避免争论,避免僵局。值得注意的是,“先发制人”绝不是“强加于人”。

4. 打破谈判中僵局的做法。如果在谈判中僵局已明显化,双方又争执不下,致使谈判毫无进展时,如何妥善处理这种明显的谈判僵局,直接关系到谈判效果。妥善处理已经形成的僵局,关键是设法缓和对立情绪,弥合分歧,使谈判出现转机,推动谈判进行下去。具体的做法主要有以下几种:

(1)采取横向式的谈判。把谈判的面撒开,先撇开争执的问题去谈另一个问题,而不是盯住一个问题不放,不谈妥誓不罢休。例如,在价格问题上双方互不相让,僵住了,可以先暂时搁放一旁,改谈交货期、付款方式等其他问题,如果在这些议题上对方感到满意了,再重新回过头来谈价格问题,阻力就会小一些,商量的余地也就更大一些,从而弥合分歧,使谈判出现新的转机。

(2)改期再谈。谈判中,往往会出现严重僵持,致使谈判无法继续的局面。这时候可以共同商定休会,并商定再次谈判的时间、地点。但在休会之前,务必向对方重申己方的意见,引起对方的注意,使对方有充裕的时间进行考虑。

(3)改变谈判环境与气氛。谈判中气氛紧张,易使谈判人员产生压抑、沉闷,甚至烦躁不安的情绪。作为东道主可以组织谈判双方搞一些松弛的活动,例如游览观光、文娱活动等,使紧张的神经得到松弛。这当中,谈判双方可以不拘形式地就某些僵持问题继续交换意见,在融洽轻松的气氛中消除障碍,使谈判出现新转机。

(4)叙旧情,强调双方的共同点。这是通过回顾双方以往的合作历史,强调和突出双方的共同点和以往合作的成果,以此来削弱彼此的对立情绪,达到打破僵局的目的。

(5)更换谈判人员或者由领导出面调解。谈判中出现了僵局,经多方努力仍无效果时,可以征得对方同意,及时更换谈判人员。这是一种迫不得已的、被动的做法,必须慎重使用。必要时,可请企业的领导出面,因势利导,以表明对谈判局势的关注,也可以达到消除僵局的效果。

（四）谈判中严重僵局的处理办法

在谈判过程中,尽管双方几经努力,但僵局仍未出现缓解之势,双方都已“被套住”时,那么,僵局已经相当严重了。特别是在履行协议过程中,双方对于争议、纠纷之类问题的谈判,涉及双方的权利与义务,致使谈判双方对立情绪十分明显,气氛异常紧张。这类谈判难度大、政策性和专业技术性强。妥善的办法是在己方利益不受损失的情况下,顾全对方的自尊与利益,在灵活运用各种策略与技巧的同时,可采取适当让步和调解与仲裁的做法。

1. 适当让步,争取达成协议。对于谈判的任何一方而言,坐到谈判桌旁的目的主要是为了成功达成协议。因此,当谈判陷入僵局时,我们应当清醒地认识到,如果促使合作成功所带来的利益要大于坚守原有立场而让谈判破裂所带来的好处,那么,有效的退让也是我们应该采取的策略。

让步的基本原则是以小换大。这就要求谈判者既要经过缜密思考,步子稳妥,又要恰到好处,使对方的利益得到一定的满足,从而促成签订协议。这方面的具体做法如下:

(1)不要做无谓的让步。每次让步都要换取对方相应的让步,都要争取已方的利益。也就是说,让步要让在“加”上,让得恰到好处,使己方较小的让步换取对方较大的让步。

(2)不要轻易表态接受对方最初的让步,即使对方最初让步的效益高于己方的期望值时,也不要轻易表态。因为,对方的最初让步还有余地,而且己方推迟表态还可以引出对方的意图。

(3)在己方认为重要的问题上要力求使对方先让步;而在较次要的问题上,己方可根据实际需要,适时、适度地予以让步。

(4)虽然已经做出了让步,而后考虑到这种让步对己方不利时,可以提出修正,不要因为难为情而迟迟不敢提出要求。

(5)谈判中的让步,并不是对等的让步,每次让步的幅度不宜过大,让步的次数绝不可多,而且要设法让对方感到,己方做出的每一次让步都是重大的让步,以争取达成协议。

在严重僵局的处理过程中运用让步策略，必须通盘谋划，明确用什么方式、在什么时候、在哪些方面让步，让步到什么程度等一系列问题，绝不可盲目地让步，引起失误，出现得不偿失的结果。

2. 调解与仲裁。当谈判僵局继续发展，双方严重对峙、均无有效方法解决时，可以采取调解与仲裁的办法来处理。

(1)调解。调解是通过第三方的工作来解决僵局的一种做法。调解对谈判双方并不是强制性的，仅是由中间人对双方进行调解劝说。

(2)仲裁。仲裁是指通过专门的仲裁机构，按照仲裁规则解决纠纷的一种办法。仲裁必须是双方自愿的，其结果具有强制执行力，对双方都有约束作用。

通过第三方的调解和采用仲裁处理谈判僵局固然有效，但是，当发现调解和仲裁人员不公正时，谈判人员应及时明确提出，必要时也可以通过诉诸法院的形式对他们的不公正行为予以起诉，以保护自己的合法权益。

在具体谈判中，最终采用何种策略应该由谈判人员根据当时当地的谈判背景与形势来决定。一种策略可以有效地运用于不同的谈判僵局之中，但一种策略在某次僵局的突破中运用成功，并不一定就适用于其他同样起因、同种形式的谈判僵局。只要僵局构成因素稍有差异，包括谈判人员的组成不同，各种策略的使用效果都可能截然不同。问题还在于谈判人员本人的谈判能力和谈判实力，以及实际谈判中的个人及小组力量的发挥。应变能力强和谈判实力强的一方配以多变的策略，就能够应付各种谈判僵局。

案例应用

得寸进尺策略

下面是买卖双方的一段谈话，从中可以更好地体会出得寸进尺策略的效果。

"您这种机器要价 750 元一台，我们刚才看到同样的机器标价为 680 元，您对此有什么话说吗？"

"如果您诚心想买的话，680 元可以成交。"

"如果我是批量购买，总共购买 35 台，难道你也要一视同仁吗？"

"不会的，我们每台给予 60 元折扣。"

案例应用

“我们现在资金比较紧张,是不是可以先购20台,3个月后再购15台?”

卖主很是犹豫了一会儿,因为只购买20台,折扣是不会这么高的,但他想到最近几个星期不太理想的销售状况,还是答应了。

“那么您的意思是以620元的价格卖给我们20台机器。”买主总结性地说。

卖主点了点头。

“为什么要620元呢?凑个整儿,600元一台,计算起来也省事,干脆利落,我们马上成交!”

卖主想反驳,但“成交”二字对他颇具吸引力,他还是答应了。

买主步步为营的得寸进尺策略生效了,他把价格从750元一直压到600元,压低了20%。

思考题:

1. 从上面的案例中,你能总结出得寸进尺策略有哪些优势吗?
2. 如果你是卖主,你会采取什么策略应对买主?

制造僵局,摆脱困境

我国某公司谈判代表出国洽谈业务。当我方要求与对方谈判时,对方以主人工作繁忙为借口采取拖延战术,一拖再拖,等到我方人员回国日期临近时又应用疲劳策略,以车轮大战的方式夜以继日地与我方洽谈。对如此日程安排我方多次提出反对意见,但对方却一意孤行,对我方的意见置若罔闻。在这种情况下,我方人员表示:“我们本次来访是经双方事先商定的,而就你方目前日程的安排来看似乎是毫无准备,我们对贵方的谈判诚意表示怀疑。在这种情况下,继续谈判已毫无意义,我们不愿意白白浪费时间,因此,我们决定提前离开。”

对方弄不清我方这番话的真实用意,担心我方会与其他卖主签约成交,所以,关键人物接踵而至,一再表示歉意并按我方意见修改了议程。

思考题:

1. 一般谈判都要避免出现僵局,而这个谈判为什么会故意制造僵局?
2. 在采取制造僵局的策略时,应该注意哪些问题?

ON NEGOTIATION

第六章 谈判技巧

学习要点

谈判是借助于谈判双方的信息交流来完成的，而谈判中的信息传递与接收则需要通过谈判人员之间的听、问、答、叙、看、辩及说服等方法来完成。谈判人员在谈判桌上必须随时注意谈判技巧的运用，以便准确地把握对方的行为与思想。

正如一位谈判专家所言：谈判人员必须十分注意捕捉对方思维过程的蛛丝马迹，以便及时了解对方需求动机的线索；必须仔细倾听对方的发言，注意观察对方的每一个细微动作。

新闻导读

国家电网收购智利 CGE 公司 96.04%股权

《华夏时报》记者从国家电网有限公司(下称“国家电网”)获悉,2020 年 11 月 13 日,国家电网与西班牙能源集团(Naturgy)通过线上视频形式签署了股权购买协议,收购其持有的智利 CGE 公司 96.04%股权。这是国家电网近一年来的首个海外交易。

“智利政治经济稳定、法律制度健全、主权信用评级高,是国家电网重要的海外投资市场。”国家电网副总经理刘泽洪如此表示。

据彭博社消息称,国家电网收购智利 CGE 公司 96.04%股权将支付 25.7 亿欧元(约 30 亿美元)。

“作为电力行业长期投资者,国家电网未来将充分发挥在技术、管理、建设、资本等方面的综合优势,努力促进 CGE 公司发展,提升其电网运行服务水平,为智利居民生活、经济发展提供稳定供电保障。”刘泽洪还表示。

据《华夏时报》记者了解,CGE 公司是智利第一大配电公司和第二大输电公司,拥有输电线路3 500千米、配电线路64 738千米、配电用户 300 万户。中智互为全面战略伙伴,两国关系始终保持稳定发展,本次收购是国家电网服务国家“一带一路”建设取得的又一硕果,对于优化国家电网境外资产组合、发挥智利资产间协同效应、增强国家电网在南美地区影响具有积极促进作用。

智利 CGE 公司投资项目将在履行境内外相关审批流程后完成交割。

中国能源网首席信息官韩晓平在接受《华夏时报》记者采访时表示,智力电网有一个很大的难题,智利作为世界国土最狭长的国家,所跨纬度长,气候复杂,海岸线长,电网容易出现腐蚀等状况,都对电网运行、安全提出了特别大的挑战,但国家电网在长距离输配电方面经验丰富,电网管理水平高,能够帮助智利提高电网的效率。

资料来源:于玉金. 国家电网收购智利 CGE 公司 96.04%股权. 华夏时报,2020-11-15.

第一节 谈判技巧概述

一、注重利益而非立场

许多人并不一定了解,在谈判双方对立的立场背后,既可能存在冲突的利益,而实际上还可能存在共同的或可以彼此兼容的利益。

在谈判中,利益的交换是非常重要的。双方谈判能否达到双赢,主要取决于双方让步的策略,即能否准确识别利益因素对于自己和对方的重要性。

识别利益因素往往依赖于双方之间的沟通。例如,在谈判中,不妨向对方多问几个为什么,如“您为什么特别注重……”“您为什么不接受……”等问题。以此来探求对方的真实利益所在。在谈判中,对于利益问题,应注意以下几点:

第一,向对方积极陈述你的利益所在,以引起对方的注意并使对方满足你的利益。

第二,承认对方的利益所在,考虑对方的合理利益,甚至在保证自己利益的前提下努力帮助对方解决利益冲突问题。

第三,在谈判中既要坚持原则(比如具体的利益),又要有一定的灵活性。

第四,在谈判中对利益做硬式处理,而对人做软式处理。在谈判中要强调你为满足对方利益所做出的努力,有时也要对对方的努力表示钦佩和赞赏。

二、创造双赢的解决方案

人们在谈判中有时不欢迎律师参加,其原因是把律师在谈判中的职责想象成是从法律角度计较得失,千方百计维护谈判者的利益。而实际上让好的律师参与谈判往往会取得意想不到的效果。因为,好的律师在谈判中有能力为谈判双方寻求对双方都有利的解决方案。如果将双方的利益比做一张饼来切,那么律师并不是仅仅注重切在什么地方,而更注重在切分这块饼之前,尽量使这块饼变得更大。

然而,在许多谈判中,谈判的结局并不理想。谈判者更多的是注重追求单方面利益,坚持固守自己的立场,而从来也不考虑对方的实际情况。为什么谈判者没有创造性地寻找解决方案,没有将谈判双方的利益实现最大化?有经验的谈判专家认为，导致谈判者陷入上述谈判误区主要有如下四个障碍：

一是过早地对谈判下结论。谈判者往往在缺乏想象力的同时，看到对方坚持其立场，也盲目地不愿意放弃自己既有的立场，甚至担心寻求更多的解决方案会泄露自己的信息，减低讨价还价的力量。

二是只追求单一的结果。谈判者往往错误地认为，创造并不是谈判中的一部分，谈判只是在双方的立场之间达成一个双方都能接受的点。

三是误认为一方所得，即为另一方所失。许多谈判者错误地认为，谈判具有零和效应，对对方所做出的让步就是我方的损失，所以没有必要再去寻求更多的解决方案。

四是谈判对手的问题始终该由他们自己解决。许多谈判者认为，谈判就是要满足自己的利益需要，替对方想解决方案似乎是违反常规的。

实践证明，成功的谈判应该使得双方都有赢的感觉。只有双方都是赢家的谈判，才能使以后的合作持续下去，双方才会在合作中各自取得自己的利益。因此，如何创造性地寻求双方都接受的解决方案乃是谈判的关键所在，特别是在双方谈判处于僵局的时候更是如此。

谈判者要走出谈判误区，必须遵循如下的谈判思路和方法。

（一）将方案的创造与对方案的判断行为分开

谈判者应该先创造方案，然后再决策，不要过早地对解决方案下结论。比较有效的方法是采用所谓的“头脑风暴”式的小组讨论，即谈判小组成员彼此之间激发思想，创造出各种想法和主意，而不是考虑这些主意是好还是坏，是否能够实现。然后再逐步对这些想法和主意进行评估，最终决定谈判的具体方案。在谈判双方是长期合作伙伴的情况下，双方也可以共同进行这种小组讨论。

（二）充分发挥想象力，以扩大方案的选择范围

在上述小组讨论中，参加者最容易犯的毛病就是，觉得大家在寻找最佳的方案。而实际上，我们在激发想象阶段并不是寻找最佳方案的时候，我们要做的就是尽量扩大谈判的可选择余地。此阶段，谈判者应从不同的角度来分析同一个问题，甚至可以就某些问题和合同条款达成不同的约束程度。例如：不能达成永久的协议，可以达成临时的协议；不能达成无条件的协议，可以达成有条件的协议；等等。

（三）找出双赢的解决方案

双赢在绝大多数的谈判中都是应该存在的，创造性的解决方案可以满足双方利益的需要。这就要求谈判双方应该能够识别共同的利益所在。每个谈判者都应该牢记：每个谈判都有潜在的共同利益，共同利益就意味着商业机会，强调共同利益可以使谈判更加顺利。另外，谈判者还应注意谈判双方兼容利益的存在，这种不同的利益同时并存，并不矛盾或冲突。

（四）替对方着想，并让对方容易做出决策

让对方容易做出决策的方法是：让对方觉得解决方案既合法又正当；让对方觉得解决方案对双方都公平；另外，列举己方熟悉对方的先例，也有利于促使对方做出决策。

三、使用客观标准，破解利益冲突

在谈判过程中，尽管充分理解对方的利益所在，并绞尽脑汁为对方寻求各种互利的解决方案，同时也非常重视与对方发展关系，但还是可能会遇到令人非常棘手的利益冲突问题。若双方就某一个利益问题争执不下，互不让步，即使强调"双赢"也无济于事。例如：房东与承租人之间的房租问题；在国际贸易中的交货期长短问题；最终的价格条款的谈判问题；等等。

通常在上述情况下，一般谈判者多数会采取立场式的谈判方法。这时，解决的方法有可能是，一方如果极力坚持自己的立场，则另一方就不得不做出一定的让步来达成协议。为什么会出现这种情况呢？这种谈判，双方的假设前提是：①我所失即你所得；②谈判协议的达成取决于达成协议的意愿；③不考虑其他的因素，而只考虑单一价格因素。

实践证明，在谈判中，谈判者必须把握谈判遵循客观标准的基本原则，即公平有效的原则、科学性原则和先例原则。

谈判者在谈判中运用客观标准时，应注意以下几个问题。

第一，建立公平的标准。通常，在谈判中遵循的客观标准有：行业标准、有效性、对等的原则、相互的原则等。客观标准的选取要独立于双方的意愿，要公平和合法，并且在理论和实践中均是可行的。

第二，建立公平的分割利益的步骤。例如：在两个小孩分橘子的传统例子中，

“一个切,一个选”;大宗商品贸易由期货市场定价进行基差交易;在两位股东持股相等的投资企业中,委派总经理采取任期轮换法;等等。这些都是一些通过步骤来分割利益的例子。

第三,将谈判利益的分割问题局限于寻找客观依据。在谈判中,多问对方:您提出这个方案的理论依据是什么?为什么是这个价格?您是如何算出这个价格的?

第四,善于阐述自己的理由并接受对方提出的合理的客观依据。一定要用严密的逻辑推理来说服对手。对方认为公平的标准必须对你也公平。运用你所同意的对方标准来限制对方漫天要价,甚至于两个不同的标准也可以谋求折中。

第五,不要屈从于对方的压力。来自谈判对手的压力可以是多方面的,如贿赂、最后通牒、以信任为借口让对手屈从、抛出不可让步的固定价格等。但是无论哪种情况,都要让对方陈述理由,讲明所遵从的客观标准。

四、交锋中的技巧

(一)多听少说

缺乏经验的谈判者的最大弱点是不能耐心地听对方发言,他们认为自己的任务就是谈自己的情况,说自己想说的话和反驳对方的反对意见。因此,在谈判中,他们总在心里想下面该说的话,不注意听对方发言,许多宝贵信息就这样失去了。他们错误地认为,优秀的谈判员是因为说得多才掌握了谈判的主动,其实成功的谈判员在谈判时把50%以上的时间用来听。他们边听、边想、边分析,并不断向对方提出问题,以确保自己完全正确地理解对方。他们仔细听对方所说的每一句话,因而能获得大量的宝贵信息,增加谈判的筹码。有效地倾听可以使我们了解对方的需求,找到解决问题的新办法,修改我们的发盘或还盘。“谈”是任务,而“听”则是一种能力,甚至可以说是一种天分。“会听”是任何一个成功的谈判员都必须具备的条件。在谈判中,我们要尽量鼓励对方多说,我们要向对方说:“Yes”(好的),“Please go on”(请继续),并提问题请对方回答,使对方多谈他们的情况,以达到尽量了解对方的目的。

(二)巧提问题

谈判的第二个重要技巧是巧提问题。通过提问我们不仅能获得平时无法得到的信息,而且还能证实我们以往的判断。出口商应用开放式的问题(答复不是"是"或"不是",而需要特别解释的问题)来了解进口商的需求,因为这类问题可以使进口商自由畅谈他们的需求。例如:"Can you tell me more about your company?"(能否多介绍一下贵公司的情况?)"What do you think of our proposal?"(您看我方的建议如何?)对外商的回答,我们要把重点和关键问题记下来以备后用。

发盘后,进口商常常会问:"Can't you do better than that?"(贵方能否做得更好一些?)对此发问,我们不要让步,而应反问:"What do you mean by better?"(您所说的更好一些是指什么呢?)或"Better than what?"(比什么更好一些呢?)这些问题可使进口商说明他们究竟在哪些方面不满意。例如,进口商会说:"Your competitor is offering better terms."(你的竞争对手正向我们提供更优惠的条件。)这时,我们可继续发问,直到完全了解竞争对手的发盘。然后,我们可以向对方说明我们的发盘实际上要比竞争对手的更好。如果对方对我们的要求给予一个模糊的回答,如"No problem"(没问题),我们不要接受,而应请他做具体回答。此外,在提问前,尤其在谈判初期,我们应征求对方同意,这样做有两个好处:一是若对方同意我方提问,就会在回答问题时更加合作;二是若对方的回答是"Yes"(是的),这个肯定的答复会给谈判制造积极的气氛并带来一个良好的开端。

(三)使用条件问句

当双方对对方有了初步的了解后,谈判将进入发盘和还盘阶段。在这个阶段,我们要用更具试探性的条件问句进一步了解对方的具体情况,以修改我们的发盘。

条件问句由一个条件状语从句和一个问句共同构成,这个问句可以是特殊问句也可以是普通问句。典型的条件问句有"What... if"(如果……那么),和"If... then"(如果……就)这两个句型。例如:"What would you do if we agree to a two-year contract?"(如果我们同意签两年的合同你们将如何做?)及"If we modify our specifications, would you consider a larger order?"(如果我们进一步改进自己的产品,调整规格,你们会考虑签更大的订单吗?)在国际谈判中,条件问句有许多特殊优点。

1. 互做让步。用条件问句构成的发盘和提案是以对方接受我方条件为前提的。换句话说,只有当对方接受我方条件时,我方的发盘才成立,因此,我们不会单方面受发盘的约束,也不会使任何一方做单方面的让步,只有各让一步,交易才能达成。

2. 获取信息。如果对方对我方用条件问句构成的发盘进行还盘，对方就会间接地、具体地、及时地向我们提供宝贵的信息。例如，我方提议："What if we agree to a two-year contract? Would you give us exclusive distribution rights in our territory?"（如果我们同意签两年的合同你方会如何考虑？你方能给我方在我国市场上的独家经营权吗？）对方回答："We would be ready to give you exclusive rights provided you agree to a three-year contract."（如果你方同意签三年的合同，我们就准备给你方独家经营权。）从回答中，我们可以判断对方关心的是长期合作。新获得的信息对以后的谈判会很有帮助。

3. 寻求共同点。如果对方拒绝我们的条件，我们可以另换其他条件构成新的条件问句，向对方做出新的一轮发盘。对方也可用条件问句向我方还盘。双方继续磋商，互做让步，直至找到重要的共同点。

4. 用条件问句代替"No"。在谈判中，如果直接向对方说"No"，对方会感到没面子，双方都会感到尴尬，谈判甚至会因此陷入僵局。如果我们用条件问句代替"No"，上述的情况就不会发生。例如：当对方提出我们不能同意的额外要求时，我们可用条件问句问对方："Would you be willing to cover the extra cost if we agree to meet your additional requirements?"（如果我方同意你方提出的附加条件，你们愿意承担由此引起的额外成本吗？）如果对方不愿支付额外费用，也就拒绝了自己的要求，我们不会因此而失去对方的合作。

（四）避免跨国文化交流产生的歧义

国际谈判大多用英语进行，而谈判双方的母语往往又不都是英语，这就增加了交流的难度。在这种情况下，我们要尽量用简单、清楚、明确的英语，不要用易引起误会的多义词、双关语、俚语、成语。也不要用易引起对方反感的词句，如"To tell you the truth"（实话告诉你吧），"I'll be honest with you ..."（对你我会以诚相待的……），"I will do my best."（我会尽力）"It's none of my business but ..."（尽管与我无关但是……）。这些词语带有不信任的色彩，会增加对方的担心，从而不愿积极与我们合作。

跨国文化交流的一个严重通病是"以己度人"，即主观地认为对方一定会按照我们的意愿、我们的习惯去理解我们的发言，或从对方的发言中我们所理解的意思正是对方想表达的意思。最典型的例子就是“Yes”和“No”的使用和理解。曾经有一家美国公司和一家日本公司进行商务谈判。在谈判中,美国人很高兴地发现,每当他提出一个意见时,对方就点头说“Yes”,他以为这次谈判特别顺利。直到他要求签合同时才震惊地发现日本人说的“Yes”是表示礼貌的“I'm listening”(我一直在听)的意思,而不是“I agree with you”(我同意你的观点)的意思。实际上,“Yes”这个词的意思是非常丰富的,除了以上两种以外,还有“I understand the question”(这个问题我理解)的意思和“I'll consider it”(我会考虑)的意思。“No”的表达方式也很复杂。有些文化的价值观反对正面冲突,因此人们一般不直接说“No”,而用一些模糊的词句表示拒绝。例如,巴西人用“It's some what difficult”(这会有一些困难)代替“It's impossible”(这不可能),没有经验的谈判者若按字面意思去理解,就易引起误会,延缓谈判进程。因此,我们必须尽量了解对方的文化、对方的价值观和风俗习惯,只有这样才能正确无误地传递和接收信息。

为了避免误会,我们可用释义法确保沟通顺利进行。释义法就是用自己的话把对方的话解释一遍,并询问对方我们的理解是否正确。例如,对方说:“We would accept your price if you modify your specifications.”(如果你们能进一步改进你们的产品,我们就会接受你方提出的价格。)我们可以说:“If I'm right in understanding you, what you are really saying is that you agree to accept our price if we improve our products as you request.”(如果我没理解错的话,你实际上的意思是如果我方按照你们的要求改进自己的产品,你们会接受我方的价格。)这样做的另一个好处是可以加深对方对这个问题的印象。

最后,为确保沟通顺利的另一个方法是在谈判结束前做一个小结,把到目前为止达成的协议重述一遍并要求对方予以认可。小结一定要实事求是,措辞一定要得当,否则对方会起疑心,对小结不予认可,致使已谈好的问题又得重谈一遍。

第二节 谈判中“听”的技巧

有位哲人曾经说过:造物主所以赐给我们两只耳朵与一张嘴巴,恐怕就是希望我们多听少说吧。不管造物主是否真有这种用意,为了保证谈判人员能够在谈判中及时、准确、恰当地接受或反馈信息,必须掌握谈判中“听”的技巧。

谈判中，我们了解和把握对方观点与立场的主要手段和途径就是听。实践证明，只有在清楚地了解对方观点和立场的真实含义之后，我们才能准确地提出己方的方针和政策。从心理学和日常的生活经验来看，当我们专注地倾听别人讲话时，就表示我们对讲话者的观点很感兴趣或很重视，从而使对方产生一种满足感，这样，在双方之间就产生了一定的信赖感。正如美国早期的一位科学家富兰克林曾经说过的："与人交谈取得成功的重要秘诀，就是多听，永远不要不懂装懂。"因此，作为谈判人员，一定要学会如何"听"，在认真、专注地倾听的同时，积极地对讲话者的话做出反应，以便获得较好的倾听效果。

这里还可以从日本松下公司的创始人松下幸之助对倾听的重视程度来说明提高聆听水平的重要意义。曾有人请求松下幸之助："用一句话来概括您的经营诀窍。"回答是："首先要细心倾听他人的意见。"

一、克服"听"的障碍

美国的朱迪·皮尔逊博士把"听"分为两种形式，即积极的听与消极的听。所谓积极的听，就是在重要的交谈中，听者全神贯注，充分调动自己的知识、经验及感情，使大脑处于紧张状态，以便在接收信号后立即进行识别、归类、解码，并做出相应反应，如表示理解或疑惑、支持或反对、愉快或难过，等等。这种与说话者密切对应的听即为积极的听。所谓消极的听，就是指在一般的交谈中，听者处于比较松弛的状态中，即在一种随意状态中接收信息，如平时家庭中的闲谈或者非正式场合中的交谈，等等。积极的听既有对语言信息的反馈，也有对非语言信息，即表情、姿势等的反馈；而消极的听则往往不同时具有这种明显的姿势反馈和表情反馈。事实上，听一番信息量大、思想活跃、观点新颖的谈话，往往是听者比说者还要疲劳，因为听的人总要不断地调整自己的分析系统，修正自己的理解，以便与说话人同步思维。

拉夫·尼可拉斯是一位专门研究如何"听"的大学问家。经过多年的研究，他发现，即使是积极地听对方讲话，听者也仅仅能记住不到50%的讲话内容，而且，其中只有1/3的讲话内容按原意听取了，1/3被曲解地听取了，另外1/3则丝毫没有听进去。而且不同的人对于自己听取的那部分内容的理解也是不同的。一系列试验表明，"听"存在着听力障碍，当你无法接受一个人的观点时，你心中自然地就会筑起一道封闭的墙，使你无法听进对方的话，从心理上反对对方讲话的内容，并主观地认为对方的话不对,这成为你倾听的障碍。在谈判中,谈判者彼此频繁地进行着微妙、复杂的信息交流,如果谈判者一时疏忽,将会失去不可再得的信息。为了能够听得完全、清晰,就必须了解听力障碍。在人们相互交谈的过程中,倾听的障碍主要有以下几种。

(一)判断性障碍

心理学家通过多年的实践得出结论:人们都喜欢对别人的话进行判断、评价,然后决定赞成或不赞成,这是造成不能有效倾听的重要原因之一。人们喜欢判断耳闻目睹的一切,并且总是从自己的立场出发来判断别人的话,但根据个人的信念做出的反应往往是有效倾听的严重阻碍。一般说来,你的反应会干扰对方说话,打乱对方的思维过程,反而迫使对方改变思维过程,这样就不可避免地引起对方采取防御手段,结果使对方很难坚持自己的观点,力争隐藏自己的思想和感情。即使是赞美对方的话,也会造成听的障碍,因为赞美往往使对方陶醉于其中,从而使其不能保持原来的思维过程。

(二)精力分散、思路较对方慢及观点不一致而造成的少听或漏听

谈判是一项十分耗费精力的活动。如果谈判日程安排得紧张,谈判人员得不到充分休息,特别是在谈判的中后期,如连日征战,消耗更大,此时即使是精力十分旺盛的人,也会出现因精力不集中而产生少听或漏听的现象。一般来说,谈判人员的精力和注意力的变化是有一定规律的:在开始时精力比较充沛,但持续的时向较短,约占整个谈判时间的8.3% ~13.3%。如果是1个小时的谈判,精力旺盛的阶段只有最初的5 ~8分钟;如果是一个超过6天的谈判,只有前3天为精力旺盛期。谈判过程中,精力趋于下降的时间较长,约占整个时间的83%。谈判要达成协议时,又出现精力充沛期,因为当人们意识到双方达成协议的时刻就要来到时,精力会突然复苏、高涨,但时间也很短,约占整个时间的3.3% ~8.7%。此后,任何的拖延都会使谈判者的精力处于零度水平,而且再也高涨不起来了。

另外,由于人与人之间客观上存在着思维方式的不同,如果一方的思维属于收敛型,而另一方的思维属于发散型,那么由于收敛型的人思维速度较慢,发散型的人思维速度较快,双方就很难做到听与说的一致,让收敛型思维的人去听思维速度较快的发散型思维的一方的发言时,收敛型思维的人就会因思路跟不上对方或因双方思路不同而造成少听或漏听。

（三）带有偏见的听

在谈判中，以下几种常见的偏见也会造成倾听的障碍：

1. 自己先把别人要说的话定一个标准或做价值上的估计，再去听别人的话。当对方正在讲话的时候，有这种偏见的听者往往会在心里判断：对方接下来要说的是不重要的、没有吸引力的、太复杂的、老生常谈的内容。于是他便一边听一边希望对方赶紧把话题转入重点或者结束讲话。有偏见的听者常常会按自己的好恶对所听的话进行曲解，他们常常根据自己过去的经验把别人的话限制在自己所设的某种条件中，也就是说，常常自以为是地把某些话附加上自己的意思，这样就不能真正理解对方的话。

2. 因为讨厌对方的外表而拒绝听对方讲话的内容。即使对方的话很重要或者有许多值得注意的地方，谈判者也会因为讨厌其外表而不想听其讲话的内容，故不能从其中获得确实有用的信息。

3. 有些谈判者尽管心里在想别的事情，却为了使讲话者高兴而假装自己很注意听，伪装实际上也是一种偏见，伪装的听者有一个较为一般的特征，就是双眼直愣愣地盯着讲话者，做出一副洗耳恭听的样子。因为他们把注意力都集中在伪装的姿态上，所以根本没有余力去专心倾听。还有一种伪装者喜欢试着去记住别人的每一句话，却把话题的主要意义忽视了。这种伪装者常使讲话者以为他们的确是在专心倾听。因此，这种伪装的听很容易使对方产生误会，影响沟通。

（四）受收听者的文化知识、语言水平，特别是专业知识与外语水平的限制而听不懂对方的讲话内容

谈判内容总是涉及某个专业领域的，因此，如果谈判人员对专业知识掌握得有限，在谈判中一旦涉及专业方面的知识，就会造成由于知识水平的限制而形成的收听障碍。特别是在现代谈判中，由于语言上的差别，也会造成收听障碍。我国企业在涉外谈判时大多配备一个专门的翻译，由于这些翻译人员往往是从外语院校毕业，对某些业务知识掌握得不够全面，一旦需要对某些技术含量较高的业务进行全过程的翻译时，则很容易出现对某些细小的环节一带而过，或者只是翻译了大概意思。实际上，这些细小环节，有时恰恰是理解对方讲话的内容、把握对方立场和观点的关键。一词多义现象在英语中十分常见，语言本身的细微差别对未受过专门语言训练的人来说难以体察得到。如英语中常用的词语大约只有 500 个，但每个

词起码可以有20~25种不同的解释。换言之,只要有两个人,便可以把500个常用的词做出2万多种不同的解释,这会给翻译人员带来困惑,形成听力障碍。

(五)环境的干扰形成了听力障碍

由于各地环境不同,谈判环境也是千差万别。由于环境的干扰,常常会使人们的注意力分散,从而形成听力障碍。例如:天气突然变化、电闪雷鸣,过往的行人或是飞过的鸟,修建房屋的噪音等等,都会使收听者分散注意力。我们在生活中也有体验:我们不可能同时听清楚两个人的讲话内容,当我们需要进行复述时,我们只能复述清楚一个人的讲话内容而放弃另一个,所以,荀子《劝学篇》中说:“耳不能两听而聪”。

二、如何做到有效地倾听

(一)倾听的规则

1. 要清楚自己听的习惯。首先要了解,你在听人讲话方面有哪些不好的习惯,你是否对别人的话匆忙做出判断,是否经常打断别人的话,是否经常制造交往的障碍。了解自己听的习惯是正确运用听的技巧的前提。

2. 全身心地注意。要面向说话者,同他保持目光接触,要以你的姿势和手势证明你在倾听。无论你是站着还是坐着,都要与对方保持最适宜的距离。说话者都愿与认真听的人交往。

3. 要把注意力集中在对方所说的话上。不仅要努力理解对方言语的含义,而且要努力理解对方的感情。

4. 要努力表达出理解。在与对方交谈时,要努力弄明白对方的感觉如何,他到底想说什么。如果你能全神贯注地听对方的讲话,不仅表明你对他持称赞态度,使他感到你理解他的情感,而且有助于你更准确地理解对方发出的信息。

5. 要倾听自己的讲话。倾听自己的讲话对培养倾听他人讲话的能力是特别重要的。倾听自己讲话可以使你了解自己,一个不了解自己的人,是很难真正了解别人的。倾听自己对别人讲些什么是了解自己、改变和改善自己听的习惯与态度的手段,如果你不倾听自己是如何对别人讲话的,你就不会知道别人如何对你讲话,当然也无法改变和改善自己的习惯和态度。

（二）倾听的技巧

可以将听的技巧归纳为“五要”和“五不要”。

1.“五要”。“五要”是：

（1）要专心致志、集中精力地听。专心致志倾听，要求谈判人员在听对方发言时聚精会神，同时，还要配以积极的态度去倾听。要做到专心致志，就要避免出现心不在焉、“开小差”的现象发生。即使是自己已经熟知的话题，也不可充耳不闻，万万不可将注意力分散到研究对策问题上去，因为万一讲话者的内容有隐含意义时，我们没有领会到或理解错误，会造成事倍功半的结果。精力集中地听，是倾听艺术中最基本、最重要的问题。据心理学统计：一般人说话的速度为每分钟120～200字，而听话及思维的速度，大约要比说话的速度快4倍左右，因此，往往是说话者话还没有说完，听话者就大部分都能够理解了。这样一来，听者常常由于精力的富余而“开小差”。也许恰是这时，对方讲话的内容与我们理解的内容有偏差，或是传递了一个重要信息，而我们没有理解或理解错误。因此，我们必须注意时刻集中精力倾听对方的讲话，并用积极的态度去听，而不是消极地或是精神不集中地去听，这样的倾听成功的可能性就比较大。在倾听时注视讲话者，主动地与讲话者进行目光接触，并做出相应的表情以鼓励讲话者。如可扬一下眉毛，或是微微一笑，或是赞同地点点头，抑或否定地摇摇头，也可不解地皱皱眉头等，这些动作配合，可帮助我们精力集中并起到良好的收听效果。

需要特别注意的是，作为一名谈判人员，应该养成有耐心地倾听对方讲话的习惯，这也是一个谈判人员个人修养良好的标志。在谈判过程中，当我们不太理解对方的发言、甚至难以接受时，千万不可塞住自己的耳朵，表示出拒绝的态度，因为这样的肢体语言对谈判非常不利。

（2）要通过记笔记集中精力。通常，人们当场记忆并将内容全部保持的能力是有限的，为了弥补这一不足，应该在听讲时做大量的笔记。记笔记的好处在于：一方面，笔记可以帮助自己回忆和记忆，而且也有助于在对方发言完毕之后，就某些问题向对方提出质询，同时，还可以帮助自己做充分的分析，理解对方讲话的确切含义与精神实质；另一方面，通过记笔记，可以给讲话者留下重视其讲话的印象，同时会对讲话者产生一种鼓励作用。对于谈判这种信息量较大且较为重要的活动来讲，一定要做记录，过于相信自己的记忆力而很少动笔做记录，对谈判是不利的。因为,在谈判过程中,人的思维在高速运转,大脑要接受和处理大量的信息,加上谈判现场的气氛很紧张,对每个议题都必须认真对待,所以只靠记忆是办不到的。实践证明,听话者即使记忆力再好也只能记住对方讲话的大概内容,记笔记是不可少的,这也是比较容易做到的用以清除倾听障碍的好方法。

(3)要有鉴别地倾听对方发言。在专心倾听的基础上,为了达到良好的倾听效果,可以采取有鉴别的方法来倾听对方的发言。通常情况下,人们说话时总是边说边想,来不及整理,有时表达一个意思要绕着弯子讲许多内容,从表面上听,根本听不出什么是重点,因此,听话者就需要在用心倾听的基础上,鉴别传递过来的信息的真伪,去粗取精、去伪存真,这样才能抓住重点,收到良好的倾听效果。

(4)要克服先入为主的倾听做法。先入为主地倾听,往往会扭曲说话者的本意,忽视或拒绝与自己心愿不符的意见,这种做法实为不利。因为这种听话者不是从谈话者的立场出发来分析对方的讲话,而是按照自己的主观框框来听取对方的谈话。其结果往往使听到的信息变形地反映到自己的脑海中,导致自己接收的信息不准确、判断失误,从而造成行为选择上的失误。所以必须克服先入为主的倾听做法,将讲话者的意思听全、听透。

(5)要创造良好的谈判环境,使谈判双方能够愉快地交流。人们都有这样一种心理,即在自己所属的领域里交谈,无需分心于熟悉环境或适应环境;而在自己不熟悉的环境中交谈,则往往容易变得无所适从,导致正常情况下不该发生的错误。可见,有利于己方的谈判环境,能够增强自己的谈判地位和谈判实力。事实上,美国心理学家泰勒尔和他的助手兰尼做过一次有趣的试验,证明了许多人在自己客厅里谈话,比在他人客厅里谈话更能说服对方这一观点。因此,对于一些关系重大的谈判工作,如果能够进行主场谈判是最为理想的,因为在这种环境下会有利于己方谈判人员发挥出较好的谈判水平。如果不能争取到主场谈判,至少也应选择一个双方都不十分熟悉的中性场所,这样也可避免由于"场地优势"给对方带来便利、给己方带来不便。

2."五不要"。"五不要"是:

(1)不要因轻视对方而抢话、急于反驳而放弃听。人们在轻视他人时,常常会不自觉地表现在行为上。例如,对对方的存在不屑一顾,或对对方的谈话充耳不闻。在谈判中,这种轻视的做法有百害而无一利。因为这不仅表现了己方的狭隘,更重要的是难以从对方的谈话中得到己方所需要的信息。同时,轻视对方还可招致对方的敌意,甚至导致谈判关系破裂。

谈判中,抢话的现象是经常发生的,抢话不仅会打乱别人的思路,也会影响自己倾听对方的全部讲话内容。因为在抢话的同时,大脑的思维已经转移到如何抢话上去了。抢话不同于问话,问话是由于某个信息或意思未能记住或没有理解而要求对方给予解释或重复,因此问话是必要的。抢话指急于纠正别人说话的错误,或用自己的观点来取代别人的观点,抢话是一种不尊重他人的行为。因此,抢话往往会阻塞双方的思想和感情交流的渠道,对创造良好的谈判气氛非常不利,对良好的收听更是不利。

另外,谈判人员有时也会在没有听完对方讲话的时候,就急于反驳对方的某些观点,这样也会影响收听效果。事实上,我们把对方的讲话听得越详尽和全面,反驳时就越准确、有力;相反,如果在对对方谈话的全部内容和动机尚未全面了解时,就急于反驳,不仅使自己显得浅薄,而且常常还会使己方在谈判中陷入被动,对己方十分不利。

(2)不要使自己陷入争论。当你内心不同意讲话者的观点时,对他的话不能充耳不闻,不能只等着自己发言。一旦发生争吵,也不能一心只为自己的观点找根据而把对方的话当成耳旁风。如果你不同意对方的观点,也应等对方说完以后,再阐述自己的观点。

(3)不要为了急于判断问题而耽误听。当听了对方讲述的有关内容时,不要急于判断其正误,因为这样会分散我们的精力而耽误倾听下文。虽然人的思维速度快于说话的速度,但是如果在对方还没有讲完的时候就去判断其正误,无疑会削弱己方倾听的能力,从而影响倾听效果。因此,切记不可为了急于判断问题而耽误听。

(4)不要回避难以应付的话题。在谈判中,往往会涉及一些诸如政治、经济、技术以及人际关系等方面的问题,可能会令谈判人员一时回答不上来。这时,不可持充耳不闻的态度。遇到这种情况时,要有信心、有勇气去迎接对方提出的每一个问题。只有用心去领会对方提出的每个问题的真实用意,才能找到摆脱难题的办法。为了培养自己急中生智、举一反三的能力,平时应多加训练,多加思考,使自己在遇到问题时不乱不慌。

(5)不要逃避交往的责任。交往的双方缺一不可:既要有说话者,又要有听话者。而且每个人都应轮流扮演听话者的角色。作为一个听话者,不管是在什么情况下,如果你不明白对方说出的话是什么意思,你就应该用各种方法使他知道这一点。在这里,你可以向对方提出问题加以核实,或者积极地表达出你听到了什么,或者使用一些方法让对方纠正你听错之处。

如果能从以上几个方面进行努力,谈判过程中“听”的障碍就可以减轻或消除,也就很少或不会发生因听不见、听不清、没听懂而使双方相互猜忌、争执不下的现象。当然,策略上的需要不在此列。

第三节 谈判中“问”的技巧

谈判中常运用“问”作为摸清对方需要、掌握对方心理、表达自己感情的手段。如何“问”是很有讲究的,重视和灵活运用发问的技巧,不仅可以引起双方的讨论,获取信息,而且还可以控制谈判的方向。作为谈判者,谈判中到底哪些问题可以问,哪些问题不可以问,为了达到某一个目的应该怎样问,以及问的时机、场合、环境等等,有许多基本常识和技巧需要了解和掌握。

“问”一般包含三个因素:问什么问题,何时发问,怎样发问。

一、谈判中发问的类型

(一)封闭式发问

封闭式发问指在特定的领域中能带出特定的答复(如“是”或“否”)的问句。例如,“您是否认为售后服务没有改进的可能”,“您第一次发现商品含有瑕疵是在什么时候”等。封闭式问句可令发问者获得特定的资料,而答复这种问句的人并不需要太多的思索即能给予答复。但是,这种问句有时会有相当程度的负面影响。

(二)澄清式发问

澄清式发问是针对对方的答复,重新提出问题以使对方进一步澄清或补充其原先答复的一种问句。例如,“您刚才说对目前进行的这一宗买卖可以取舍,这是不是说您拥有全权跟我们进行谈判?”澄清式问句的作用就在于:它可以确保谈判各方能在叙述“同一语言”的基础上进行沟通,而且还是针对对方的话语进行信息反馈的有效方法,是双方密切配合的理想方式。

（三）强调式发问

强调式发问旨在强调自己的观点和己方的立场。例如，“这个协议不是要经过公证之后才生效吗？”“怎么能够忘记我们上次合作得十分愉快呢？”“按照贵方要求，我们的观点不是已经阐述清楚了吗？”

（四）探索式发问

探索式发问是针对对方的答复，要求引申或举例说明，以便探索新问题、找出新方法的一种发问方式。例如，“这样行得通吗？”“您说可以如期履约，有什么事实可以说明吗？”“假设我们运用这种方案会怎样？”探索式发问不但可以进一步发掘较为充分的信息，而且还可以显示发问者对对方答复的重视。

（五）借助式发问

借助式发问是一种借助第三者的意见来影响或改变对方意见的发问方式。例如，“某某先生对你方能否如期履约关注吗？”“某某先生是怎么认为的呢？”采取这种提问方式时，应当注意提出意见的第三者，必须是对方所熟悉而且是他们十分尊重的人，这种问句会对对方产生很大的影响力；否则，运用一个对方不很知晓且谈不上尊重的人作为第三者加以引用，则很可能会引起对方的反感。因此，这种提问方式应当慎重使用。

（六）强迫选择式发问

强迫选择式发问旨在将己方的意见抛给对方，让对方在一个规定的范围内进行选择回答。例如，“付佣金是符合国际贸易惯例的，我们从法国供应商那里一般可以得到3% ~5%的佣金，请贵方予以注意。”按理说，在提出这一问题之前，发问者至少应先取得对方将付佣金的承诺。但是，这种提问却把这一前提去掉，直接强迫对手在给出的狭小范围内进行选择，可谓咄咄逼人。运用这种提问方式要特别慎重，一般应在己方掌握充分的主动权的情况下使用，否则很容易使谈判出现僵局，甚至破裂。需要注意的是，在使用强迫选择式发问时，要尽量做到语调柔和、措辞达意得体，以免给对方留下专横跋扈、强加于人的不良印象。

（七）证明式发问

证明式发问旨在通过己方的提问，使对方对问题做出证明或理解。例如，“为什么要更改原已定好的计划呢，请说明道理好吗？”

（八）多层次式发问

多层次式发问是指含有多种主题的问句，即一个问句中包含有多种内容。例如，“贵国当地的水质、电力资源、运输状况以及自然资源情况怎样?”“你是否就该协议产生的背景、履约情况、违约的责任以及双方的看法和态度谈一谈?”这类问句因含过多的主题而使对方难于周全把握。许多心理学家认为，一个问题最好只包括一个主题，最多也不能超过三个主题，这样，才能使对方有效地掌握。当然，在一定的情况下，也可以灵活掌握。

（九）诱导式发问

诱导式发问旨在开渠引水，对对方的答案给予强烈的暗示，使对方的回答符合己方预期的目的。例如，“贵方如果违约是应该承担责任的，对不对?”“谈到现在，我看给我方的折扣可以定为4%，你方一定会同意的，是吗?”这类提问几乎使对方毫无选择余地而按发问者所设计好的答案回答。

（十）协商式发问

协商式发问是指为使对方同意自己的观点，采用商量的口吻向对方发问。例如，“你看给我方的折扣定为3%是否妥当?”这种提问，语气平和，对方容易接受。而且，即使对方没有接受你的条件，但是谈判的气氛仍能保持融洽，双方仍有继续合作的可能。

二、提问的时机

（一）在对方发言完毕之后提问

在对方发言的时候，一般不要急于提问，因为打断别人的发言是不礼貌的，容易引起对方的反感。当对方发言时，你要认真倾听，即使你发现了对方的问题，很想立即提问，也不要打断对方，可先把发现的和想到的问题记下来，待对方发言完毕再提问。这样不仅反映了自己的修养，而且能全面、完整地了解对方的观点和意图，避免操之过急，曲解或误解了对方的意图。

（二）在对方发言停顿和间歇时提问

在谈判中，如果因对方发言冗长、不得要领、纠缠细节或离题太远而影响谈判进程，那么，你可以借他停顿、间歇时提问，这是掌握谈判进程、争取主动的必然要求。例如，当对方停顿时，你可以借机提问：“您刚才说的意思是?”“细节问题我们以后再谈,请谈谈您的主要观点好吗?"

(三)在议程规定的辩论时间提问

对于大型外贸谈判,一般要事先商定谈判议程,设定辩论时间。在双方各自介绍情况和阐述的时间里一般不进行辩论,也不向对方提问。只有在辩论时间里,双方才可自由提问、进行辩论。在这种情况下,要事先做好准备,可以设想对方的几个方案,针对这些方案考虑己方对策,然后再提问。在辩论前的几轮谈判中,要做好记录,归纳出谈判桌上的分歧,再进行有的放矢的提问。

(四)在己方发言前后提问

在谈判中,当轮到己方发言时,可以在谈己方的观点之前,对对方的发言进行提问,不必要求对方回答,而是自问自答。这样可以争取主动,防止对方接过话茬,影响己方的发言。例如,"您刚才的发言要说明什么问题呢?我的理解是……对这个问题,我谈几点看法。"

在充分表达了己方的观点之后,为了使谈判沿着己方的思路发展,牵着对方的鼻子走,通常要进一步提出要求,让对方回答。例如,"我们的基本立场和观点就是这些,您对此有何看法呢?"

三、提问的要诀

为了获得良好的提问效果,需掌握以下提问要诀。

(一)要预先准备好问题

最好是提出一些对方不能迅速想出适当答案的问题,以期收到意想不到的效果。同时,预先有所准备就不会在对方反问面前毫无准备。有些有经验的谈判人员,往往会提出一些看上去很一般,并且比较容易回答的问题,而这些问题恰恰是随后所要提出的比较重要的问题的前奏。这时,如果对方思想比较松懈,突然面对所提出的较为重要的问题时往往措手不及,就收到出其不意的效果。而且,对方很可能在回答无关紧要的问题时已经暴露其思想,这时再让对方回答重要问题,对方只好自成体系,按照原来的思路来回答问题,或许这个结果正是我们所需要的。

(二)要避免提出那些可能会阻碍对方让步的问题

可能会阻碍对方让步的问题会明显影响谈判效果。事实上,这类问题往往会给谈判的结局带来麻烦。提问时,不仅要考虑自己的退路,同时也要考虑对方的退路，要把握好时机和火候。

（三）不强行追问

如果对方的回答不够完整，甚至回避不答，这时不要强行追问，而是要有耐心和毅力等时机到来时再继续追问，这样做以示对对方的尊重。待时机成熟时，对方自然会回答。

在适当的时候，我们可以将对方一个已经发生，并且答案也是我们知道的问题提出来，验证一下对方的诚实程度，以及对方处理事物的态度。同时，这样做也可给对方一个暗示，即我们对整个交易的行情是了解的，有关对方的信息我们也是充分掌握的，这样可以有助于我们做出进行下一步合作的决策。

（四）既不要以法官的态度来询问对方，也不要接连不断地提问题

像法官一样询问谈判对手，会造成对方的敌对与防范的心理和情绪。因为双方谈判绝不等同于法庭上的审问，需要双方心平气和地提出和回答问题。另外，重复连续地发问，往往会导致对方的厌倦、乏味而不愿回答，有时即使回答也是马马虎虎，甚至会出现答非所问。

（五）提出问题后应闭口不言，专心致志地等待对方做出回答

通常的做法是，当我们提出问题后，应闭口不言，如果这时对方也是沉默不语，则无形中给对方施加了一种压力。这时，我们保持沉默，由于问题是由我们提出，对方就必须以回答问题的方式来打破沉默，或者说打破沉默的责任将由对方来承担。

（六）要以诚恳的态度来提问

当直接提出某一问题时，对方或是不感兴趣，或是态度谨慎而不愿展开回答，我们可以转换一个角度，并且用十分诚恳的态度来问对方，以此来激发对方回答问题的兴趣。实践证明，这样做会使对方乐于回答，也有利于谈判双方感情上的沟通，有利于谈判的顺利进行。

（七）提出问题的句子应尽量简短

在谈判过程中，提出问题的句子越短越好，而由问句引出的回答则越长越好。因此，我们应尽量用简短的句式向对方提问。当我们的提问比对方的回答还长时，我们将处于被动的地位，显然这种提问是失败的。

以上几点技巧，是基于谈判者之间的诚意与合作提出来的，旨在使谈判者更好

地运用提问的艺术来发掘问题，获取信息，把握谈判的方向。切忌将这些变成谈判者之间为了自己的利益而进行必要竞争的教条。

四、提问的其他注意事项

（一）在谈判中一般不应提出的问题

1. 不应提出带有敌意的问题。不应抱着敌对心理进行谈判，应尽量避免那些可能会刺激对方产生敌意的问题。因为一旦问题含有敌意，就会损害双方的关系，最终会影响交易的成功。

2. 不应提出有关对方个人生活和工作方面的问题。对于大多数国家和地区的人来讲，回避询问个人生活和工作方面的问题已经成为一种习惯。例如，对方的收入、家庭情况、女士或太太的年龄等问题都是不应涉及的。另外，也不要涉及对方国家或地区的政党、宗教等方面的问题。

3. 不要直接指责对方品质和信誉方面的问题。忌讳直接指责对方在某个问题上不够诚实，这样做不仅会使对方感到不快，而且还会影响彼此之间的真诚合作。有时，这样做非但无法使对方变得更诚实，反而还会引起对方的不满甚至是怨恨。事实上，谈判双方的真真假假、虚虚实实是很难用是否诚实这一标准来评价的。若真的需要审查对方是否诚实，可以通过其他途径来进行。如果我们发现对方在某些方面不够诚实时，我们可以把已经了解到或掌握的真实情况陈述给对方，对方自然会明白我们的用意了。

4. 不要为了表现自己而故意提问。为了表现自己而故意提问会引起对方的反感，特别是不应提出与谈判内容无关的问题以显示自己的“好问”。要知道，故意卖弄的结果往往是弄巧成拙，被人蔑视。

（二）注意提问的速度

提问时说话速度太快，容易使对方感到你是不耐烦，甚至有时会感到你是在用审问的口气对待他，容易引起对方的反感；反之，如果说话太慢，容易使对方感到沉闷、不耐烦，从而降低了你提问的力度。因此，提问的速度应该快慢适中，即使对方听懂你的问题，又不使对方感到拖沓和沉闷。

（三）注意对手的心境

谈判者受情绪的影响在所难免。谈判中，要随时留心对手的心境，在你认为适当的时候提出相应的问题。例如,对方心境好时,常常会轻易地满足你所提出的要求,而且会变得粗心大意,透露一些相关的信息。此时,抓住机会,提出问题,通常会有所收获。

第四节 谈判中"答"的技巧

有问必有答,人们的语言交流就是这样进行的。问有艺术,答也有技巧。问得不当,不利于谈判;答得不好,同样也会使己方陷入被动。谈判人员对自己所说的每一句话都负有责任,都将被对方认为是一种承诺,这会给回答问题的人带来一定的精神负担和压力。因此,一个谈判人员水平的高低,在很大程度上取决于其答复问题的水平。

通常,在谈判中应当针对对方提出的问题实事求是地正面作答,但是,由于谈判中的提问往往千奇百怪、五花八门,多是对方处心积虑、精心设计之后才提出的,可能含有谋略、圈套、难测之心。如果对所有的问题都正面回答,并不一定是最好的答复,所以答复也必须运用一定的技巧。

一、回答问题之前,要给自己留有思考的时间

在谈判过程中,绝不是回答问题的速度越快越好,因为谈判与竞赛抢答的性质是截然不同的。有些人在对方提问的声音刚落,就急着回答问题。这些人通常有这样一种心理,就是如果对方问话与己方回答之间所空的时间越长,就会让对方感觉己方对此问题缺少准备,或以为己方几乎被问住了;如果回答得很迅速,就显示出己方已有充分的准备,也显示了己方的实力。其实不然,谈判经验告诉我们,在对方提出问题之后,你可通过点烟、喝水,调整一下自己坐的姿势和椅子,整理一下桌上的资料,翻一翻笔记本等动作来延缓时间,考虑一下对方的问题。这样做既显得自然、得体,又可以让对方看得见,从而减轻或消除对方对己方的错误感觉。

二、针对提问者的真实心理答复

谈判者在谈判桌上提出问题的目的往往是多样的,动机也往往是复杂的,如果我们在没有深思熟虑、弄清对方的动机之前,就按照常规来做出回答,效果往往不

佳。如果我们经过周密思考,准确判断对方的用意,便可做出一个高水准的回答。人们常用下面的一个实例来说明,建立在准确把握对方提问动机和目的基础上的回答是精彩而绝妙的。艾伦·金斯伯格是美国著名的诗人,在一次宴会上,他向中国作家提出一个怪谜,并请中国作家回答。谜面是:"把一只 2.5 千克重的鸡装进一个只能装 0.5 千克水的瓶子里,用什么办法把它拿出来?"中国作家回答道:"您怎么放进去的,我就会怎么拿出来。您凭嘴一说就把鸡装进了瓶子,那么我就用语言这个工具再把鸡拿出来。"此可谓是绝妙回答的典范。

三、不要彻底地回答问题,因为有些问题不必回答

谈判中并非任何问题都要回答,有些问题并不值得回答。在谈判中,对方提出问题或是想了解己方的观点、立场和态度,或是想确认某些事情。对此,我们应视情况而定,对于应该让对方了解或者需要表明己方态度的问题要认真回答;而对那些可能会有损己方形象、泄密或一些无聊的问题,不予理睬就是最好的回答,但要注意礼貌。当然,用外交活动中的"无可奉告"一词来拒绝回答,也是回答这类问题的好办法。总之,回答问题时可以将提问者的问话范围缩小,或者不做正面回答,而对答复的前提加以修饰和说明,以缩小回答范围。例如,对方询问己方产品质量如何,己方不必详细介绍产品所有的质量指标,只需回答其中主要的几个指标,从而造成质量很好的印象。又如,对方对某种产品的价格表示出关心,直接询问该产品的价格。如果彻底回答对方,把价格如实相告,那么,在进一步的谈判过程中,己方可能会陷入被动,所以,应该首先避开对方的注意力,做这样的答复:"我相信产品的价格会令你们满意,请允许我先把这种产品的几种性能做一下介绍。我相信你们会对这种产品感兴趣的。"

四、逃避问题的方法是避正答偏,顾左右而言他

有时,对方提出的某个问题己方可能很难直接从正面回答,但又不能拒绝回答,逃避问题。这时,谈判高手往往用避正答偏的办法,即在回答这类问题时,故意避开问题的实质,而将话题引向歧路,借以破解对方的进攻。例如,可跟对方讲一些看似与此问题相关实际无直接关系的问题,东拉西扯,不着边际,说了一大堆话,看上去回答了问题,其实并没有回答。经验丰富的谈判人员往往会在谈判中运用这一方法。

五、对于不知道的问题不要回答

参与谈判的所有的人都非全能全知。谈判中,尽管我们准备得很充分,也经常会遇到难解的问题,这时,谈判者切不可为了维护自己的面子而强作答复,因为这样有可能损害自己的利益。例如,我国某公司与美国外商谈判合资建厂事宜时,外商提出有关减免税收的请求。中方代表恰好对此不是很了解,可为了能够谈成,就盲目地答复了,结果使己方陷入十分被动的局面。经验和教训一再告诫我们,谈判者对不懂的问题,应坦率地告诉对方不能回答,或暂不回答,以避免被动。

六、有些问题可以答非所问

答非所问在知识考试或学术研究中是一大忌,然而从谈判技巧角度来研究,却是一种对不能回答的问题的一种行之有效的答复方法。有些问题可以通过答非所问来给自己解围。例如,古代有一个精明的人,他从别人那里借来一匹马,便牵去与一个财主进行交换,财主问:“你的马是从哪里来的?”他回答道:“我想卖马的念头有两年了。”财主又问:“为什么要换马?”他回答道:“这马比你的马跑得快。”这两句话的回答是答非所问,换马人就是这样运用灵巧的方式,回避了一个事实,即马是他人的,换马是想要获得财主的马,于是此人的目的达到了。谈判中我们并不主张像这个换马人一样在谈判双方之间用尽心机,因为谈判必须是建立在相互信赖的基础上,但是在双方利益冲突时,在如何巧妙地回答对方的有关利益分割方面的问题上,倒是可以从这个例子中获得借鉴。

七、以问代答

以问代答是用来应付谈判中那些一时难以回答或不想回答的问题的方式。此法如同把对方踢过来的球又踢了回去,请对方在自己的领域内反思后寻找答案。例如,在工作进展不是很顺利的情况下,其中一方问对方:“你对合作的前景怎样看?”这个问题在此时可谓十分难回答,善于处理这类问题的对方可以采取以问代答的方式,“那么,你对双方合作的前景又是怎样看呢?”这时双方自然会在各自的脑海中加以思考和重视,对于打破窘境起到良好的作用。谈判中运用以问代答的方法,对于应付一些不便回答的问题是非常有效的。

八、有时可以采取推卸责任的方法

谈判者面对毫无准备的问题，往往不知所措，或者即使能够回答，但鉴于某种原因而不愿意回答。对这类问题通常可以如此回答："对这个问题，我虽没有调查过，但曾经听说过。"或"贵方某某先生的问题提得很好，我曾经在某一份资料上看过有关这一问题的记载，就记忆所及，大概是……"

九、重申和打岔有时也很有效

谈判中，要求对方再次阐明其所问的问题，实际上是为自己争取思考问题的时间的好办法。在对方再次阐述其问题时，我们可以根本不去听，而只是考虑如何做出回答。当然，这种心理不应让对方有所察觉，以防其加大进攻的力度。有人打岔那将是件好事，因为这可为我们赢得更多的时间来思考。有些富有谈判经验的谈判人员估计谈判中会碰到某些自己一时难以回答而又必须回答的、出乎意料的棘手问题，于是，为了赢得更多的时间，就事先在本组内部安排好某个人，专门在关键时间打岔。打岔的方式多种多样，比如借口外面有某某先生的电话，有紧急的文件需要某某先生出来签字等等。有时，回答问题的人自己可以借口去洗手间，或去打个电话等等来拖延时间。

总之，在实际谈判中，回答问题的要诀在于知道该说什么和不该说什么，而不必考虑回答的问题是否切题。谈判桌上的双方在各方的实力基础上斗智斗勇。在回答问题时要有艺术性和技巧，对这些技巧，谈判人员必须熟练地加以掌握和运用。

第五节　谈判中"叙"的技巧

谈判中的"叙"与"答"既有相通之处，又存在很大的差别。"答"是基于对方提出的问题，经过思考后所做的有针对性的、被动性的阐述；而"叙"则是基于己方的立场、观点、方案等，通过陈述来表达对各种问题的具体看法，或是对客观事物的具体阐述，以便让对方有所了解。

谈判中的"叙"是一种不受对方所提问题的方向、范围制约，带有主动性的阐述，是传递信息、沟通情感的方法之一。因此，谈判者能否正确、有效地运用叙述的功能，把握叙述的要领，会直接影响谈判的效果。

谈判过程中的叙述大体包括“入题”“阐述”两个部分。按照常理，谈判者在叙述问题、表达观点和意见时，应当态度诚恳，观点明确，语言生动、流畅，层次清楚、紧凑。但这只是针对一般情况而言的，具体地讲，谈判中的叙述应把握以下技巧。

一、入题技巧

谈判双方在刚进入谈判场所时，难免会感到拘谨，尤其是谈判新手，在重要谈判中，往往会产生忐忑不安的心理。采用适当的入题方法，将有助于消除这种尴尬心理，轻松地开始谈判。

（一）迂回入题

为避免谈判时单刀直入，过于直露，影响谈判的融洽气氛，谈判时可以采用迂回入题的方法，如先从题外话入题，从自谦入题，从介绍己方谈判人员入题，从介绍本企业的生产、经营、财务状况入题等。

1. 从题外话入题。通常可将有关季节或天气的情况、目前流行的事物以及有关社会新闻、旅行、艺术、社会名人等作为话题。通过上述题外话入题，要做到新颖、巧妙，不落俗套。

2. 从自谦入题。如果对方是在己方所在地谈判，可谦虚地表示如各方面照顾不周，自己才疏学浅、缺乏经验，希望对方多多关照等等。当然，自谦要适度，不要给对方以虚伪或缺乏诚意的感觉。

3. 从介绍己方谈判人员入题。通常可简略介绍己方人员的职务、学历、经历等，这样既打开了话题，消除了对方的不安心理，又显示了己方的强大阵容，使对方不敢轻视或轻举妄动。

4. 从介绍己方的生产、经营、财务状况等入题。这样做可先声夺人，提供给对方一些必要的资料，充分显示己方雄厚的财力、良好的信誉和质优价廉的产品等基本情况，也给对方以充分的讨论空间。

（二）先谈一般原则，再谈细节问题

一些大型的对外谈判，由于需要洽谈的问题千头万绪，双方的高级人员不应该也不可能介入全部谈判，往往要分成若干等级进行多次谈判，这就需要采取先谈一

般原则问题,再谈细节问题的方法。一般原则问题达成一致后,洽谈细节问题也就有了依据。

(三)从具体议题入手

一般而言,大型的对外谈判总是由具体的一次次谈判组成的,在每次具体的谈判会议上,双方可以首先确定本次会议的谈判议题,然后从这一具体的议题入手进行洽谈。这样做可以避免谈判时无从下手,从而提高效率。

二、阐述技巧

谈判入题后,接下来便是双方阐述各自的观点,这也是谈判的一个重要环节。

(一)开场阐述

己方开场阐述要做到以下几点:①开宗明义,明确本次会谈所要解决的主题,以集中双方的注意力,统一双方的认识;②表明己方通过洽谈应当得到的利益,尤其是对己方至关重要的利益;③表明己方的基本立场,既可以回顾双方以前合作的成果,说明己方所享有的信誉,也可以展望或预测今后双方合作中可能出现的机遇或障碍,还可以表示己方可采取何种方式以便为双方共同获得利益做出贡献等;④开场阐述应是原则的而不是具体的,应尽可能简明扼要;⑤开场阐述的目的是让对方明白己方的意图,以创造协调的洽谈气氛,因此,阐述应以诚挚和轻松的方式来表达。

对方阐述时,主要注意以下几点:①认真耐心地倾听对方的开场阐述,归纳并弄懂对方开场阐述的内容,思考和理解对方阐述的关键问题,以免产生误会;②如果对方开场阐述的内容与己方的意见差距较大,切记不要打断对方的阐述,更不要立即与对方争执,而应当先让对方说完,认同对方之后再巧妙地转开话题,从侧面进行反驳。

(二)让对方先谈

在谈判中,当己方对市场态势和产品定价的情况不是很了解,或者当己方尚未确定购买何种产品,或者己方无权直接决定购买与否的时候,一定要坚持让对方首先说明可提供何种产品、产品的性能如何、产品的价格如何等等,然后,再审慎地表达意见。有时,即使己方对市场和产品定价比较了解,心中有较为明确的购买意图,而且能够直接决定购买与否,也不妨先让对方阐述利益要求,报价和介绍产品,然后,在此基础上提出自己的要求。这种方式常能收到奇效。

(三)注意正确使用语言

1. 准确易懂。在谈判过程中,所使用的语言要力求规范、通俗,使对方很容易听明白。有时如确需使用某些专业术语,则应尽量使用简明易懂的用语加以解释。一切语言均要以达到双方沟通、保证洽谈顺利进行为前提。叙述的目的在于让对方相信己方所言的内容均为事实,并使其接受己方的观点。为了达到这一目的,叙述时万万不可炫耀自己的学问有多高深或卖弄自己的学识,这样做不但达不到目的, 反而会令对方生厌。

2. 简明扼要,具有条理性。由于人们有意识的记忆能力有限,在短时间内只能记住有限的、具有特色的内容,所以,在谈判中一定要用简明扼要而又有条理性的语言来阐述自己的观点。这样,才能在洽谈中收到事半功倍的效果。反之,如果信口开河,不分主次,不仅不能使对方及时把握要领,而且还会使对方产生厌烦感,这是应当避免的。

3. 叙述要真实,第一次就要说准。谈判中叙述基本事实时,应本着客观真实的态度进行叙述。不要夸大事实真相,同时,也不缩小事情的本来面目,力求使对方相信并信任己方。如果自己对事实真相加以修饰的行为被对方发现,哪怕是一点点破绽,也会大大降低己方公司的信誉,从而使己方的谈判实力大为削弱,再想重新调整已来不及。在谈判过程中,当对方要你提供资料或信息时,要说得准确,不要模棱两可,含混不清。如果你对对方要求提供的资料和信息不甚了解,应延迟答复,切忌脱口而出。要尽量避免使用含上下限的数值。

4. 语言应富有弹性。谈判过程中所使用的语言,应当丰富、灵活、富有弹性。对于不同的谈判对手,应使用不同的语言。如果对方谈吐优雅,很有修养,己方语言也应相对讲究,做到出语不凡;如果对方语言朴实无华,己方用语也不必过多修饰;如果对方语言爽快、直露,己方就不要迂回曲折、语言晦涩。要根据对方的学识、气质、性格、修养和语言特点,及时调整己方的洽谈用语。这是迅速缩短谈判双方距离、实现平等交流的有效方法。

5. 发言紧扣主题。任何商贸洽谈的双方,都是抱着一定的目的,肩负着一定的使命来到谈判桌前的。这便决定了每次谈判必有一个主题。由于时间有限,在谈判中双方都应紧紧围绕主题进行阐述,不要发表与谈判主题无关的意见,以免使对方产生反感和延误时间。同时,在谈判中也不要转弯抹角,以免给谈判带来障碍。

6. 措辞得体,不走极端。有时,在谈判过程中难免会发生尖锐、激烈的争论。在这种情况下,要尽量以和缓的语言表达自己的意见,不仅语调要柔和,而且措辞要得体,适合场面需要。有些过于极端的语言易刺伤对方自尊心,引起对方反感,带来尴尬的局面,影响谈判进展。有些语言可能会使对方对你的谈判诚意产生怀疑,致使谈判走上歧途,或者中断。

7. 注意语调表达的含义。不同的语调可赋予同一句话以不同的含义,也可以表达说话者不同的思想感情。例如,“这价格不错”,若以平常的语调讲,是一个肯定的评价,表达了说话者对这一价格的同意或赞赏。但若以高调带拖腔的方式讲出,则表达了说话者对这价格的不满。谈判者应通过语调的变化显示自己的信心、决心、不满、疑虑和遗憾等思想感情。同时,也应善于通过对方不同的语调来洞察对方肯定、赞赏、否定、不满等感情变化。谈判者说话的目的是让对方听懂并记住,说得太快不仅达不到说话者预期的目的,还可能使对方既听不清也记不住,在有翻译的情况下更应注意,说得太快也会使对方产生不尊重他的感觉。因此,如果想让对方注意你的谈话,就要把语速放平稳。

谈判者声音的高低强弱,也是影响谈判效果的重要因素之一。声音过高过响,震耳欲聋,不会使人感到亲切。声音过低过弱,不会使人感到振奋。因此,应当合理使用声音的强弱,最好有高有低,抑扬顿挫,犹如一幕戏,有高潮,有低潮,还要有收尾。要让对方感到自然舒适。在谈判中,滔滔不绝地阐述观点、发表意见时,如果突然停顿或者有意识地重复某几句话时,能起到意想不到的作用,这可以引导听者对停顿前后的内容和重复的内容进行回顾和思考,加深双方的理解和沟通。另外,停顿还可给对方机会,抒发己见,打破沉默,活跃谈判桌上的气氛。

8. 注意折中迂回。在谈判中转换话题,放弃对某些问题的讨论或绕弯子说服对方的技巧的运用,是掌握谈判主动权的必然要求。

折中迂回技巧一般适用于下列场合:想避开对己方不利的话题;想回避某些问题;不同意某些观点,但又不便于直接否定对方;想拖延对某些问题做出决定的时间;想把问题引向对己方有利的方面;想转移角度阐述问题以说服对方等等。

折中迂回的技巧主要表现在:当面临对己方不利的问题时,主动避开对方话锋,将谈话重点转回到对己方有利的问题上来,答非所问或不直接回答对方的问题;绕弯子解释或提出新问题;谈一些题外话,冲淡一下主题,或有意识地谈些意思不清的话，激励己方人员做不相关的交谈；改变原定程序和计划，忽然建议一个令对方不能马上接受的方案；提议某些问题要调查后再讨论；否认某些问题的存在；等等。

使用折中迂回技巧应当慎重，要区别轻重缓急。如在谈判比较正常地进行时，可经常使用“可是……”“但是……”等词语，使问题向有利于己方的方向转化。在遇到对方无理纠缠，同时己方又不希望谈判破裂时，可适当采用上述折中迂回的技巧。

9. 使用解困用语。当谈判出现困难，无法达成协议时，为了突破困境，给自己解围并使谈判继续进行，可使用下列解困用语：

“真遗憾，只差一步就成功了！”

“就快要达到目标了，真可惜了！”

“这样做，肯定对双方都不利！”

“再这样拖延下去，只怕最后结果不妙。”

“既然事已至此，懊恼也没有用，还是让我们再做一次努力吧！”

“我相信，无论如何，双方都不希望前功尽弃！”

使用这些解困用语，有时确能产生较好的效果。只要双方都有谈判诚意，对方很有可能会欣然接受你的意见，从而促使谈判成功。

10. 不以否定性的语言结束谈判。从人的听觉习惯考察，在某一场合下，他所听到的第一句话和最后一句话，常常能给他留下很深的印象。所以，在谈判中要注意，不能以否定性的语言来结束谈判。假如你忽视了这一条，就会给对方造成一种不愉快的感受，并且印象深刻；同时，对下一轮谈判将会带来不利影响，甚至危及前一轮谈判中谈妥的问题或达成的协议。所以，谈判终了时，最好能给谈判对手以正面评价，并稳健中肯地把谈过的议题予以归纳。例如：

“您在这次谈判中表现很出色，给我留下了深刻的印象。”

“您处理问题大刀阔斧，钦佩！”

“今天会谈在某些问题上达成了一致，但在某些方面还要再谈。”

“对贵方的某些要求，我方将予以研究，待下次会议再谈。”

不论谈判结果如何，对参与谈判的人来说，每一次谈判都是谈判双方的一次合作过程。因此，一般情况下，在谈判结束时对对方给予的合作表示谢意，对对方的出色表现给予肯定，或者简要概括一下谈判的效果，是谈判者应有的礼节，对今后的谈判也是有益的。

（四）叙述时发现错误要及时纠正

谈判人员在谈判的叙述当中，常常会由于种种原因而出现叙述上的错误，谈判者应及时发现并及时纠正，以防造成不应有的损失。有些谈判人员，当叙述中有错误时，碍于面子，采取顺水推舟、将错就错的做法，这是要坚决反对的，因为这样做往往会使对方产生误解，从而影响谈判的顺利进行。还有些谈判人员，当发现自己叙述中有错误时，采取事后自圆其说、文过饰非的做法，结果不但没能“饰非”，反而越描越黑，对自己的信誉和形象产生损害，更严重的是可能会失去合作机会，后果不堪设想。

第六节　谈判中“看”的技巧

谈判不仅是语言的交流，同时也是行为的交流。谈判中，我们不仅要听其言，而且还要观其行。广东有一句谚语：当一个人笑的时候腹部不动就要提防他了。伯明翰大学的艾文·格兰特博士说过：“要留心椭圆形的笑容。”因为这种笑不是发自内心的，即皮笑肉不笑。因此，在谈判中，我们可以通过仔细观察对方的言谈举止，捕捉其内心活动的蛛丝马迹；也可以揣摩对方的姿态神情，探索引发这类行为的心理因素。运用这种技巧，不仅可以判断对方的思想变化，决定己方对策，同时可以有意识地运用行为语言传达信息，促使谈判朝着有利于己方的方向发展。

姿态和动作语言所传递的信息是真实可信的。“此时无声胜有声”，人们通过姿势、动作等无声语言传递的信息，有时可以代替甚至超过有声语言所起的作用。

有声语言与姿态、动作等语言均可传递信息，但是从这两种语言的发出者与控制者的角度来看，他们在对这两种语言的控制与利用方面是有很大区别的。通过有声语言这种方式来传递信息，对信息发出者来讲，是可以控制的，但是通过无声的姿态和动作语言来传递信息，其信息的发出者有时是难以控制的。因为有声语言本身是人们有目的、有意识地发出来的，而姿态和动作语言虽然人们可以有意识地去控制，但它们更多的是在人们无意识之中或是在潜意识之中进行的。按照常理，人们的某些习惯动作是这个人心理的长期一致的外在化表现。可以肯定地说，人们在无意识或潜意识中完成的姿态和动作语言,其传递的信息往往是比较真实可信的。据一位在第二次世界大战期间服役于德国情报局的人讲,他当时抓获了许多美国的情报人员,依据的线索是:这些人在用餐时,往往用右手拿叉子,没有严格地训练成欧洲人吃东西用叉子的方法;另外,他们在就座的时候,两腿交叉的姿势是美国式而不是欧洲式的。因此说,对谈判对手姿态和动作的观察、分析,是我们获得谈判者信息、了解对手的一个极为重要的方法和手段。

如果需要判断对方通过有声的语言传递的信息是真是假,可信度如何,我们可以通过对对方动作姿态和表情,特别是讲话时的动作姿态和表情的观察来证实。姿态和动作语言所传递的信息是真实可信的,对对方姿态和动作的分析具有重要的意义。

一、面部表情

(一)眼睛所传达的信息

"人的眼睛和舌头所说的话一样多,不需要词典,却能够从眼睛的语言中了解整个世界,这是它的好处。"这是爱默生关于眼睛的一段精辟论述。眼睛具有反映人们深层心理的功能,其动作、神情、状态是最明确的情感表现,因此眼睛被人们称为"心灵的窗户"。

眼睛的动作及所传达的信息主要有以下几个方面:

1. 根据目光凝视讲话者时间的长短来判断听者的心理感受。通常,人们交谈时,听者视线接触对方脸部的时间在正常情况下应占全部谈话时间的30% ~60%。超过这一平均值,可认为其对谈话者本人比对谈话内容更感兴趣;低于这个平均值,则表示其对谈话者和谈话内容都不怎么感兴趣。

2. 眨眼频率有不同的含义。正常情况下,一般人每分钟眨眼 5 ~8 次,每次眨眼一般不超过 1 秒钟。如果每分钟眨眼次数超过 5 ~8 次这个范围,一方面表示神情活跃,对某事物感兴趣;另一方面也表示其个性怯懦或羞涩,因而不敢直视对方,做出不停眨眼的动作。在谈判中,通常是指前者。从眨眼时间来看,如果超过 1 秒钟的时间,一方面表示厌烦,不感兴趣;另一方面也表示自己比对方优越,因而对对方不屑一顾。

3. 倾听对方谈话时,几乎不看对方是试图掩饰的表现。据一位有经验的海关检查人员介绍，他在检查过关人员已填好的报关表时，还要再问一句："还有什么东西要申报吗？"这时，他的眼睛不是看着报关表，而是看着过关人员的眼睛，如果该人不敢正视他的眼睛，那么就表明该人在某些方面可能有试图掩饰的情况。

4. 眼睛瞳孔所传达的信息。眼睛瞳孔放大，炯炯有神而生辉，表示此人处于欢喜与兴奋状态；瞳孔缩小，神情呆滞，目光无神，愁眉苦脸，则表示此人处于消极、戒备或愤怒的状态。实验证明，瞳孔所传达的信息是无法用人的意志来控制的。现代的企业家、政治家或专业赌徒为了防止对方察觉到自己瞳孔的变化，往往喜欢戴有色眼镜。如果谈判桌上有人戴着有色眼镜，就应加以提防，因为他可能很有经验。

5. 眼神闪烁不定所传达的信息。眼神闪烁不定是一种反常的举动，常被认为是掩饰的一种手段或是人格上不诚实的表现。一个做事虚伪或者当场撒谎的人，其眼神常常闪烁不定，以此来掩饰其内心的秘密。

6. 瞪大眼睛看着对方是对其有很大兴趣的表示。

眼神传递的信息远不只这些。人类眼睛所表达的思想，有些确实是只能意会而难以言传的，这就要靠谈判人员在实践中用心加以观察和思考，以不断积累经验，争取把握眼睛的动作所传达的种种信息。

（二）眉毛所传达的信息

眉毛和眼睛的配合是密不可分的，二者的动作往往共同表达一个含义，但单凭眉毛也能反映出人的许多情绪变化。人们处于惊喜状态时，眉毛上耸，即所谓"喜上眉梢"之说；处于愤怒或气恼状态时，眉角下拉或倒竖，人们常用"剑眉倒竖"形容这种发怒的状态；眉毛迅速地上下运动，表示亲切、同意或愉快；紧皱眉头，表示人们处于困窘、不愉快、不赞同的状态；表示询问或疑问时，眉毛会向上挑起。

（三）嘴的动作所传达的信息

人的嘴巴除了说话、吃喝和呼吸以外，还可以有许多动作，借以反映人的心理状态。例如：紧紧地抿住嘴，往往表现出意志坚决；撅起嘴是不满意和准备攻击对方的表现；遭受失败时，人们往往咬嘴唇，这是一种自我惩罚的动作，有时也可解释为内疚的心情；嘴角稍稍向后拉或向上拉，表示听者是比较注意倾听的；嘴角向下拉，是不满和固执的表现。

与嘴的动作紧密联系的是吸烟的姿势。在现代社会中，吸烟能够表现一个人

的心理和情绪变化。谈判中,吸烟的姿势具有较强的表现力,而且也是评判一个人态度的重要依据。吸烟所传达的信息可概括如下:

1. 吸一口烟后,将烟向上吐,往往表示积极、自信,因为此时伴随吸烟动作的身体上部姿势,也是向上昂起的;而当将烟朝下吐时,表示情绪消极、意志消沉、有疑虑,因为此时身体上部的姿势是向下的,即所谓的"垂头丧气"。

2. 烟从嘴角缓缓吐出,给人一种消极而诡秘的感觉,一般反映出吸烟者此时的心境与思维比较曲折回荡,力求从纷乱的思绪中理出一条令人意想不到的途径来。

3. 吸烟时不停地磕烟灰,表明内心有冲突或不安。这时的吸烟已不是一种生理需要,完全成了吸烟者减缓和消除内心冲突与不安的一种道具。因为内心冲突和不安往往使人手足无措,通过不停地磕烟灰这个动作,可以使人的手有事可做,从而转移了这种冲突与不安。

4. 烟灰烧了很长,却很少拿起来抽,表明吸烟者在紧张思考或等待紧张情绪的平息。其之所以很少抽是因为大脑专注于某个问题的思考,而暂时忘记了吸烟一事。

5. 没抽几口就把烟掐掉,表明吸烟者想尽快结束谈话或已下决心要做一件事。掐灭烟是为了不让吸烟来分散其精力,干扰其刚刚决定的事情。其实,吸烟本身可能不会给他带来什么干扰,但这样做却暴露了其内心的活动。

6. 斜仰着头,烟从鼻孔吐出,表现出一种自信和优越感,以及一种悠然自得的心情。通过斜仰着头这一动作,主动地拉开了与谈话对象及其目光交流的距离,从而体现出吸烟者内心的那种自信、优越和悠然自得的心态。

在通常情况下,人们的面部表情是由面部的各个器官协同动作来共同表现的。谈判人员要注意观察对方面部各器官的动作配合,以掌握其变化规律。

二、上肢的动作语言

手和臂膀是人体比较灵活的部位,也是使用最多的部位。借助手势或与对方手的接触,可以帮助我们判断对方的心理活动或心理状态。同时,也可帮助我们将某种信息传递给对方。

第一,拳头紧握,表示向对方挑战或自我紧张的情绪。握拳的同时如伴有手指关节的响声,或用拳击掌,则表示向对方无言的威吓或发出攻击的信号。握拳使人肌肉紧张,能量比较集中。一般只有在遇到外部的威胁或挑战时,人们才会紧握拳头,以准备进行抗击。

第二,用手指或手中的笔敲打桌面,或在纸上乱涂乱画,往往表示对对方的话题不感兴趣、不同意或不耐烦的意思。这样做,一方面可以打发和消磨时间,另一方面也起到暗示或提醒对方注意的作用。

第三,两手手指并拢并置于胸的前上方呈尖塔状,表示充满信心。这种动作在西方常见,特别是在主持会议、领导者讲话、教师授课等情况下常见。它通常可表现出讲话者的高傲与独断的心理状态,起到一种震慑听讲者的作用。

第四,手与手连接放在胸腹部的位置是谦逊、矜持或略带不安的心情的反映。在给获奖运动员颁奖之前,主持人宣读比赛成绩时,运动员常常有这种动作。

第五,两臂交叉于胸前,表示保守或防卫;两臂紧紧交叉于胸前,往往是怀有敌意的标志。

第六,吸手指或指甲。成年人做出这样的动作是不成熟的表现,即所谓"乳臭未干"。

第七,握手所传达的信息。握手的动作来自原始时代的生活。原始人在狩猎或战争时,手中常持有石块和棍棒等武器。如果是没有任何恶意的两个陌生人相遇,常常是放下手中的所有东西,并伸开手掌,让对方摸一摸自己的掌心,以此来表示手中未持武器。久而久之,这种习惯逐渐演变成为今天的"握手"动作。

原始意义的握手不仅表示问候,而且也表示一种信赖、契约和保证之意。标准的握手姿势应该是,用手指稍稍用力握住对方的手掌,对方也用同样的姿势用手指稍稍用力回握,用力握手的时间约在 1 秒钟到 3 秒钟之内,如果双方握手与标准姿势不符时,便有除了问候、礼貌以外的附加意义,主要包括以下几种情况:

其一,如果感觉对方手掌出汗,表示对方处于兴奋、紧张或情绪不稳定的心理状态。

其二,如果对方用力同我们握手,则表明此人具有好动、热情的性格,这类人往往做事喜欢主动。美国人大都喜欢采用这种握手的方式,这主要与他们好动的性格是分不开的。如果感觉对方的握手不用力,一方面,可能是该人个性懦弱,缺乏气魄;另一方面,可能是对方傲慢矜持,爱摆架子的表现。

其三,握手前先凝视对方片刻,再伸手相握,在某种程度上,这种人是想在心理上先战胜对方,将对方置于心理上的劣势地位。先注视对方片刻,意味着对对方的一个审视,观察对方是否值得自己去同其握手。

其四,掌心向上伸出与对方握手,往往表现其性格软弱,处于被动、劣势或受人支配的状态。在某种程度上,手掌心向上伸出与人握手,有一种向对方投靠的意思。如果是掌心向下伸出与对方握手,则表示想取得主动、优势或支配地位。另外,手掌心向下,也有居高临下的意思。

其五,用双手紧握对方一只手,并上下摆动,往往是表示热烈欢迎对方的到来,也表示真诚感谢,或有求于人,或肯定契约关系等含义。在荧屏上或是生活中,我们常常可以看到,人们为了表示感谢对方、欢迎对方或恳求对方等,往往会用双手用力去握住对方的一只手。

三、下肢的动作语言

腿和足部往往是最先表露潜意识情感的部位,主要的动作和所传达的信息如下:

第一,摇动足部,用足尖拍打地板,抖动腿部,都表示焦躁不安、无可奈何、不耐烦或欲摆脱某种紧张感的意思。通常,在候车室等车的旅客常常伴有此动作,谈判桌上这种动作也是常见的。

第二,双足交叉而坐,对男性来讲往往表示从心理上压制自己的情绪,如对某人或某事持保留态度,表示警惕、防范,尽量压制自己的紧张或恐惧。对女性来讲,如果再将两膝盖并拢起来,则表示拒绝对方或一种防御的心理状态。这往往是比较含蓄而委婉的举动。

第三,分开腿而坐,表明此人很自信,并愿意接受对方的挑战。如果一条腿架到另一条腿上就座,一般在无意识中表示拒绝对方并保护自己的势力范围,使之不受他人侵犯。如果频繁变换架腿姿势,则表示情绪不稳定、焦躁不安或不耐烦。

四、腹部的动作语言

腹部位于人体的中央部位,它的动作带有极丰富的表情与含义。在我国,一直重视腹部的精神含义,把腹、肚、肠视为高级精神活动与文化的来源以及知识、智慧的储藏所。

第一,凸出腹部,表现出自己的心理优越、自信与满足感,可谓腹部是意志和胆量的象征。这一动作也反映了扩大势力范围的意图,是威慑对方,使自己处于优势或支配地位的表现。

第二，解开上衣纽扣露出腹部，表示开放自己的势力范围，对对方不存戒备之心。

第三，抱腹蜷缩，表现出不安、消沉、沮丧等情绪支配下的防卫心理，病人、乞丐常常这样做。

第四，腹部起伏不停，反映出兴奋或愤怒，极度起伏，意味着即将爆发的兴奋与激动状态。

第五，轻拍自己的腹部，表示自己的风度、雅量，同时也包含着经过一番较量之后的得意心情。

以上是谈判及交往中常见的动作语言及其所表达的信息。当然，这些动作语言仅仅是就一般情况而言的，不同的民族、地区，不同的文化层次及个人修养，其动作、姿态及所传达的信息都是不同的，应在具体环境下区别对待。另外，我们在观察对方动作和姿态时，不能只从某一个孤立的、静止的动作或姿态去判断，而应分析和观察其连续的、一系列的动作，特别是应结合对方讲话时的语气、语调等进行综合分析，这样才能得出比较真实、全面、可信的结论。

第七节　谈判中“说”的技巧

谈判中，很重要的工作就是说服，它常常贯穿于谈判的始终。那么，谈判者在谈判中能否说服对方接受自己的观点，以及应当怎样说服对方，从而促成谈判的和局，就成了谈判能否成功的一个关键。

谈判中的说服，是综合运用听、问、答、看、叙及辩等各种技巧，改变对方的起初想法，使之接受己方的意见。说服工作做得好，谈判的和局就会随之产生。说服是谈判中最艰巨、最复杂，也是最富技巧性的工作。谈判之前，双方都有设法说服对方的意图，然而实际操作起来，到底是谁能说服谁，或者彼此都没有被说服，或者相互说服，从而达成了一种折中意见，这三种结局往往是事先不好断言的。谈判者只有进入实际谈判中，才能比较出高低，得出结论。生活中，人们常常有这样的感觉，即同一件事，不同的人去做，其效果截然不同。有时明明自己的观点是正确的，却不能说服对方，有时甚至还反过来被对方“驳”得哑口无言。其实，要想说服他人，不仅要掌握正确的观点,而且还要掌握微妙的交往技巧。在此,我们从谈判者行为和心理的角度,结合谈判实践,提出以下有关说服的技巧。

一、说服他人的基本要诀

想要说服他人的人,总是希望自己能够成功,但是如果不讲究方法,不掌握要领,急于求成,往往会事与愿违。人们在说服他人时常犯的错误有:一是先想好几个理由,然后才去和对方辩论;二是站在领导者的角度,以教训人的口气,指点他人应该怎样做;三是不分场合和时间,先批评对方一通,然后强迫对方接受其观点等等。这些做法,未必能够说服对方,因为这样做,实际上是先把对方推到错误的一边,也就等于告诉对方,我已经对你失去信心了,因此,效果往往并不理想。

说服他人的基本要诀主要包括以下几个方面。

(一)说服技巧的环节

1. 建立良好的人际关系,取得他人的信任。一般情况下,当一个人考虑是否接受他人意见时,总是先衡量一下他与说服者之间的熟悉程度和友好程度。如果相互熟悉,相互信任,对方就会正确地、友好地理解你的观点和理由。社会心理学家认为,信任是人际沟通的“过滤”。只有对方信任你,才会理解你友好的动机,否则,即使你说服他的动机是友好的,也会经过“不信任”的“过滤”作用而变成其他的东西。因此,说服他人时能取得他人的信任是非常重要的。

2. 分析你的意见可能导致的影响。首先,应向对方诚恳说明要他接受你的意见的充分理由,以及对方一旦被你说服将产生什么利弊得失;其次,要坦率承认如果对方接受你的意见,你也将获得一定利益。这样一来,对方会觉得你诚实可信。反之,如果你不承认能从谈判中获得一定利益,对方必定认为你话中有诈,缺乏诚意,从而将你拒之门外。

3. 简化对方接受说服的程序。当对方初步接受你的意见时,为避免其中途变卦,要设法简化确认这一结果的程序。例如,在需要书面协议的场合,可提前准备一份原则性的协议书草案,告诉对方,“只需在这份原则性的协议书草案上签字即可,至于正式的协议书我们会在一周内准备妥当,到时再送到贵公司请您斟酌。”这样,往往可当场取得被说服者的承诺,并避免了在细节问题上出现过多的纠缠。

（二）说服技巧的要点

1.站在他人的角度设身处地谈问题，不要只说自己的理由。要说服对方，就要考虑到对方的观点或行为存在的客观理由，即要设身处地为对方想一想，从而使对方对你产生一种“自己人”的感觉。这样，对方就会信任你，就会感到你是在为他着想，效果将会十分明显。

2.消除对方的戒心，创造良好的氛围。从谈话一开始，就要创造一个说“是”的气氛，不要形成一个说“否”的气氛。不要把对方置于不同意、不愿做的地位，然后再去批驳他、劝说他。例如说：“我知道你会反对，可是事情已经到了这一步了，还能怎么样呢?”这样说来，对方仍然难以接受你的看法。在说服他人时，要把对方看做能够做或同意做的。例如：“我知道你能够把这件事情做得很好，只是不愿意去做而已”；“你一定会对这个问题感兴趣的”；等等。谈判实例表明，从积极的、主动的角度去启发对方、鼓励对方，就会帮助对方提高自信心，并接受己方的意见。

美国著名学者霍华曾经提出让别人说“是”的 30 条原则，现摘录几条，供谈判者参考。

- 尽量以简单明了的方式说明你的要求。
- 要照顾对方的情绪。
- 要以充满信心的态度去说服对方。
- 找出引起对方兴趣的话题，并使他继续感兴趣。
- 让对方感觉到，你非常感激他的协助，如果对方遇到困难，你就应该努力帮助他解决。
- 直率地说出自己的希望。
- 切忌以高压的手段强迫对方。
- 要表现出亲切的态度。
- 掌握对方的好奇心。
- 让对方了解你并非是“取”，而是在“给”。
- 让对方自由发表意见。
- 要让对方证明，为什么赞成你是最好的决定。
- 让对方知道，你只要在他身边便觉得很快乐。

3. 说服用语要推敲。在谈判中,欲说服对方,用语一定要推敲。事实上,说服他人时,用语的色彩不一样,说服的效果就会截然不同。通常情况下,在说服他人时要避免用"愤怒""怨恨""生气""恼怒"这类字眼。即使在表述自己的情绪,如担心、失意、害怕、忧虑等时,也要在用词上注意推敲,这样才会收到良好的效果。另外,忌用胁迫或欺诈的做法进行说服。

二、说服顽固者的技巧

在与谈判对手往来过程中,我们相信多数对手是能够通情达理的,但也会遇到固执己见、难以说服的对手。对于后一种对手,人们常常感到难以对付,难以理解,左右为难。这种人在很大程度上是性格所致,并非他们不懂道理。事实上,只要我们抓住他们的性格特点。掌握他们的心理活动规律,采取适宜的说服方法,晓之以理,动之以情,他们是完全可以被说服的。

顽固者往往比较固执己见,这通常是性格比较倔强所致。顽固者有时心肠很软,但表面上不轻易"投降",甚至还会态度十分生硬,有时还会大发雷霆。其实,有时他们自己也往往搞不清谁对谁错,但还是坚持自己的观点。有时他们尽管明知自己已经错了,但由于自尊心的作用,也不会轻易地承认自己的错误,除非你给他一个台阶。因此,在说服顽固者时,通常可采取以下几种方法。

(一)下台阶法

当对方自尊心很强,不愿承认自己的错误时,你不妨先给对方一个台阶下,说一说他正确的地方,或者说一说他错误存在的客观根据,这也给对方提供了一些自我安慰的条件和机会。这样,对方就不会感到失掉面子,因而容易接受你善意的说服。

(二)等待法

对方可能一时难以被说服,不妨等待一段时间,对方虽没有当面表示改变看法,但对你的态度和你所讲的话,事后他会加以回忆和思考的。必须指出,等待不等于放弃。任何事情,都要给他人留有一定的思考和选择的时间。同样,在说服他人时,也不可急于求成,要等待时机成熟时再和他交谈,效果往往比较好。

(三)迂回法

当对方很难听进正面道理时,不要强逼他进行辩论,而应采取迂回的方法。就像作战一样，对方已经防备森严，从正面很难突破，解决的办法最好是迂回前进，设法找到对方的弱点，一举击破对方。说服他人也是如此，当正面道理很难说服对方时，就要暂时避开主题，谈论一些对方的看法，让他感到你的话对他来说是有用的，使他感到你是可信任的。这样你再逐渐把话转入主题，晓之以利害，他就会更加冷静地考虑你的意见，并容易接受你的说服。

（四）沉默法

当对方提出反驳意见或有意刁难时，有时是可以做些解释的，但是对于那些不值得反驳的抗议，就需要你讲究一点艺术手法，不要有强烈的反应，相反可以表示沉默。对于一些纠缠不清的问题，并且遇上的是不讲道理之人，那就当做没听见，不予理睬，使对方觉出他所提出的问题可能没有什么道理，人家根本就没在意，于是他自己就会感到没趣，就会放弃自己的意见，从而达到说服对方的目的。

三、认同的技巧

在谈判中要想说服对方，除了要赢得对方的信任，消除对方的对抗情绪外，还要用双方共同感兴趣的问题作为跳板，因势利导地解开对方思想的纽结，说服才能奏效。事实证明，“认同”是双方相互理解的有效方法，也是说服他人的一种有效方法。

随着现代文明的进步、人际交往的深化，人们都在呼吁要沟通彼此的心灵。心灵的沟通被视为社会生活的最高境界，认同就是人们之间心灵沟通的一种有效方式。所谓认同，就是人们把自己的说服对象看成是与自己相同的人，寻找双方的共同点，这是人与人之间心灵沟通的桥梁，也是说服对方的基础。在人与人的交往中，首先应求同，随着谈话的深入，即使是陌生人，双方之间也会发现越来越多的共同点。谈判更是如此，双方本着合作的态度走到一起，共同的东西本来就很多，随着谈判的进展，双方越来越熟悉，在某种程度上会感到比较亲近，这时，某些心理上的疑虑和戒心便会减轻，从而也就便于说服对方了，对方也容易相信和接受己方的看法和意见。

寻找共同点可以从以下几个方面入手：

第一，寻找双方工作上的共同点。例如，共同的职业、共同的追求、共同的目标，等等。

第二，寻找双方在生活方面的共同点。例如，共同的国籍、共同的生活经历、共同的信仰，等等。

第三，寻找双方兴趣、爱好上的共同点。例如，共同喜欢的电视剧、体育比赛、国内外大事，等等。

第四，寻找双方共同熟悉的第三者，作为认同的媒介。例如，在同陌生人交往时，想说服他，可以寻找双方共同熟悉的一个人，通过各自与这个人的熟悉程度和友好关系，相互之间也就有了一定的认同，从而也就便于说服对方了。

案例应用

有理不在声高

中国国货公司的创办者李康年是一位具有高度民族气节的人。即使在整个上海沦陷时期，中国国货公司也坚持抵制日货，提倡国货。为此，日本人恨不得立即把李康年杀了。

有一天傍晚，一个日本商人带着两名全副武装的士兵闯入中国国货公司滋事。他们来到进货部，强行要求推销日货。有关人员迅速告诉了经理李康年。李康年让日本人在会客室等候接见，随即向一位旅日多年后又回国定居的朋友求援，要他充当临时翻译。

李康年和他的朋友刚走进会客室，三个日本人便气势汹汹地上前问罪："你就是李康年？你为什么要歧视日货，敌视皇国、皇军？"

李康年有理有据地驳斥："你们误会了，我公司不仅不销日本货，而且英国货、美国货、法国货也不卖，这是我公司的经营宗旨。本公司成立之初，股东大会通过的章程规定只销本国货，所以名为中国国货公司。我受董事会委托，主持公司日常事务，当然无权经营公司章程规定之外的业务。换了您，不也一样吗？"日本商人无言以对，带着两名日本兵灰溜溜地走了。

思考题：

李康年在回答日本商人的问题时用了什么技巧？我们可以从中得到什么启示？

ON NEGOTIATION

第七章 谈判的心理建设

学习要点

谈判是谈判双方心理沟通的过程。如果谈判双方在谈判过程中能够产生相互满意的心理状态，会在双方之间建立相互信任和理解的关系，从而使谈判更加顺利和有效。反之，敌对或者相互厌恶的心理必将导致谈判的失败。因此，如何把控谈判者的心理，进而引导对方的心理走向，是获得谈判成功的关键所在。

新闻导读

卡了中国20多年,普京终于松口中吉乌铁路建设

最近传来一个好消息,通过深入沟通和艰苦谈判,吉尔吉斯斯坦总统扎帕罗夫表示,普京总统已经不再反对中吉乌铁路,预计该项目将在2023年开工。

事实上,吉尔吉斯斯坦想建设中吉乌铁路已经有20多年了,但是一直不能开工,因为没人能成功对俄方解释这条铁路的重要性。而他在最近集安组织峰会上,与普京谈了半个小时左右,耐心细致地解释了这条铁路对吉尔吉斯斯坦而言就像空气和水一样重要,而后普京终于表示不再反对了。

事实上,中吉乌铁路作为中欧班列南部通道重要部分,已经规划了至少25年,但一直被搁置。

这条铁路建成之后,将是从中国运输货物到欧洲和中东的最短路线。这条铁路很显然会给吉尔吉斯斯坦带来巨大经济效益和发展机会,但却搁置了25年,只能说是外部因素干扰的结果。

20多年来都没人能成功解释这条铁路重要性,现在谈了半个小时就成功了!20多年来中吉乌铁路无法建成就是因为俄罗斯的反对,为什么俄罗斯会反对呢?

从浅层来分析,这条铁路线是传统的丝路贸易通道,一旦开通,中亚各国与中国的合作将更加密切,俄罗斯担心会被边缘化。

俄罗斯一直将中亚视为其势力范围,所以非常忧虑其他国家加大对中亚范围的影响。众所周知,俄罗斯经济体量有限,而中国的经济体量增长迅猛,一旦铁路延伸进中亚,这些国家势必会更加紧密地绑定在中国经济体系里,从而弱化俄罗斯的影响,这是俄罗斯一直担心的问题。

然而,中国修建这条铁路的目的着眼于中亚及包括俄罗斯在内的欧洲国家的共同福祉,中国从来没有强求自己在中亚替代俄罗斯,因此,中国一直在耐心等待。

现在俄罗斯突然松口同意中吉乌铁路的建设,其实跟当前的国际格局以及中俄关系深化有着重大关系。首先,俄罗斯需要包括中亚、中国在内的更多的朋友;其次,俄罗斯逐渐认识到中吉乌铁路其实更有利于俄罗斯在中亚乃至中东地区影响力的不断提升,区域经济的繁荣反过来会促进俄罗斯经济圈的繁荣。总之,中吉

乌铁路的开通将扩大俄罗斯的外部空间，这是俄罗斯思维和战略的一个重大转变。

资料来源：诉晴风．卡了中国20多年，普京终于松口中吉乌铁路建设．腾讯新闻客户端．2022-06-14(https://views.qq.com/a/20220613A0DC8400).

第一节 谈判心理概述

一、谈判心理的概念

心理是指生物对客观物质世界的主观反映。人们在活动的时候，通过各种感官认识外部世界事物，通过头脑的活动思考事物的因果关系，并伴随着喜、怒、哀、惧等情感体验。这种折射着一系列心理现象的整个过程就是心理过程。人具有心理活动，人的心理活动都有一个发生、发展、消失的过程，一般包括知觉、记忆、想象、思维、情感、个性、态度等。人的心理是复杂多样的，在不同的专业活动中，会产生与之联系的特定心理。

谈判心理是指在谈判活动中谈判者的各种心理活动。它是谈判者在谈判活动中对各种情况、条件等客观现实的主观能动的反映。例如，谈判一方第一次与对手会晤时，若谈判对手彬彬有礼、态度诚恳、善于沟通，就会对对方有好的印象，对谈判取得成功抱有希望和信心。反之，如果谈判对手态度狂妄、盛气凌人、难以友好相处，谈判一方就会对其留下坏印象，从而对谈判的顺利开展存有忧虑，进而影响谈判预期的调整和行动计划。

二、谈判心理的特点

与其他心理活动一样，谈判心理有自身的特点和规律，我们可以将其总结为内隐性、相对稳定性、个体差异性等。

(一)谈判心理的内隐性

谈判心理的内隐性是指谈判心理藏之于脑、存之于心，别人无法直接观察到。

尽管谈判心理具有内隐的特点，由于人的心理会影响人的行为，行为与心理有密切的联系，因此，人的心理可以反过来从其外显行为加以推测。例如在谈判中，对方作为购买方对所购买商品在价格、质量、售后服务等方面的谈判协议条件都感到满意，那么在双方接触中，谈判对方会表现出温和、友好、礼貌赞赏的态度反应和行为举止；如果很不满意，则会表现出冷漠、粗暴、不友好、怀疑甚至挑衅的态度反应和行为举止。掌握这其中的一定规律，我们就能较为充分地了解对方的心理状态。

（二）谈判心理的相对稳定性

谈判心理的相对稳定性是指人的某种谈判心理现象产生后往往具有一定的稳定性。例如，谈判人员的谈判能力会随着谈判经历的增多而有所提高，但在一段时间内却是相对稳定的。

正是由于谈判心理具有相对稳定性，我们才可以通过观察分析去认识它，可以运用一定的心理方法和手段去改变它，使其利于谈判的开展。

（三）谈判心理的个体差异性

谈判心理的个体差异，是指因谈判者个体的主客观情况不同，谈判者个体之间的心理状态存在着一定的差异。谈判心理的个体差异性，要求人们在研究谈判心理时，既要注重探索谈判心理的共同特点和规律，又要注意把握不同个体心理的独特之处，以有效地为谈判服务。

三、研究谈判心理的意义

谈判，既是问题的谈判，又是心理的较量。它不仅被商务实际条件所左右，也受到谈判心理的影响。

在谈判中，运用谈判心理知识对谈判进行研究，分析“对手的言谈举止反映什么”“其有何期望”“如何恰当地诱导谈判对手”等，对成功地促进谈判很有必要。掌握谈判心理现象的特点，认识谈判心理发生、发展、变化的规律，对于谈判人员在谈判活动中养成优良的心理素质，保持良好的心态，正确判断谈判对手心理状态、行为动机，预测和引导谈判对手的谈判行为，有着十分重要的意义。

此外，谈判中虚实交替、真假掺杂的心理策略对谈判的成果影响很大。对谈判心理的熟悉，有助于提高谈判的艺术性，从而灵活有效地处理好各种复杂的谈判问题。

四、谈判心理的作用

研究和掌握谈判心理，对于谈判有以下几方面的作用。

（一）有助于培养谈判人员自身良好的心理素质

谈判人员良好的心理素质是谈判取得成功的重要基础条件。谈判人员的坚定信心、对谈判的诚意、在谈判中的耐心等都是保证谈判成功不可或缺的心理素质。良好的心理素质，是谈判者抗御谈判心理挫折的条件和铺设谈判成功之路的基石。谈判人员加强自身心理素质的培养，可以减少焦虑、恐惧或急躁，摒弃不良的心理行为习惯，更好、更快地从心理上适应谈判，从而最终把自己造就成从事谈判方面的人才。

谈判人员应具备的基本心理素质包括：

1. 自信心。所谓自信心，就是相信自己的实力和能力。它是谈判者充分施展自身潜能的前提条件。缺乏自信往往是谈判遭受失败的原因，没有自信心，就难以勇敢地面对压力和挫折，面对艰辛曲折的谈判，只有具备必胜的信心才能促使谈判者在艰难的条件下通过坚持不懈的努力走向胜利的彼岸。

自信不是盲目的自信和唯我独尊。自信是在充分准备、充分占有信息和对谈判双方实力科学分析基础上对自己有信心，相信自己要求的合理性、所持立场的正确性及说服对手的可能性，这样才有惊人的胆魄，才能做到大方、潇洒、不畏艰难、百折不挠。

2. 耐心。谈判的状况各种各样，有时是非常艰难曲折的，谈判人员必须有抗御挫折和打持久战的心理准备。这样，耐心及容忍力是必不可少的心理素质。耐心是谈判抗御压力的必备品质和谈判争取机遇的前提。在一场旷日持久的谈判较量中，谁缺乏耐心和耐力，谁就将失去在谈判中取胜的主动权。有了耐心可以调控自身的情绪，不被对手的情绪牵制和影响，使自己能始终理智地把握正确的谈判方向。

有了耐心可以使自己有效地注意倾听对方的诉说，观察了解对方的举止行为和各种表现，获取更多的信息。耐心有利于提高自身参加艰辛谈判的韧性和毅力。耐心也是对付意气用事谈判对手的策略武器，能取得以柔克刚的良好效果。

此外，在僵局面前一定要有充分的耐心，以等待转机。谁有耐心、更沉得住气，就可能在打破僵局后获取更多的利益。

3. 诚心。一般来讲，谈判属于建设性的协商过程，这种谈判需要双方都具有诚意。具有诚意，不但是谈判应有的出发点，也是谈判人员应具备的心理素质。诚意,是一种负责的精神、合作的意向、诚恳的态度,是谈判双方合作的基础,也是影响、打动对手心理的策略武器。有了诚意,双方的谈判才有坚实的基础;才能真心实意地理解和谅解对方,并取得对方的信赖;才能求大同存小异取得和解和让步,促成上佳的合作。要做到有诚意,在具体的活动中,对于对方提出的问题,要及时答复;对方的做法有问题,要适时恰当地指出;自己的做法不妥,要勇于承认和纠正;不轻易许诺,承诺后要认真践诺。诚心能使谈判双方达到良好的心理沟通,保证谈判气氛的融洽稳定,能排除一些细枝末节小事的干扰,能使双方谈判人员的心理活动保持在较佳状态,建立良好的互信关系,提高谈判效率,使谈判向顺利的方向发展。

(二)有助于揣摩谈判对手心理,实施心理诱导

谈判人员须对谈判心理有所认识,经过实践锻炼,可以通过观察分析谈判对手言谈举止,揣摩弄清谈判对手的心理活动状态,如其个性、心理追求、心理动机、情绪状态等。谈判人员在谈判过程中,要仔细倾听对方的发言,观察其神态表情,留心其举止包括细微的动作,以了解谈判对手心理,了解其深藏于背后的实质意图、想法,识别其计谋或攻心术,防止掉入对手设置的谈判陷阱并正确做出自己的谈判决策。

人的心理与行为是相联系的,心理引导行为。而心理是可诱导的,通过对人的心理诱导,可引导人的行为。

英国哲学家弗朗西斯·培根在他写的《谈判论》中指出:与人谋事,需知其习性,以引导之;明其目的,以劝诱之;谙其弱点,以威吓之;察其优势,以钳制之。培根此言对于谈判人员至今仍有裨益。

了解谈判对手心理,可以针对对手不同的心理状况采用不同的策略。了解对手人员的谈判思维特点、对谈判问题的态度等,可以开展有针对性的谈判准备和采取相应的对策,把握谈判的主动权,使谈判向有利于我方的方向转化。比如,需要是人兴趣产生和发展的基础,谈判人员可以观察对方在谈判中的兴趣表现,分析了解其需要所在;相反地,也可以根据对手的需要进行心理诱导,激发其对某一事物的兴趣,促成谈判的成功。

(三)有助于恰当地表达和掩饰我方心理

谈判必须进行沟通,了解谈判心理将有助于表达我方需求,可以有效地促进沟

通。如果对方不清楚我方的心理要求或态度,必要时我方可以通过各种合适的途径和方式向对方表达,以有效地促使对方了解并重视我方的心理要求或态度。

作为谈判另一方,谈判对手也会分析研究我方的心理状态。我方的心理状态往往蕴含着商务活动的重要信息,有的是不能轻易暴露给对方的。掩饰我方心理,就是要掩饰我方有必要掩饰的情绪、需要、动机、期望目标、行为倾向等。在很多时候,这些是我方在谈判中的核心机密,失去了这些秘密也就失去了主动。这些秘密如果为对方所掌握,就成了助长对方滋生谈判诡计的温床。谈判的研究表明,不管是红白脸的运用、撤出谈判的胁迫、最后期限的通牒、拖延战术的采用等,都是与一方了解了另一方的某种重要信息、一方对另一方的心理态度有充分把握有关的,因而对此不能掉以轻心。

为了不让谈判对手了解我方某些真实的心理状态、意图和想法,谈判人员可以根据自己对谈判心理的认识,在言谈举止、信息传播、谈判策略等方面施以调控,对自己的心理动机(或意图)、情绪状态等做适当的掩饰。如在谈判过程中被迫做出让步,不得不在某个已经决定的问题上撤回,为了掩饰在这个问题上让步的真实原因和心理意图,可以用类似"既然你在交货期方面有所宽限,我们可以在价格方面做出适当调整"等言词加以掩饰;如我方面临着时间压力,为了掩饰我方重视交货时间的这一心理状态,可借助多个成员提出不同的要求,以扰乱对方的视线,或在议程安排上有意加以掩饰。

(四)有助于营造谈判氛围

谈判心理的知识还有助于谈判人员处理与对方的交际与谈判,形成一种良好的交际和谈判氛围。

为了使谈判能顺利地达到预期的目的,需要适当谈判氛围的配合。适当的谈判氛围可以有效地影响谈判人员的情绪、态度,使谈判顺利推进。一个谈判的高手,往往会营造谈判氛围,会对不利的谈判气氛加以控制。对谈判气氛的调控往往根据双方谈判态度和采取的策略、方法而变,一般地,谈判者都应尽可能地营造出友好和谐的谈判气氛以促成双方的谈判。但适当的谈判氛围,并不一味都是温馨和谐的气氛。出于谈判利益和谈判情境的需要,必要时也会有意地制造紧张甚至不和谐的气氛,以对抗对方的胁迫,给对方施加压力,迫使对方做出让步。

第二节 影响谈判的心理因素

谈判是特定的人(一国的国际贸易商人)与人(另一国的国际贸易商人)之间的交流行为,是涉及谈判者心理活动的复杂过程。心理因素强烈地影响谈判行为,谈判者对谈判方针、谈判作风、谈判策略、谈判技巧的选择和谈判结果的认定都包含着心理因素的作用。

一、知觉

知觉是一系列组织并解释外界客体和事件产生的感觉信息的加工过程。换句话说,知觉是客观事物直接作用于感官而在头脑中产生的对事物整体的认识。对客观事物个别属性的认识是感觉,对同一事物的各种感觉的结合,就形成了对这一物体的整体认识,也就是形成了对这一物体的知觉。

(一)知觉的选择性

知觉作为感性认识,对客观事物的反映不是消极的和被动的,而是一种积极能动的过程。这种知觉能动性的主要表现是知觉的选择性。知觉的选择性就是指个体根据自己的需要与兴趣,有目的地把某些刺激信息或刺激的某些方面作为知觉对象而把其他事物作为背景进行组织加工的过程。

1. 影响知觉选择性的因素。人知觉的选择性既受客观因素的影响,也受本人主观因素的影响。客观因素主要是知觉对象的特点、背景的差别;主观因素是本人的兴趣、需要、个性特征和经验。

2. 知觉的个别差异。知觉的选择性使得不同的人对同一事物往往会产生不同的知觉,表现出个别差异。不同神经类型的人,知觉的广度和深度也不同:多血质的人知觉速度快,但不稳定,不细致;黏液质的人知觉速度慢,但相对稳定和细致。

(二)知觉习惯

人的知觉有社会知觉,包括对别人的知觉、对人际的知觉和对自我的知觉。人的社会知觉表现如第一印象、晕轮效应等。这些知觉习惯有助于提高人们知觉的效率,但也会引发对人的各种偏见,因此在对人的知觉上要注意防范人的知觉习惯产生的不良影响,以实现对人的正确知觉。

1. 第一印象。在与陌生人交往的过程中,所得到的有关对方的最初印象称为第一印象。第一印象并非总是正确,但却总是最鲜明、最牢固的,并且决定着以后双方交往的过程。它有助于人们对别人的知觉,但又可能由于对人的知觉不全面、停留在表面而不深入,形成一些影响对人正确知觉的偏见。第一印象往往取决于人的外表、着装、言谈和举止。正常情况下,仪表端庄、言谈得体、举止大方的人较易获得良好的第一印象,得到人们的好感。

由于第一印象有较大影响作用,谈判者必须重视谈判双方的初次接触:一方面注重在初次接触中给对方留下好的印象,赢得对方的好感和信任;另一方面,也要注意在今后接触中对对方多做些了解。

2. 晕轮效应。晕轮效应是指当认知者对一个人的某种特征形成好或坏的印象后,倾向于据此推论该人其他方面的品质、特征。这一突出的品质、特征起到一种类似晕轮的作用,使得观察者看不清他的其他特征,仅从一点做出对这个人整个面貌的判断,其本质上是一种以偏概全的认知上的偏误。

晕轮效应在谈判中的作用有正面也有负面的。如若谈判一方给另一方留下某个方面的良好、深刻的印象,那么他提出的要求、建议往往比较容易引起对方积极的响应;如果能引起对方的尊敬或崇拜,就容易掌握谈判的主动权。反之,如果看法或印象不好,那他提出的建议即使对双方都有利,也会受到怀疑和不赞同。

3. 刻板效应。人的知觉有刻板的习惯。刻板效应是指人们用刻印在自己头脑中的关于某人、某一类人的固定印象,作为判断和评价人的依据的心理现象。刻板印象常常是一种偏见,人们往往把某个具体的人看做某类人的典型代表,把对某类人的评价视为对某个人的评价,因而影响正确的判断。但通过改变知觉者的兴趣、注意力,给知觉者增加更多的感知信息,就有可能改变这一刻板的印象。

在谈判中,谈判对手不会轻易让你了解商业秘密或有些事实的真实情况,而且还会故意制造一些假象来迷惑你。如此,谈判者就需要通过观察对方言行举止中偶尔流露出来的真实自我和信息,运用敏锐的洞察力,透过现象看本质,弄清对方的真实状况和意图。

二、思维

思维是人用头脑进行逻辑推导的属性、能力和过程。思维以感知为基础又超越感知的界限，它探索与发现事物的内部本质联系和规律性，是认识过程的高级阶段。

国际谈判就是买卖双方思维的较量，思维活动贯穿国际谈判始终。要想取得国际谈判的成功，双方必须贯彻正确、理性的思维。

（一）谈判思维要素

大量的实践证明，国际谈判最为有效的思维方法是辩证逻辑思维方法。其基本形式就是从概念出发，进行判断、推理、论证的过程。

1. 概念是反映事物本质和内部联系的思维形式。在国际谈判中，理清概念是谈判者抓住论题本质及其内部联系的基础。谈判者概念混淆，会使谈判发生方向性的错误。

2. 判断是对客观事物矛盾本性有所断定的思维形式。辩证逻辑思维坚持“是中有否”“否中有是”的动态观点，表现在四个对立统一的方面：同一与差异、肯定与否定、个别与一般、现象与本质。在谈判中，这四个对立统一的思维判断无处不在。

3. 推理是在分析客观事物矛盾运动的基础上，从已有的知识中推出新知识的思维方式。推理的形式有类比、归纳和演绎。

4. 论证是指引用论据来证明论点的过程和方法，即用一个或一些真实的命题确定另一命题真实性的思维形式，通过简单的推理或者一系列的推理来完成。

（二）谈判思维艺术

国际谈判思维有不同的类型：

1. 散射思维。散射思维是多个角度对谈判议题进行全方位理性确认的思维方式。它的具体方法是对有关信息进行筛选、过滤、加工、整理和鉴别，筛除与谈判内容无关的信息，留下与谈判密切相关的可靠信息。

2. 超常思维。超常思维是超越常规、打破思维定式，用不同于一般思维的方式进行思考的思维形式。在谈判实践中，人们常常有这样的感觉，困难不是来自对方实力的威胁，而是自己谈判思路的枯竭或是感觉到谈判对手咄咄逼人的思维攻势。在对手快捷的思维攻击下,你如果顺其应答就会发现自己十分被动,处处受制于人。而此时,超常思维便是进攻和防卫的最有效的谈判武器。运用超常思维,可以超出对手的想象力,能有效地控制谈判局势,甚至能使对方立刻接受你的方案。

3. 跳跃思维。跳跃思维指在谈判中把事物发展过程的某些内容跳跃过去,而迅速抓住自己想要说明问题的思维方式。这种思维方式由于能在复杂的事物或大量的信息面前迅速抓住问题的本质,因而被谈判者普遍采用。跳跃思维的心理基础是找到要害,一举成功,无论在说明问题还是反击对方时,运用这种思维方式均能取得不错的效果。

4. 逆向思维。逆向思维指从与对手立场及议题结果对立的角度思考、判断、推理的思维方式。逆向思维是一种违反常规思维的思维方式,是一种强迫性的思维方式,主要手段是反问、否定与反证,既可用于进攻,又可用于防守。在谈判中运用逆向思维方式容易发现一些在正常思维条件下不易发现的问题,利用这些问题可以作为与对方讨价还价的条件或筹码。

5. 快速思维。快速思维指思维的速度快、结论快、反应快。谈判中的快速思维,主要指针对论题快速地应答或反击,其对象或为某一枝节,或为某一主体,其效力不在于说服对手,意在震吓动摇谈判对手的意志。与散射思维不同的是,快速思维可能全方位体现,也可能仅在于某一点或某一线。

三、需要

需要引发动机,动机驱动行为。谈判需要是谈判行为的心理基础,谈判人员必须抓住从需要到动机引发行为的联系去分析谈判活动,从而准确把握谈判活动的实质。

(一)谈判需要的定义

需要是指人体组织系统中的一种缺乏、不平衡的状态。需要一般具有对象性、阶段性、社会制约性和独特性特征。人类个体需要的产生,受到诸多因素的影响,主要有生理状态、情境和认知水平。

谈判需要是指谈判人员的个体主观需要和谈判客观需要在其头脑中的反映。谈判需要是一种特殊的需要,它对谈判存在着决定性的影响,因此,必须加以重视。

（二）谈判需要类型

美国心理学家亚伯拉罕·马斯洛提出将人类需求像阶梯一样从低到高按层次分为五种：

1. 生理上的需要。这是人类维持自身生存的最基本要求，包括对以下事物的需求：呼吸、水、食物、睡眠、生理平衡等。

2. 安全上的需要。这是人类要求对以下事物的需求：人身安全、健康保障、资源所有性、财产所有性、道德保障、工作职位保障、家庭安全。

3. 情感和归属的需要。这一层次包括对以下事物的需求：友情、爱情、性亲密。人人都希望得到相互的关系和照顾，感情上的需要比生理上的需要来得细致，它和一个人的生理特性、经历、教育、宗教信仰都有关系。

4. 尊重的需要。该层次包括对以下事物的需求：自我尊重、信心、成就、对他人尊重、被他人尊重。人人都希望自己有稳定的社会地位，要求个人的能力和成就得到社会的承认。

5. 自我实现的需要。该层次包括对以下事物的需求：道德、创造力、自觉性、问题解决能力、公正度、接受现实能力。

马斯洛认为以上这五种需要是从低到高、逐级发展的，每个时期都有一种需要占主导地位。

谈判的物质性需要是指对资金、资产、物质资料等方面的需要；精神性需要是指对尊重、公正、成就感等方面的需要。与谈判对手进行谈判，既应注意对方物质方面的需要，同时也不能忽视对方尊重、独立自主、平等方面的需要。

与马斯洛需要层次论相对应的，谈判需要也有各种需要表现：

第一，谈判人员有生理需要。

第二，谈判人员有较强的安全需要。出于信用风险的考虑，谈判人员更倾向于与老客户打交道。在与新客户交往的过程中往往比较谨慎，对其主体资格、财产、资金、能力、信誉等状况会比较关注。

第三，谈判人员有较强的尊重需要。谈判人员作为公司的代表，需要得到对方足够的诚意与尊重，不然在心理防卫机制的作用下，很可能会出现敌意行为，甚至引发谈判僵局、谈判破裂等恶果。

第四，谈判人员也有情感、自我实现等方面的需要。如结交新客户、掌握尽可能多的客户资源,可以使得谈判人员在组织内部的地位得到无形的提升,加速迈向自我实现的远大目标。

(三)谈判需要的分析与利用

人的需要引发人的行为动机,从而驱动人的行为。一般说来,当人产生某种需要又未得到满足时,会产生一种紧张不安的心理状态,在遇到能够满足需要的目标时,紧张的心理状态就会转化为动机,推动人们去从事某种活动,向目标前进。

谈判人员在谈判中要注重研究谈判对手的需要,把握其行为的规律性,以掌握谈判的主动权。一个有经验的谈判人员在谈判交锋之前,不仅应对自己一方的需要有深入的了解,还应对谈判对方的需要进行认真的分析揣摩。

一般地,谈判者当前的主导需要、需要满足的状况(或未满足的程度)、需要满足的可替代性等因素都影响着谈判的行为。分析谈判者需要特别是对手需要时要考虑到这些方面,根据具体情况采取相应的谈判对策。

1. 主导需要因素。任何人或组织在某一时期一般都会有某一种或几种需要是占主导地位的需要,即主导需要。主导需要是一段时期内突出的需要。在谈判中,要注意分析对手在不同时期、不同条件下存在的主导需要,据此采取灵活的反应和对策。

了解谈判对手的主导需要,根据其主导需要采取相应的策略,刺激其欲望,激发其动机,诱导其谈判心理。可据此设计报价或还价,使报价或还价在照顾我方利益的同时仍具有有效满足对方主导需要的吸引力、诱惑力,使对方始终保持谈判的热情和积极性。

了解谈判对手的主导需要,在必要的时候,可针对对手的需要采取适当的措施,让其需要得到一定的满足,有效地减少或排除谈判障碍,适时推进谈判进程。

2. 需要急切程度因素。了解对方的需要,要进一步了解其需要的急切程度。一方的需要越迫切,越想达成谈判协议。当某种需要对需要者来说非常有价值而急需得到时,需要者往往会不惜代价得到它。

谈判者的行为表现因其需求层次不同往往有很大程度的不同。俗话说"饥不择食",人或组织在谈判中的行为也存在着类似这样的情况。

3. 需要满足可替代性因素。如果谈判一方只能选取一种需要对象满足需要,同时受制于唯一的谈判对象,仅此一家,别无选择,需要满足的可替代性较弱,那么,与谈判对方达成谈判协议的可能性就大。需要满足的可替代性较强,可以“货比三家”,有较好的需求替代对象,与某一谈判方达成谈判协议的确定性就差。

谈判时,谈判人员可以通过这一因素对谈判对手的谈判态度和成交欲望做出判断、选择对策,但在具体处理问题时要谨慎、灵活。作为卖方,在对方未能货比三家时也不能因为对手别无选择而一味要挟,要考虑到事情是会变化的,对方的别无选择也可能是暂时的、相对的,如果要挟过甚,对方可能会另寻他法来满足自身需要。

四、动机

动机,在心理学上一般被认为涉及行为的发端、方向、强度和持续性,是使人们朝着所期望的目标前进的一种内在驱动力。谈判动机是指促使谈判人员去满足需要的谈判行为的驱动力。

(一)谈判动机的因素

谈判动机的产生决定于两个因素:内在因素和外在因素。

内在因素是指需要,即因个体对某些东西的缺乏而引起的内部紧张状态和不舒服感,产生需要欲望和驱动力,引起活动。

外在因素包括个体之外的各种刺激,即物质环境因素的刺激和社会环境因素的刺激,如商品的外观造型、优雅的环境、对话者的言语、神态表情等对人的刺激。

(二)谈判动机的类型

动机有生理性动机、社会性动机等种类,谈判的具体动机类型有:

1. 经济型动机。此类动机是指谈判者对成交价格等经济因素很敏感,十分看重经济利益,谈判行为主要受经济利益驱使。

2. 冲动型动机。此类动机是指谈判者在谈判决策上表现冲动,谈判决策行为受情感等刺激所诱发。

3. 疑虑型动机。此类动机是指谈判者的谈判行为受疑心和忧虑的影响,由此引发谨小慎微的谈判行为。

4. 冒险型动机。此类动机是指谈判者喜欢冒风险去追求较为完美的谈判成果。

五、个性

个性,也称为人格,即一个人在思想、性格、品质、意志、情感、态度等方面不同于其他人的特质。个性是由多层次、多侧面的心理特征结合构成的整体,这些层次特征包括气质特征、性格特征、能力特征等。

谈判人员个个不同,其个性对谈判的方式、风格、成效都有着较大的影响。对谈判个性心理的研究和掌握,可以提高对谈判的适应性,有利于开创性地开展谈判和争取上佳的谈判成果。

(一)气质

气质是人的个性心理特征之一,它是指在人的认识、情感、言语、行动中,心理活动发生时力量的强弱、变化的快慢和均衡程度等稳定的动力特征。

根据研究,心理学家认为人的气质可分为四种类型:胆汁质(兴奋型)、多血质(活泼型)、黏液质(安静型)、抑郁质(抑制型)。

1. 多血质:活泼好动、反应迅速、喜欢与人交往、注意力容易转移、兴趣容易变换。

2. 胆汁质:直率、热情、精力旺盛、情绪易于冲动、心境变换剧烈。

3. 黏液质:安静、稳重、反应缓慢、沉默寡言、情绪不易外露,注意稳定但又难于转移,善于忍耐。

4. 抑郁质:孤僻、行动迟缓、体验深刻、善于觉察别人不易觉察到的细小事物。

纯粹属于这四种典型气质类型的人很少,大多数人属于混合型。

出于谈判的需要,公司等商业组织应该根据员工的气质特征、气质类型来选择我方谈判人员,并根据对方已知谈判人员的气质特征、气质类型采取相应的谈判策略。

(二)性格

性格是指人对现实的态度和人的相应行为方式中表现出的稳定倾向。它是具有核心意义的个性心理特征,也是一种与社会相关最密切的人格特征。

谈判人员往往各有各的性格特点:有的人精明,反应灵敏,有的人固执呆板;有的人沉稳冷静,而有的人易兴奋冲动;有的人喜欢直言,而有的人幽默而善于旁敲侧击。此外,谈判人员按其性格类型可分为进取型、关系型和权力型等类型。根据不同的性格类型,要采用相应的策略方法与之周旋。

对于进取型的谈判对手,可以针对他们对成功期望高、急于求得谈判利益、对关系期望低的特点,有一个较详尽的谈判计划来积极应对。应注意策略地控制谈判进程,以求谈判能取得成果。在谈判中,考虑到对手参与的热情高,应适当尊重其意见,让其适当实现谈判目标,使其有获胜的心理满足,但不能轻易让步,同时也利用其追求成果的心理争取其做出让步。

对于关系型的谈判对手,考虑他们对关系的期望高、对权力的期望较低的特点,对对方不过分苛求,应积极主动地进攻,控制谈判的程序和局势。同时,对其热情的态度不能掉以轻心,防止掉入人际关系的陷阱里去。

对于权力型的谈判对手,可以利用他们对成功和关系的期望一般、对权力的期望高、希望能够影响他人的特点,让其参加谈判程序的准备,让其先做陈述,使他觉得自己获得了某种特权,以满足其对权力的需求。不要企图控制他、支配他,不要提出过于苛刻的条件,但不能屈服于其压力,要运用机会和条件争取他的让步。

(三)能力

能力,是人完成一项目标或者任务所体现出来的素质。能力是直接影响活动效率,并使活动顺利完成的个性心理特征。为了能顺利开展谈判活动,国际谈判人员必须具备一定的谈判能力。

1. 谈判能力的含义。谈判能力分为一般能力和特殊能力两大类。一般能力又称智力,是指多种活动所必需的能力,记忆能力、观察能力、想象能力、思维能力等都属一般能力,通常用智力商数来测量。特殊能力是指在专业活动中所需要的能力,如数学能力、专业鉴赏能力、谈判沟通能力、组织管理能力等。

2. 国际谈判应具备的能力。

(1)观察能力。观察是人的有目的、有计划、系统的、比较持久的知觉。观察力是能够随时而又敏锐地注意到有关事物的各种极不显著但却重要的细节或特征的能力。敏锐的观察力有助于很好地洞察事物的本来面貌,使得通过捕捉到与事物本质相联系的某些"蛛丝马迹",洞察人们的心理状态、意图。

作为一个谈判人员,在云谲波诡的谈判中,必须具备良好的观察力,才能在谈判的独立作战或群体作战中明察秋毫,审时度势,避开险难,探索行动的方向和路子,寻求突破。

(2)决断能力。谈判是一项相当独立的现场工作。很多事务的决断需要在谈判现场做出,这就需要谈判人员具备良好的对事务的判断和决策能力。

决断能力表现在谈判人员可以通过对事物现象的观察分析,能够由此及彼,由表及里,去粗取精,去伪存真,排除各种假象的干扰,了解事物的本质,做出正确的判断;表现在能及早地洞察存在的问题或关键所在,准确地预见事物发展的方向和结果;表现在综合运用各种方法、手段,对不同条件、不同形势下的问题能及时做出正确的行为反应和行动选择。谈判人员的决断能力与了解掌握科学的判断和决策的相关知识方法有关,与一定的专业实践经验的积累有关,谈判人员应注意在学习和实践这两个方面下功夫,提高自身的决断能力。

(3)语言表达能力。谈判主要借助语言形式进行。语言作为谈判和交际的手段,谈判人员必须熟练地掌握它,必须提高自身的语言表达能力。语言有口头语言和文字语言,都应该学好、用好。

语言表达能力的提高:一要注意语言表达的规范,增强语言的逻辑性;二要注意语言表达的准确性,必须语音纯正,措辞准确,言简意赅;三要讲究语言的艺术性,表现在语言表达的灵活性、创造性和情境适用性上。

语言是沟通的主要工具,要提高沟通的能力,就必须有效地克服语言沟通的障碍,提高语言表达技巧,要注重无声语言、暗示性语言、模糊语言、幽默语言、情感语言的运用。谈判人员不仅要熟练地运用本国语言(包括某些主要的方言),还应精通外语。除此以外,谈判人员还应善于运用和理解身体语言,以增强谈判的沟通能力和理解能力。

(4)应变能力。商务活动一个重要的特点就是带有较大的不确定性,这种不确定性就要求从事商务活动的人员要有相应的准备和办法,要有临场应变能力。所谓应变能力,是指人对异常情况的适应和应付的能力。

谈判中,经常会发生各种令人意想不到的异常情况。当这些异常事件、情况出现时,假若谈判人员缺乏处理异常情况的临场应变能力,就有可能使谈判招致失败或不利的后果。处变不惊,应是一个优秀的谈判人员具备的品质。面对复杂多变的情况,谈判者要善于根据谈判情势的变化修订自己的目标和策略,冷静而沉着地处理各种可能出现的问题。

六、态度

态度是个体对特定对象(人、观念、情感或者事件等)所持有的稳定的心理倾向。这种心理倾向蕴含着个体的主观评价以及由此产生的行为倾向性。

在商业活动中面对的谈判内容多种多样,我们不能拿出同一样的态度对待所有谈判。我们需要根据谈判对象与谈判结果的重要程度来决定谈判时所要采取的态度。

如果谈判对象对企业很重要(比如长期合作的大客户),而此次谈判的内容与结果对公司并非很重要,那么就可以抱有让步的心态进行谈判,即在企业没有太大损失与影响的情况下满足对方,这样以后的合作会更加有力。

如果谈判对象对企业很重要,而谈判的结果对企业同样重要,那么就抱持一种友好合作的心态,尽可能达到双赢,将双方的矛盾转向第三方,比如市场区域的划分出现矛盾,可以建议双方一起或协助对方去开发新的市场、扩大区域面积,将谈判的对立竞争转化为携手竞合。

如果谈判对象对企业不重要,谈判结果对企业也是无足轻重、可有可无,那就可以轻松上阵,不要把太多精力消耗在这样的谈判上,甚至可以取消这样的谈判。

如果谈判对象对企业不重要、谈判结果对企业非常重要,那就以积极竞争的态度参与谈判,不用考虑谈判对手,完全以最佳谈判结果为导向。

第三节　谈判中心理挫折的防范与应对

一、谈判中的心理挫折

人们需要的存在,会引发动机,动机一旦产生便引导人们的行为指向目标。人们在有目的的活动中,遇到无法克服或自以为无法克服的阻碍,使其需要或动机不能得到满足的情况就是挫折。

(一)心理挫折的含义

心理挫折是指人们在某种动机的推动下所要达到的目标受到阻碍,因无法扫除障碍而产生的紧张状态或情绪反应。

(二)心理挫折的行为表现

1. 攻击。人在受挫时,生气、愤怒是最常见的心理状态。诸如语言过火、激烈,情绪冲动,容易发脾气,并伴有挑衅、煽动的动作。攻击是在人产生心理挫折感时可能出现的行为,但攻击的程度却因人而异。

2. 倒退。这是指人遭受挫折后,可能发生的幼稚的、儿童化的行为,如像孩子一样的哭闹、暴怒、任性等。目的是为了威胁对方或唤起别人的同情。

3. 畏缩。它是指人受挫后发生的失去自信、消极悲观、孤僻离群、盲目顺从、易受暗示等行为表现,这时其敏感性、判断力都相应降低。

4. 固执。即顽固地坚持某种不合理的意见或态度,盲目重复某种无效的动作,不能像正常情况下那样正确合理地做出判断。具体表现为心胸狭窄、意志薄弱、思想不开朗,这都会直接影响人们对具体事物的判断分析,导致行动失误。此外,不安、冷漠等都是心理挫折的表现。

二、心理挫折的预防和应对

谈判是一项艰辛而困难重重的工作,困难多就易遭遇失败,有失败就有挫折。心理挫折会引发谈判人员情绪上的沮丧,从而产生对谈判对手的敌意,容易导致谈判的破裂。因此,谈判人员应对此做好心理准备,做好对心理挫折的防范,对自己所出现的心理挫折准备有效的办法及时地加以化解,并对谈判对手出现挫折而影响谈判顺利进行的问题有较好的应对办法。

(一)心理挫折的预防

1. 消除引起客观挫折的原因。人的心理挫折是伴随着客观挫折的产生而产生的,如果能减少引起客观挫折的原因,人的心理挫折就可以减少。

2. 提高心理素质。一个人遭受客观挫折时是否体验到挫折,与他对客观挫折的容忍力有关,容忍力较弱者比容忍力较强者易受到挫折。人对挫折的容忍力又与人的意志品质、承受挫折的经历及个人对挫折的主观判断有关。有着坚强意志品质的人能承受较大的挫折,有较多承受挫折经历的人对挫折有较高的承受力。

为了预防心理挫折的产生,从主观方面来说,要尽力提高谈判人员的意志品质,提高对挫折的容忍力。

(二)心理挫折的应对

在谈判中,不管是我方人员还是谈判对方产生心理挫折,都不利于谈判的顺利开展。为了使谈判能顺利进行,对心理挫折应积极应对。

1. 要勇于面对挫折。常言道“人生不如意事十有八九”,对于谈判来说也是一样,谈判往往要经过曲折的谈判过程、艰苦的努力才能达到成功的彼岸。谈判人员对于谈判所遇到的困难甚至失败要有充分的心理准备,以提高对挫折打击的承受力,并能在挫折打击下从容应对新的变化环境,做好下一步的工作。

2. 摆脱挫折情境。相对于勇敢地面对挫折而言,这是一种被动地应对挫折的办法。遭受挫折后,当谈判人员再无法面对挫折情境时,通过脱离挫折的环境情境、人际情境或转移注意力等方式,可让情绪得到修补,能以新的精神状态迎接新的挑战。美国著名成人教育学家、心理学家卡耐基就曾建议人们在受到挫折时用忙碌来摆脱挫折情境、驱除焦虑的心理。

3. 情绪宣泄。情绪宣泄是一种利用合适的途径、手段将挫折的消极情绪释放排泄出去的办法。其目的是把挫折引起的一系列生理变化产生的能量发泄出去,消除紧张状态。情绪宣泄有助于维持人的身心健康,形成对挫折的积极适应,并获得应对挫折的适当办法和力量。

情绪宣泄有直接宣泄和间接宣泄的办法。直接宣泄有流泪、痛哭、怨气发泄等形式,间接宣泄有活动释放、诉说等形式。

有专家认为,面对谈判对方的愤怒、沮丧和反感,一个好的办法是给对方一个能够发泄情绪的机会,让对方把心中郁闷的情绪和不满发泄出来,让他把话说完,这样他心里就不再留下什么会破坏谈判的隐患。让对方发泄情绪,可借此了解对方心理等状况,可以有针对性地开展说服性的工作。

谈判活动经常会出现马拉松式的漫长过程,出现拉锯式的僵局,出现错综复杂的局面,甚至出现令人绝望的困境,这些都会使谈判者在心理和精神上饱受煎熬。然而,有着良好心理素质的谈判者,通常都具有坚强的毅力和意志,对于谈判活动,无论其多么艰辛和漫长,他们都能坚持到底,绝不轻言放弃。

案例应用

通用电气收购阿尔斯通

2015 年 11 月 2 日，通用电气公司宣布，其对阿尔斯通电力与电网业务的收购已经成功完成。通过欧洲、美洲、亚洲等地 20 多个国家和地区监管部门的反垄断审查之后，通用电气才最终达成了交易。这是通用电气迄今在工业领域最大一笔收购，成交价最终锁定在 97 亿欧元（约合 678 亿元人民币）。

通用电气公司（General Electric Company，简称 GE）是世界上最大的提供技术和服务业务的跨国公司之一。GE 是一家多元化服务的公司，从飞机发动机、发电设备到金融服务，从医疗造影、电视节目到塑料，GE 公司致力于通过多项技术和服务创造更美好的生活。2014 年通用电气公司在美国 500 强排行榜中排名第 9 位。

阿尔斯通（Alstom）成立于 1928 年，总部位于法国巴黎附近，是全球轨道交通、电力设备和电力传输基础设施领域的领先企业，以创新环保的技术而闻名。2014 年阿尔斯通在世界 500 强排行榜中排名第 441 名。

2004 年，阿尔斯通陷入财务危机面临破产，法国政府出手买下 21% 的股份，帮助阿尔斯通渡过难关。2006 年，法国政府把持股卖给法国房地产巨头布依格（Bouygues）集团，稍后布依格集团又继续增加持股，至 2014 年为 29%。但获得新注资的阿尔斯通并没有再度雄起，反倒是将布依格集团深度套牢。2008 年的经济危机更是给阿尔斯通带来了灾难性打击，股价当年就跌了 30%，此后虽然通过大规模裁员和出售旗下资产增加现金流的方式试图补救，但仍然止不住下滑趋势，到了 2014 年，该公司再陷破产危机。

2014 年，阿尔斯通 CEO 柏珂龙私下密会美国 GE 公司洽谈收购方案，恰逢 GE 公司正试图调整全球战略，加强能源等核心业务，因此双方一拍即合，很快议定了收购价格和相关事宜，并在 4 月份向法国政府申请并同时向媒体“透露消息”。

同时，燃气轮机巨头德国西门子也宣布参与竞购。西门子方面提出“资产置换”方案，以其运输设备生产业务（主要是生产火车）及现金，换取阿尔斯通的发电设备生产业务，且同样愿意提出与 GE 相同的财务条件，

案例应用

并保证不裁撤阿尔斯通员工、管理层人士,工厂地址也保持不变。但这套方案会使得两家企业的轨道市场份额占据欧洲市场的2/3,欧盟的反垄断部门可能会表示反对,反垄断风险过高。

GE对此迅速调整战略,首先在价格做出让步,将收购价从94亿欧元提升到123.5亿欧元,并在条款上也做出了一定让步,包括承诺法国政府不裁员、保证法国能源独立,同时配合舆论手段打击对手。两个月后,2014年6月22日,阿尔斯通内部邮件宣布董事会接受GE公司收购,并认为"GE的方案不仅满足了阿尔斯通和股东利益,同时也针对法国政府的疑虑提供了保证"。

欧盟监管机构担心收购交易将导致欧洲的燃气轮机和大型汽机等能源设备价格上涨,GE公司展开了积极谈判并主动让步,告知欧盟监管机构愿意转让部分阿尔斯通的燃机给其竞争对手意大利安萨尔多能源公司(Ansaldo Energia),也愿意出售部分知识产权,其中包括:①阿尔斯通的GT26型(F级燃气轮机)产品线;②阿尔斯通的GT36技术开发项目,该项目的完成将会带来一款H级的燃气轮机产品;③34台GT26型燃气轮机的服务合同,阿尔斯通燃气轮机机队的其他机组(大约720台)的服务将留在GE。通过谈判和让步,2015年9月8日,欧盟批准了该项并购项目。

通用电气无疑是这次收购交易的赢家,通过收购阿尔斯通,GE已然拿下燃机的半壁江山;此外,它将拥有约1500GW的发电装机量,比通用电气当前装机量增长50%;同时通用电气将全面渗透火电厂总体设计,拥有更广泛的电网产品线。对于阿尔斯通来说,本次交易价格高出原始估值20多亿欧元,同时也甩掉了多年并不景气的电力电网业务包袱,保证其战略调整,将集中力量继续做强交通领域。法国政府通过数轮博弈,在政府持股、核能独立自主和保证就业等关键问题上获得了不少话语权和承诺,也是赢家之一。

思考题:

1. GE赢得谈判的关键要素有哪些?
2. 你认为阿尔斯通对谈判的结果是否满意?

ON NEGOTIATION

第八章 控制场面：掌控谈判

学习要点

如何取得谈判的控制力，是谈判者获得谈判成功的关键。本章主要介绍谈判控制力的获得途径：谈判驱动力获取方法、找到谈判的压力点所在并掌握有效化解的方法。

新闻导读

美韩防卫费分担谈判:不对称同盟内的以小博大

防卫费分担金是指驻韩美军驻扎费用中由韩国承担的部分。1966 年,美韩签署的《驻韩美军地位协定》规定,韩方向美方免费提供土地及附属设施等不动产,美方承担部队在韩驻扎所需经费。从 1991 年开始,美韩两国根据《驻韩美军地位协定》,定期就韩国对驻韩美军的出资问题进行协商,且通常以多年为单位进行协商。由于两国意见分歧很大、立场尖锐对立,历次的美韩防卫费分担谈判总是需要经过多轮。迄今为止,双方共签署 11 份《防卫费分担特别协定》。

为了降低霸权维持成本,特朗普政府将自己的盟友视为“商业对象”,对韩国“狮子大开口”,索要“保护费”。奉行“美国优先”的特朗普政府毫不顾及盟友的“自尊”,认为 2.85 万名驻韩美军是防止朝鲜侵犯韩国的关键威慑力量,韩国在安全上“免费搭便车”。这曾一度引发韩国的强烈不满和美韩同盟的不信任,成为谈判达成协议的绊脚石。面对美国的漫天要价,韩国无法忍痛“割肉”,美韩防卫费分担谈判陷入僵局。在美国政权交替后,该谈判柳暗花明,为美韩同盟关系重生创造了契机。拜登政府上台后迅速重启陷入僵局的谈判,以恢复美韩同盟的互惠包容,从而为拜登时代的美韩关系打下一个良好的开局。

早在 2020 年 3 月,当时尚是美国民主党总统候选人的拜登在《外交事务》杂志上发表了名为《为何美国必须再次领导世界:拯救特朗普后的美国外交》的文章。拜登在文中指出,联盟不仅仅是金钱;美国的承诺是神圣的,不是交易性的。随后,拜登在韩联社发表题为《走向更加美好未来的希望》的署名文章,他表示“作为总统,我将与韩国站在一起,加强美韩同盟以维护东亚及其他地区的和平,而不是用不计后果的撤兵威胁来敲诈韩国”。可见,与美国前总统特朗普主张的“金钱交易关系”不同,美国现任总统拜登把“修复受损的同盟关系以恢复美国的全球领导地位”看作首要任务,向韩国释放出“不会压榨盟友”的信息。拜登这一发言让韩国吃下了一颗定心丸。拜登政府上台 46 天后就打破了两国谈判的僵持局面,谈判迅速取得进展,达成了第 11 次《防卫费分担特别协定》,迈出了美韩同盟正常化的第一步。

2021 年 3 月 10 日，美韩防卫费分担谈判韩国首席代表郑恩甫和美国拜登政府的首席代表唐娜·韦尔顿在华盛顿举行会谈，美韩两国就第 11 次《防卫费分担特别协定》达成原则性协议，在 18 日举行外长防长“2 + 2”会谈后草签。新协定有效期为 2020 年至 2025 年，为期 6 年。美韩防卫费协定的达成，兑现了拜登竞选团队加强同盟的承诺，取代了“不顾后果地威胁韩国撤走美国驻军”。此次协商是在新冠肺炎疫情下时隔 1 年举行的面对面协商。

2020 年的韩方防卫费分担金额为10 389亿韩元（约 59.26 亿元人民币），与 2019 年持平。韩方将支付除去提前向美方支付的劳务费用、驻韩美军韩籍雇员生活补助3 144亿韩元之外的7 245亿韩元。韩国外交部高层官员表示：“特朗普总统当时达成协议的方案是在2020 年提高 13.6%，此后再适用国防费增加率。但因防卫费谈判困难，此次冻结了2020 年的防卫费，反而在2022 年之前节约了大约3 100亿韩元（约 17.7 亿元人民币）。”换言之，本应从2020 年起开始分担防卫费，延宕至 2021 年适用新协定。韩国认为这是韩国取得的进展与成就。

然而，此次《防卫费分担特别协定》是第一次在多年的防卫费谈判中适用国防预算上升率，把韩国国防经费的增额比率当作每年上调分担金额的标准。未来将按照前一年度韩国国防经费的增额比率不断上调。防卫费与国防费联动这一规定无疑有利于美国。

从特朗普时期的互不相让、争吵不休到拜登时期的各退一步、达成协议，彰显美国从高喊“美国优先”、要求比较露骨的商人逻辑转变为高喊“盟友协调一致”、实乃笑里藏刀的政客逻辑。但不变的是，美国国家利益至上原则贯穿始终。

尽管美韩两国官方肯定新协定，但韩国民间对此有不少非议，市民团体抗议活动接连不断，反美主义持续发酵，成为美韩同盟未来发展的掣肘因素。在过去 10 年里，韩国支付的费用已经增加了大约 40%。随着未来 5 年韩国的分担金额不断上调，韩国承担的驻军费用比例也将大幅上升。许多批评人士认为，这将给国家和国民造成巨大财政负担，而把这笔钱投资于加强国家武装力量会更有益。

韩国需要驻韩美军的安全保护，这种安全保护是稀缺且无价的，美韩同盟是韩国安全的支柱，这决定了韩国在与美国进行防卫费分担谈判时必然处于弱势地位。同时，韩国是美国重要的东北亚盟国，在防卫费用上要价过高可能会使美国因小失大。驻韩美军的成本、韩国对驻韩美军的需求强度和对驻韩美军价值的认识程度、美国对韩施压的强度，左右着未来美韩防卫费分担谈判的进程与结果。

资料来源：李家成．美韩防卫费分担谈判：不对称同盟内的以小博大．延边大学学报（社会科学版），2022（1）：12～19.

人们在日常生活中能够发现，几乎生活的每个层面都是由规则与法律控制或者规制的，然而谈判活动却是例外之一——游戏中没有正式的规则。在谈判中，你受自己的个性、完整性与诚实度引导——你取得的控制愈多，达成你的协商目标就愈容易。本章主要讨论如何控制谈判的方向、进程、目标达成，以帮助谈判者赢得谈判的主动权。

第一节　谈判驱动力

首先，我们了解一下谈判的过程中可能会有哪些动机，发现并了解这些动机是掌控谈判的关键所在。

一、竞争驱动

竞争驱动是谈判新手最熟悉的一种驱动力，这也正是他们为什么会把谈判看成是一种挑战的原因。如果你认为对方的目的只是要打败你，特别是当你知道对方是一位经验丰富的谈判高手，或者是残酷无情的谈判专家之后，你很容易产生一种恐惧感。在汽车交易中，这种现象尤为普遍。汽车交易商总是希望能以“本城最低价”来吸引客户，但同时却又会按照销售提成给自己的销售人员付钱。客户的目的非常简单，他们只是希望能够尽量压低价格，他们并不关心经销商是否赔钱或者销售人员是否能得到提成。而对于销售人员来说，他们唯一的驱动力就是提高价格，因为这是他们可以赚到更多钱的唯一方式。

竞争驱动下的谈判人员知道，要想取得谈判的胜利，一个最好的方法就是了解对手，同时又尽可能地不让对手知道自己的情况。知识本身就是一种极为强大的武器，那些比较注重竞争的谈判人员相信，正是基于这个原因，所以你对对手了解得越多，让对手对你了解得越少，你就会越容易赢得谈判的胜利。在收集信息时，谈判人员总会刻意地排斥对方提供的所有信息，因为他相信，对方之所以会透露这些信息，很可能是在耍花招。所以他通常会选择从对方的员工或者是合伙人那里收集信息。

与此同时，因为他假设自己的谈判对手也在做同样的事情，所以他会努力防止己方的信息泄露出去。之所以会出现这种情况，是因为他相信谈判是一场“你死我活”的较量，双方一定会分个输赢高低。可他没有想到的是，谈判的结果可能是双赢，因为双方都是在谋求不同的东西。通过更好地了解对方，双方都可以有意识地在那些对自己并不重要、但对别人却很重要的条件下做出让步，从而最终达到双赢的结果。

二、解决驱动

解决驱动是最理想的谈判形势，这时双方都非常希望能够找到一个解决方案，并愿意通过共同讨论来达到这一目的。在这种情况下，双方都不会对对方产生任何威胁，彼此都抱着良好的意愿，希望能够达成一个共赢的解决方案。一心希望找到解决方案的谈判人员往往会抱有一种非常乐观的心态，他们希望能够找到一种富有创造性的解决方案，因为他们相信，一定可以找到一种更好的办法来解决眼前的问题，只是他们暂时还没有想到罢了。

在和那些只是希望找到解决方案的人进行谈判时，一个最大的好处就是，他们不会预设任何立场。他们并不会受到公司政策或传统的限制，他们会感觉任何的条件都是可以商量的，只要不违法或者不违反他们的原则，他们愿意考虑你的任何建议，因为他们并不会把你当成竞争对手。

这听起来是一个非常完美的解决办法，不是吗？双方竭力合作，共同找到一个公平的解决方案。但即便如此，也会出现一些问题。比如说你的谈判对手很可能会假装自己只是在寻求问题的解决方案，一旦你亮出了自己的底牌，告诉他们你的想法，他们就会转而采取一种竞争性的态度，努力为自己谋求最大利益。所以，当对方告诉你他只是希望找到一个解决方案时，一定要保持警惕。

三、个人驱动

你可能曾经遇到过这样的对手，他们谈判的目的不是为了要获胜，也不是为了要寻找到一个完美的解决方案。在谈判时，他们最主要的驱动力就是谋求个人利益。一说到这点,我立刻就会想到那些按照时间收费的律师。这些律师往往不会尽快解决一起官司,因为那样并不符合他们的个人利益。遇到这种情况时,你最好想办法首先满足对方的个人利益。你或许可以直接告诉对方的律师你所想到的解决方案,如果对方拒不接受的话(因为那样很可能意味着他会失去一部分律师费),你可以威胁称你会直接找他的客户。毫无疑问,对方律师并不希望你这样做,但如果他感觉自己的客户有可能接受你的建议,或许他会被迫接受你的建议。

四、组织驱动

在进行谈判时,很可能会发现这样一种情况:你会觉得他真的只是想要找到一个尽可能好的解决方案,但他同时又必须能够向自己的组织交差。这种情况在国会当中经常会发生,因为议员们一方面希望能够达成一个比较合理的解决方案,但同时又会担心自己的选民表示不满。尤其是在进行匿名投票时,你会发现这种情况经常发生。

在和那些必须对自己组织负责的对手进行谈判时,你会发现他们很可能不愿意在你面前摆明自己的问题,因为那样会让人感觉他们是在和你共谋。这时你需要想想看"谁是这件事情的真正主宰者"?是他们的股东、他们的法律部门,还是政府法令?他们需要绕过哪些障碍才能接受最佳的解决方案?一旦弄清了他们所面临的问题,你就可以调整自己的方案,让对方所在的组织更容易接受。比如说,你可以在公共场合维持一个比较激进的形象,但在进行谈判时,你又可以进行轻微的调整。通过这种方式,对方所在的组织通常就会感觉你在做出一些比较大的让步。

当你遇到类似情况时,不妨设法为你的谈判对手创造一些条件,帮助他来说服自己的组织。

五、态度驱动

在那些受态度驱动的谈判人员看来,只要谈判双方彼此喜欢并信任对方,他们就可以成功地解决分歧、达成共识。受态度驱动的谈判人员永远不会通过电话或中间人来解决问题,他们喜欢直接面对自己的谈判对手,希望能亲自感受一下对方是一个怎样的人,他们相信:"只要能够了解对方,我们就可以找到适当的解决方案。”

毫无疑问，如果你和客户对彼此都有好感，那将是一件对双方都有好处的事情。因为如果没有这一条件，你就很难在谈判中达到双赢。但问题是，这是一对平行线。当你在设法让客户喜欢你的同时，客户也许正在想办法让你喜欢他们。如果双方彼此都很有好感，你们就会很容易做出一些让步。但有时谈判高手知道，有些事情要比让对方喜欢你更加重要：你必须想出一种对双方都有好处的解决方案。

第二节 谈判压力点

本节将介绍三个有效的施压方法，以及在对方使用这些策略时你该如何有效应对，以更好地掌控整个谈判。

一、时间压力

在面临时间压力时，人们就会变得更加灵活。时间压力可以让人们更容易做出让步。在谈判过程中我们可以看到，双方所做出的80%让步都是在最后20%的谈判时间当中完成的。谈判双方在谈判初期很少会做出任何让步，如果其中一方在刚开始谈判时提出太多要求，对方很少会做出让步。另一方面，当谈判双方在最后20%的谈判时间中提出要求时，对方往往更容易做出让步。

有些不道德的谈判者会利用时间压力来对付你，他们往往会在最后1分钟才同意你所提出的某些条件，即便是他们在刚开始谈判时就可以这样做。即使如此，当你以为谈判已经结束、准备起草最终合同时，对方又会提出一些新的要求，因为他们知道，迫于时间压力，这时候你往往会更加灵活一些。

（一）安排好你的时间

1. 一开始就提出所有的细节问题。应该在谈判刚开始时就把所有的细节问题都提出来，千万不要说“哦，好吧，我们以后再谈这件事情吧”之类的话。一件刚开始看起来并不重要的小事可能会由于时间的推迟而变成大问题。

2. 不要告知对方你的最后期限。通常情况下，如果对方知道你有时间压力，他们就会把谈判的重点内容一直拖延到最后1分钟。面对这种时间压力时,你往往很容易被迫做出让步。

如果双方的截止日期相同的话,你该怎么办呢?这就会带来一个非常有趣的问题。我们不妨用租赁办公室的事打个比方,假如说再过6个月你的5年租约就到期了,你必须与房东重新谈判、重新续约。你可能会告诉自己:“我可以用时间压力来对付房东,一直等到最后一刻才和他谈判,这时他就会面临很大的时间压力。他知道,如果我不再续租的话,他的房子就要空闲好几个月,这对他来说可是一笔不小的损失”。听起来似乎是一个不错的策略,可是你别忘了,房东也可以用同样的方式来对付你,他完全可以拖延到最后一刻才和你进行谈判,让你也面对同样的时间压力。

所以,这时你们双方所面对的截止日期是完全相同的,在这种情况下,哪一方应该利用时间压力、哪一方应该避免呢?答案是:在谈判中拥有更多优势的一方应当利用时间压力,另一方则应当避免时间压力,尽量在截止日期之前与对方展开谈判。这样公平吧?可问题是,你该如何判断自己在谈判中是否占有优势呢?答案是:在谈判过程中拥有更多选择的一方往往占有较大的优势。不妨设想一下,如果你无法续约的话,对方还会有哪些选择呢?

要想确定这个问题,你可以拿出一张纸,在中间划上一条线。在线的左边,写出你的后备选择:你还有什么其他地点可供选择?这些地点的成本是高还是低?把办公室电话以及所有公司地址的资料更新一遍需要多少钱?如果你搬家的话,你的客户还能找到你吗?在这条线的右边,列出房东的所有选择:这栋大楼是否是专门的写字楼?他是否很容易找到新的租户?新的租户是否愿意支付更多的租金?房东要花多少钱来重新装修房间以满足新租户的要求?由于大多数人都会认为自己在谈判中处于劣势地位,所以这张表格往往可以帮助你更清楚地认识到自己在谈判中的位置。毕竟,你非常清楚自己面临怎样的压力,可你并不完全了解房东的处境。要想让自己在谈判当中变得更加有优势,一个最有效的做法就是:知道你总是会觉得自己在谈判中处于劣势,并学会弥补这种感觉。因此,当你通过这种方式列出双方的选择时,你最终可能会发现:房东所面临的选择的确比你更多。

所以要想完全避免这个问题,你就应该给自己留出足够的时间进行谈判。但另一方面,要想在与房东的谈判中占有绝对优势,你就必须在谈判开始之前为自己找到足够多的选择，只有这样，你才能在谈判时利用时间压力占尽上风。

（二）有效利用时间压力

1. 更加灵活。对方在谈判当中投入的时间越长，他们就越容易接受你的某些观点。下次进行谈判时，如果你感觉自己很难说服对方，不妨想一想曼哈顿哈德逊河拖船的故事，只要有足够的耐心和毅力，一艘小小的拖船就可以把一艘巨轮拖到大海里去。另一方面，如果这艘小拖船急于求成，拼命把巨轮往大海里拽，恐怕永远都无法成功。有些人在谈判时就是如此，一旦在谈判中遇到任何问题，他们就会变得不耐烦，拼命说服对方改变立场。这时候我建议你不妨想一想哈德逊河里的那些拖船，只要每次移动哪怕一点点，小拖船就能撼动大巨轮。只要拥有足够的耐心，你就可以一点一点地说服你的谈判对手。

不幸的是，你的对手也可能用同样的方法来对付你。在一次谈判当中投入的时间越长，你也就越容易做出让步。因为通常情况下，当一场谈判拖延太久时，你的潜意识就会冲你发出尖叫：你在这次谈判上花了这么多时间，千万不要就这样空着手回去，一定要谈出点什么结果！每次遇到这种情况，你都可能做出一些新的让步。有时谈判高手知道，无论谈判进行到何种地步，你都应该把自己已经投入的时间和金钱看成是沉没成本，应当完全忽视它们。无论你们是否达成协议，你所投入的时间和金钱都无法收回。所以一定要冷静地审查眼前的谈判条款，要反复告诫自己：我应该忘掉自己已经投入的时间和金钱，重新开始谈判！如果你感觉自己很难接受对方提出的条件，一定要立刻停止，千万不要犹豫。记住，一定不要因为那些已经投入的时间和金钱而做出让步，因为你所失去的很可能比你已经投入的更多。

2. 接受时间。利用时间的另一种方式就是谈判专家们所谓的“接受时间”。刚开始谈判时，对方可能根本不会考虑你的条件，但只要你有足够的耐心，抽出足够的时间与对方沟通，对方很可能会渐渐发现你的条件也并非无法接受。谈判专家通常把人们完成这一心理转变所需要的时间称为“接受时间”。

所以在谈判的过程中，一定要注意把握好接受时间，并且一定要有耐心，对方可能需要一段时间来仔细考虑你的报价。时间就像金钱一样，拿出时间进行投资一样可以给你带来回报，所以在进行谈判时，一定要花时间仔细研究每一个步骤，学会利用时间所带来的压力为自己争取利益，千万不要匆匆忙忙地达成交易。

二、信息压力

在谈判过程中,拥有最多信息的一方往往可以主导另一方,因为信息就是力量,一方对另一方了解得越多,他们获胜的机会往往也就越大。

收集信息的法则1:大胆地承认自己不知道。要想真正了解自己的对手,你首先必须承认自己的无知,而对于大多数人来说,要做到这点并不容易。所以收集信息的第一条法则就是:千万不可过于自信。要承认你并非无所不知,而且你所知道的答案很可能是错误的。

收集信息的法则2:不要害怕提问。提问是收集信息的一种方式——这看起来很简单,但在很多情况下,很多谈判者却做不到这一点,因为他们感到害怕或者他们早已经知道答案了。

那么,怎样才是最好的提问方式呢?答案是:提一些开放式的问题。开放式的问题往往能获取更多的信息。通过提问向对手获取信息时,可以采用以下四种策略:

(1)重复对方的问题。比如说"你的要价太高了",可他们并没有解释自己为什么会觉得你的要价太高。这时你可以重复一下对方的问题:你觉得我们要价太高了吗?大多数情况下,当你说出这句话时,对方都会详细解释自己为什么会觉得你的要价太高。或者有时他们也无法给出解释,因为他们只是随便说说,想观察一下你的反应而已。

(2)询问对方的感受。比如说你是一名承包商,工头告诉你:"我一到工地他们就把我臭骂一顿,简直让人难以忍受。"这时你不用问:"这到底是什么原因呢?"你可以换种方式问:"你感觉怎么样?"对方可能会回答:"或许原因在我吧,我迟到了整整一个小时,工地上有足足3卡车水泥在那里等着,不知道该卸在哪儿。"

(3)询问对方的反映。比如说你的银行可能会告诉你:我们的借贷委员会要求小企业老板提供一份个人担保。这时你可以尝试着问对方:那你对这个规定怎么看呢?她可能会告诉你:我觉得这完全没必要,只要你能保证你的公司净资产值不少于贷款金额,我觉得根本不需要个人担保……我来看看有没有什么办法可以说服他们吧!

(4)要求对方复述一遍自己的话。打个比方,当有人告诉你"你的要价太高了"时,你可以告诉对方:"我不明白你为什么这么说。"通常情况下,对方都不会重复自己的原话，他们可能会详细解释一下自己为什么认为你的报价太高。

收集信息的法则3:让对方进入你的势力范围。在谈判过程中，谈判地点是一个非常重要的因素。如果是在对方公司的总部展开谈判，你就会进入对方的势力范围，这时你往往很难收集到自己想要的信息，当人们处于自己的工作环境当中时，他们通常会被一条无形的链条包围起来——这时他们会非常明显地区分哪些信息可以透露、哪些信息不可透露。当人们处于自己不熟悉的工作环境中时，他们总是很小心，这时他们很难和你分享一些重要的信息。但只要你能把他们带离不熟悉的工作环境，就往往能极大地解除对方心理压力，这时你就会比较容易获取自己想要的信息。

收集信息的法则4:不要直接收集信息。当你在谈判之前没有进行任何调查，其实处于一种非常危险的状态。有些第三方会告诉你一些你的对手不愿意告诉你的信息，你可以通过这些人来验证你的信息。不妨先从那些和你的对手有过生意往来的人入手，我想你很可能会对结果感到大吃一惊，因为你根本没有想到，就连你的竞争对手都会愿意与你分享很多信息。从局外人那里获取信息时，不妨先透露给他们一些信息作为交换，但一定要注意：千万不要透露任何你不想让他们知道的信息。

然后就是那些和你的对手打过交道的人。比如说你打算与一家零售连锁店的某个人谈判，这时你不妨先找到某位分公司的工作人员，你可以从他那里了解一些相关的信息。比如说公司的决策流程是怎样的，公司选择供应商的标准和原则，公司在进行决策时所考虑的一些细节，如公司的预期边际利润、公司通常的支付方式等。在进行这种对话时，一定要留意对方的言外之意，可能在你不知不觉之间，真正的谈判就已经开始了。比如，那位分公司经理可能会告诉你：“他们从来不会接受低于40%的毛利。”同时需要提醒你的是，千万不要告诉对方任何你不想让其总部知道的信息，你告诉他的任何情况最终都会被转给他的上司。

你还可以利用“同行交流”的方式来获取信息，人们总是喜欢和自己的同行分享信息。谈判高手知道如何通过“同行交流”来获取信息，因为几乎所有的行业都会存在这种交流。工程师、包工头、卡车司机……都会和自己的同行进行交流，把他们聚到一起之后，你就可以很容易地搜集到很多通过其他途径根本无法获取的信息。

收集信息的法则5:巧妙提问。虽然提出问题的主要目标是收集信息，但除了

收集信息之外,提问同时还可以达到许多其他目的,比如说:

(1)批评对方。你们是否已经解决了配送问题?你们的消费者投诉案件进展如何?你们在亚特兰大的分公司刚刚开张6个月,为什么突然关闭了?环球公司为什么会取消与你们的合同?这些通常都是一些你已经知道答案,或者你其实并不关心的问题。

(2)引发对方思考。你们真的觉得在波多黎各设立分公司的决定是正确的吗?你们对新的广告公司感觉如何?你们的人对我们两家公司之间的业务往来有何看法?把所有业务都交给经销商是否会让你们感到有些紧张?

(3)教育对方。你们参加了我们获得年度包装大奖的那次颁奖典礼了吗?你们看到《新闻周刊》上那篇对我们产品的评论文章了吗?你们知道我们在曼谷开设新厂了吗?你们知道我们的副总裁曾经是环球公司的总裁吗?

(4)表明你的立场。你们知道那些专家们觉得我们的配送系统是业内最好的吗?你觉得我们为什么愿意做那件事情呢?你知道还有什么人会相信这个吗?你知道为什么我们95%的客户会增加自己的订单金额吗?

(5)让对方做出承诺。你们觉得哪种型号最适合你们?你们希望我们送多少货?你们是想要豪华包装,还是按照邮件订单的要求包装?你们希望我们能够在多长时间之内送货?

(6)拉近双方之间的关系。这是一个调解人和仲裁者经常用到的技巧,他们会说:“如果我能让他们同意把价格提高5%,你会怎么做?你并没有指望他们会接受你的这个建议,是吗?”

三、准备随时离开

在所有的谈判施压方式中,这一条是最为有力的。通过这种方式,你可以告诉对方:“如果你不能给我想要的东西,那我只好离开谈判桌。”如果说有什么办法可以让你的谈判技巧迅速改进十倍的话,那就是:随时准备离开。该策略的危险就在于,一旦时机掌握不好,你很可能会在谈判过程中错过离开谈判桌的最佳时间。

一旦能够成功地给对方造成假象,让对方相信你可以随时停止谈判的话,你就成了一名优势谈判高手了。通常情况下,你可以把整个过程分成四个步骤(图8-1):

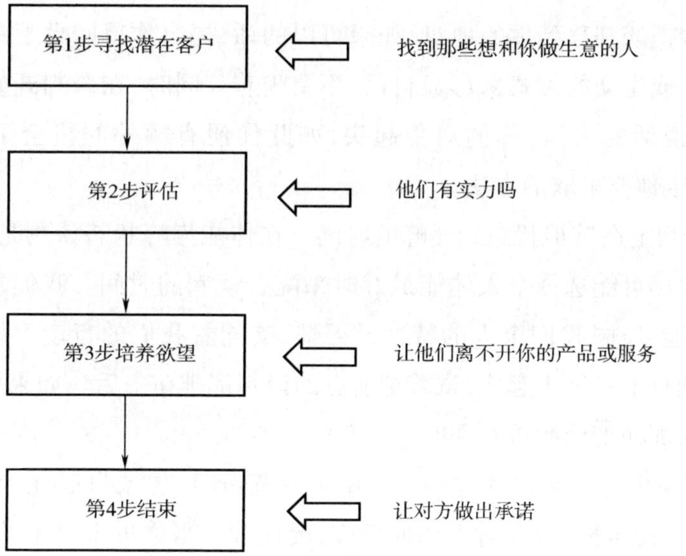

图8－1 随时准备离开的步骤

“离开谈判桌”的技巧通常会用在第四阶段,只有当你成功地培养了对方的欲望,并准备要求对方做出承诺时,你才能采用“离开谈判桌”的技巧。

在使用这一技巧时,一定要牢记你的主要目标:你的目的并不是真的要离开谈判桌。同时,在进行一些比较重要的谈判时,一定要在使用“离开谈判桌”技巧的同时加上白脸—黑脸策略,千万不要单独“离开谈判桌”。这样,当你威胁要离开谈判桌而对方并没有竭力挽留时,你还可以使用白脸—黑脸策略来挽回局面。

第三节 如何取得谈判的控制

一、何时、如何取得谈判中的控制

(一)在谈判开始前取得控制

你可以由控制谈判的环境,也就是坐在谈判桌前开始树立自己的声势:

1. 在你的地盘交易。在自己的地盘进行谈判更容易控制整个谈判,维持谈判的优势,因此,在谈判前即可提出在自己的地盘进行谈判。如果陷入对手的地盘谈判,则应试着把谈判移到你的地盘,如果可以的话,提出你得回桌上拿些报告或资料,并用站立或走动的方式来彰显自己,不要坐着。同时,在谈判开始时应注意不要做第一个说话的人,让你的对手起头,如此你便有额外的机会了解对方的立场——并决定你要采取的方法。

2. 把谈判定在精神状态最巅峰的时间。在体能巅峰状态谈判是很重要的,因此不论如何,尽可能选择个人体能最好时来配合谈判的时间。我们每个人都有新陈代谢的机能,连同我们个人的特性及习惯,支配着我们的行动。如果你惯于晚起,而且不到日上三竿不起床,试着把所有的谈判都排在午后。如果你的体能巅峰状态在早上,那便把谈判放在那时。

3. 在想象中排练谈判的过程。当做想象练习时,想象自己在谈判桌上,想象要说和做的一切事情,以及对手如何反应,要详细。当你进入真正的谈判中,你会时常发现谈判展开的程序和你想象的相去不远,这时你便有了优势。在某种意义上来说,你会"经历同样的事"。借着脑中的排练,真正的谈判对你来说会变得更加容易(你不会再那么紧张或焦虑),还会多享受一点谈判的过程,此外,你很快就会发现成功的比率节节上升。

(二)在谈判进行时取得控制

一旦你真正面对对手时,可借由以下提示继续控制交易过程。

1. 问问题。问题使对手处在防守局面,当对手回答你的问题时,他便无法问你问题或专注在他的谈判策略。同时,问问题可以帮你发掘只有你的对手才知道的资讯,或是非如此难以取得的信息,它们让你更能控制谈判的流程及气势。

采取连续问题,十分适于维持控制及发展谈判的气势。应将前面的问题迭进到最后的问题,大结局——你的最终目标。连续问题的目的不是恫吓、激怒或威胁,而是要不受打扰,一气呵成,这样你加起来的问题才有较大的作用。

2. 专注在一个议题直到解决为止 ——即使对手想跳到另一个议题。销售员整天都这样做。假设你想为起居室买一套新的厚绒沙发,售货员开始推销一组相配的椅子、咖啡桌及柜灯,他说整套组合会给你算个特别价格,你说不想花那么多钱。销售员便描述店里的特别贷款选择——你可以把东西拿回家,等到明年再付款!突然,你本来注意在沙发的价钱上,现在陷进了改换整个房间的讨论又脱身不得，很多人就因此被迫买下这些新增的东西。不要让它发生在你身上，专注你要的东西，坚定地说，“不了，谢谢。起居室现在缺的只是张沙发，这要多少钱？”然后开始掏钱。这会使你们两个都集中注意在主要的谈判立场上，并帮助你保持对谈判的控制。

3. 协议开始后就不要提新的议题。这会无谓地扩大讨论，且造成不确定的气氛。

4. 一旦协商开始，不要介入任何新的成员或成分。如果一旦介入，就给了对手完美的机会想出新的点子起死回生甚至对已同意的议题起了三思的念头。交易中牵涉的成员愈多，重开旧议题的机会就愈大，你维持控制的努力也愈难。

5. 学会运用漏斗法。漏斗法是确保结束的议题正式结束的一种方法，漏斗法意味问题一旦解决后就把它放在一边不要管，稍后在谈判中也许会因参阅或总结而再看到——不过不是再重开协商。它可增加你对谈判的控制，因为对方无法再重新开启或重谈已经解决的问题。累积的协商经验越多，你就越懂得漏斗法的技巧。当对手企图重新开启已结束的议题时(他们常做这种事)，巧妙地提醒他该问题已经解决了。如果他仍坚持讨论，很快地解释在议题上的协议是什么，然后再进行别的事。不要让自己或对手开始讨论或协商已结束的议题。

二、重新取得失去的控制

当你失去对谈判的控制，你会被迫做出让步。在那发生之前，你必须重新取得控制——越快越好。

一旦你失去对谈判的控制，依下述步骤重新找回：

(1)立刻要求休息或“暂停”。然后重新评估交易，想想什么地方出错，你又能如何弥补。

(2)寻找采取攻击的方法。

(3)休息之后，马上概述谈判过程迄今发生的事情，这会帮助你控制局势。一旦你完成摘要，开始着手自己的谈判立场。你现在又取回了谈判的控制。

总之，对谈判者来说，你对谈判的控制越多，取得想要东西的机会就越大。在谈判之前，你可以借由选择谈判的地点及时间、在脑中排练谈判的过程来取得控制。谈判期间，你可以借问问题、避免新成分及集中讨论来取得并维持控制。当你发觉失去控制时要求休息，利用休息的时间想想哪里出错、为什么，一个重新取得控制的好方法是借着概述到目前为止的谈判重新开始,然后你再由自己的交易立场起步。

第四节　处理困难谈判

谈判者在谈判中经常会遇到困难的谈判,为保证对谈判的控制,谈判者需要掌握困难谈判的应对及分析方法。当谈判一方将一个“烫手山芋”交给另一方时,后者通常会表现得十分吃惊,然后他会尝试着做出他认为是正确的反应。这类冲突通常由谈判一方有意挑起,旨在借此使对方发怒。图 8 –2 为困难谈判需要分析的要项。

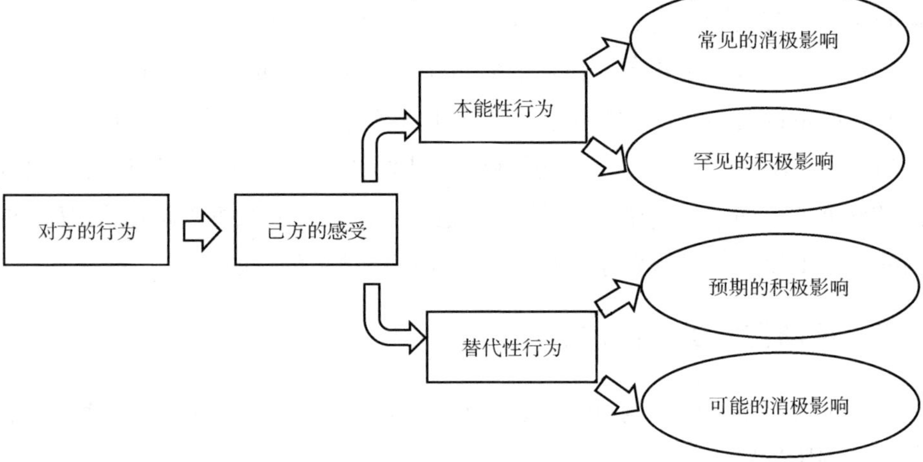

图 8 –2　困难谈判的六个分析要项

按照这一顺序行事,要想实现谈判目标是难上加难:①挑衅煽动行为;②受迫方的习惯性情绪;③受迫方的本能回应;④本能性行为或惯常性行为所造成的影响;⑤受迫方的替代性回应行为;⑥替代性行为的预期影响。前四项代表谈判局面极度紧张时近乎自动的因果关系,它们显示了谈判者之间常见交锋的出现顺序。后面的两个补充项,主要以另辟蹊径为目的。

下面我们逐项进行解释和分析。

一、挑衅煽动行为

如果对咄咄逼人的谈判者进行深入分析,我们就会发现,这类谈判者往往任由自己被对方错误的逻辑牵着鼻子走。在他眼中，谈判另一方不是他的敌人，就是他的对手，而且浑身都是错误随他指摘。下面就让我们稍做停留，分析一下那些态度咄咄逼人的谈判者们挑衅煽动的行为。以下行为，是按照令人不快的程度从低到高依次排列的。

- 缺乏倾听的表现——对方无视我，不听我说话。谈判对方心不在焉，目光游离，不知道我在说什么，不断地打断我，自说自话，粗暴地推翻我的论据，手上玩着钢笔或手机，手指敲着桌面，不时看看表，神情倨傲轻蔑。倾听的缺席，是咄咄逼人型谈判者身上最常见的特征。

- 不断绕圈——对方不断重复同一类动作，或是话语，总是绕回已经谈过的某个话题或决策，几个小时一直停留在同一点上，向对方多次提出已经得到答案的同一个问题。

- 不怀好意的话语——对方措辞不当，混淆黑白，自相矛盾，无论我说什么他都不同意，毫无理由地指责我，编造谎话夸大事实。

- 不合时宜的幽默——对方取笑、讽刺我或我说的话，用轻蔑的语调和我谈判，把我当成一个可笑的谈判对象，看我的时候嘴角带着挖苦的笑容，当着其他谈判者的面奚落我。

- 人身攻击——对方向我发起人身攻击，质疑我的专业能力或是授权合理性，居高临下地审视我的能力、学历、职业、年龄、性别、文化背景、宗教信仰等情况。他不断地冒犯我。

- 提高声音——对方提高嗓门，大喊大叫，怒气冲冲。这一表现通常说明对方在心里已经对某一事物或谈判内容下了定论，不容更改。紧急事件的谈判中也可能出现这样的情况，而且由于这类谈判一般为多人参与，所以情况还可能会恶化。

- 语言粗俗——对方侮辱我，辱骂我，在交流中使用脏话。

- 威胁——对方不断威胁我，说他要停止谈判离开这里，他咆哮着告诉我我一定会后悔的，告诉我无路可走只能向他妥协，他否定我的备用方案，并向我炫耀他自己的备用手段（解聘、占领、辞职等）。有时这种语言上的威胁甚至会转化为行动。

- 表现激动——对方站了起来，举止粗暴，激动地挥舞着某个东西（例如钢笔、文件、水瓶、抽屉、椅子、小旗，就看他在手边能找到什么），他在谈判中离席，走出会议室时狠狠地关上门。他会气得满脸通红、汗流浃背。

• 空间上的强制占有——对方或是逼近我，弯下身居高临下地看着我，或是突然带着一群人闯入我的办公室，把我的房间和物品占为己有，查封我的财产，绑架我。

以上行为——如果需要的话，我们还可以不断拉长这张清单——这些言行令人反感，对谈判毫无贡献，我们甚至可以说如果谈判破裂，那就是拜它所赐。无论这些行为是否是谈判者有意为之，但在谈判另一方眼中，它们就是这样让人抗拒的。通常另一方会认为，咄咄逼人的一方是为了扰乱对方的方寸，达到操纵对方的目的，而有意识地采取这些手段的。这些会产生负面影响的行为，是谈判中令人无法忍受状况的直接来源。总的来说，咄咄逼人的一方利用自己的行为，让对方饱受情绪失控之苦。事实上，在谈判中这些行为并不少见，能够预见这些行为对整个谈判的损害。接下来我们将主要探讨以上行为可能带来的情绪影响，以及受迫方如何应对。

二、受迫方的习惯性情绪

攻击性的行为所催生的情绪，会随着时间的推移不断变化，而情绪的强烈程度也会不断加强：

初始阶段，我们的情绪处于可控的缓和阶段，这些情绪主要是简单的惊讶、措手不及、觉得好玩或者不快，同时我们在心里还会希望这一切可以"尽快过去"。

失望不断加剧的阶段，我们会觉得对方在兜圈子，我们感到气愤无力，甚至有可能勃然大怒，希望和对方大打出手，直接离席或者将对方赶出会议室。

极端阶段，此时我们的情绪已超越一个可控的临界点，我们的情绪爆发，无可挽回。我们不再犹豫是否要放任自己的情绪，我们甚至直接用暴力的行为或言辞还击对方。

在这个过程中，受迫的一方既没有时间也没有能力判断对方是否在进行情绪型的施压。他只是单纯地承受对方的压力，并试图做出合适的回应。所以整个局势对他十分不利，他开始无法接受，然后逐渐发展成了无法控制局势。

受迫方一旦达到愤怒状态，其可能的负面作用主要有以下两方面：①报仇。通常愤怒由报仇的欲望取代，一旦受迫方决心报仇，说出或做出危及其交易立场的可能性就会很大。②要么照我的方式，否则另请高明。愤怒也会使受迫方变得顽固，一旦生气了，受迫方也许会在所有的谈判立场上冥顽不灵地坚持着，一点让步或讨价还价的空间都不给，也许变得不愿默认任何改变，即使合理。

对于受迫的谈判者而言，平静心绪、倾听自己十分重要。因为只有这样才能找准自己在情绪时间轴上的位置，才能将自己控制在理性范围内。身处这一环境的每一个人多少都会有些暴躁易怒，但是所有人都应该努力对自己所处的情绪状态保持清醒，都应该能够确认自己距离爆发的临界点还有多远。谈判者内心越是急躁，他们就越无法把注意力集中在谈判内容上，离自己的目标也就越远。而谈判客体（谈判的内容）越是远离我们的视野，谈判主体（谈判的对方）越是有取代谈判客体的倾向，那么整个谈判就越容易亮起红灯，谈判者的情绪就越容易战胜理智。因此，认清情绪问题的先兆十分重要。

另一个需要时时记在心中的指向信号，就是我们对时间的感受。如果我们在谈判中情绪出现波动，我们体内的时钟就会失常，一切都会发生得十分迅速。我们既没有思考的时间，也没有行动的时间，话语有时脱口而出，好像根本不受我们的控制。因此，我们在这时会有时间不够用的感觉，没有足够的时间深思熟虑，一切都匆匆忙忙。但是时间不够的感觉有时也会伴随着时间太多的感觉出现，这一看似矛盾的现象，是因为尽管我们总是需要更多的时间来分析情境，选择策略，但是同时也希望可以尽早结束谈判。所以，在谈判遇到瓶颈的时刻，我们的时间感会比平时强烈许多。

上述的介绍对于谈判的控制十分重要，在棘手的谈判局势下，谈判者应该密切注意自己处于情绪时间轴上的哪个位置，避免在情绪方面的自我放任。

三、受迫方的本能回应

在面对对方的攻击性行为时，没有接受过培训或缺乏经验的谈判者的态度往往可以用一个词来概括：尝试。被步步紧逼的谈判者可能会依次采取以下回应对策：他尝试着让对方一直说下去，尝试着让自己的发言更有建设性，尝试着不发火，尝试着保持沉默，尝试着坚持倾听……但无论谈判者尝试着如何回应，通常这些尝试收效甚微，最后只是把谈判者本人弄得精疲力竭而已。随着谈判氛围越来越紧张，受迫方心底渐渐升起绝望之感，最后，会被迫做出本能性的回应。以下四种姿态是他们常有的选择：逃避、退让、对抗或妥协。

（一）逃避

就是指面对冲突避而不战。在某些情况下，逃避姿态并非如它显得那样的消极，尤其是在谈判桌外拥有良好解决方案的前提下。不过，在这种情况下，当场拍桌子走人和约定日后延期谈判之间仍是有区别的。自己的回应方式对对方产生怎样的影响，这方面的思考可以再继续深入。但是需要指出的是，逃避的方式与以下三种回应姿态截然不同，因为后三者都以促进谈判为目标，也就是说希望还能继续谈判。

（二）退让

就像沉默一样，把一切责任都归到自己身上，任由对方实施阴谋，任凭自己处于不利位置，以致最后完全放弃自己所坚持的立场。退让其实就是屈服，只要谈判者不断退让，这种好说话的态度就是进攻者最希望看到的，只需对谈判对象稍加压力，后者就会乖乖让步，而且下次谈判的时候进攻者很可能会故伎重演。不过这种谈判姿态在长期看来并不稳定：它好像一颗被延迟了爆炸时间的定时炸弹，最后还是要爆炸。如果受害方最后以牙还牙，将同样暴力的方法使用在进攻方身上，谈判只能陷入针锋相对的冲突状态。

（三）对抗，或与对方针锋相对，以牙还牙、以眼还眼

被进攻方准备用同样的方式和对方玩下去，他希望自己可以把这一招数玩得比对方更好，最后以此赢过对方。既然对方大声喊叫，那么我就要喊得比他更大声；他握紧拳头，我就挥舞拳头；他敲桌子，我就摔门；他发来一份充满恶意的电子邮件，我就用我的回复邮件对他进行狂轰滥炸。这种谈判态度的危险性显而易见，谈判情势不断恶化，谈判成本增加，谈判结果完全由偶然事件决定。此外，这种方式也不够合情合理，如果我们效仿对方的所作所为，我们也就很难理直气壮地对对方的行事方式进行批评。谈判就此陷入恶性循环，我们很难再确定到底是谁有理谁无理，每个人从自己的立场出发，都觉得错不在自己，因为对方才是始作俑者。在这种循环下，就像是先有鸡还是先有蛋的问题，我们很难说清楚到底是谁先挑起了纷争。

（四）妥协

妥协就是通过放弃自己对一些谈判内容的坚持，以换取更好的谈判环境。通常这种妥协的谈判姿态会带来很大的风险，因为每次遇到谈判双方关系紧张的情

况，就用实质性的让步妥协委曲求全，这和屈服的姿态一样，都属于不战而降、无功而返的情况。并且这种妥协未必总是有效的，因为有时它只会促使进攻方故伎重演，直到自己退无可退。

四、本能性行为或惯常性行为所造成的影响

虽然谈判者都知道以上大部分的惯常行为并不能有效地帮助我们实现目标，但是它们在谈判中依然很常见，因为谈判者们不知道除了这样做之外，还有什么别的选择。

在最好的情况下，上述行为可以产生效果，使谈判活动重新回到就内容而谈判的正轨上。但是在大部分的时间里，这些行为于事无补，这四种基本姿态（逃避、退让、对抗、妥协）所带来的结果往往是很糟糕的。据理力争可能会让谈判局面变得更糟——谈判陷入危机，最后只能以破裂告终。为了图一时之快而进行反击，结果只会让自己后悔，因为谈判活动和双方的合作关系都因此而破裂。面对对方的攻击，就怒气冲冲大发脾气，结果只能是自知失言，追悔莫及：我怎么就让自己说了这样的话呢？这样的以牙还牙在当时的确可以暂时平复心情，但它的灾难性后果却是长期的。总之，凭着直觉行事的谈判者，在最后只能得到一个并不满意的协议，或者只能在谈判桌外寻求解决之道，因为谈判进程的受阻就等于谈判在内容上也没有取得进展。

通常，受迫方并非对本能性回应行为的后果一无所知，他们知道这样做会带来怎样的消极影响，但是由于缺乏有效的训练，不知道还可以有什么别的选择，结果对此无能为力。

五、受迫方的替代性回应行为

如果说最常见的回应行为都属于本能性反应的范畴（例如我们上面提到的四种谈判姿态），那么在这里我们想指出替代性行为与它们是不同的。替代性行为是经过考虑之后做出的反应，这些行为的关键点首先就在于排除一切不利于目标的因素。谈判者在做出回应之前，必须有一个基本问题要考虑，该问题是我们在面对情绪性环境下一切言行的准绳：现在我准备要说或要做的，对实现我的目标有帮助吗？如果我对此仍抱有疑问，如果我的言行可能会使我与自己的目标背道而驰，那么我就应该克制自己，静下心来考虑到底应该采取怎样的替选方案。在所有有助

实现目标的举措中，有四步回应行为值得一提，它们在某种程度上就是我们手上的王牌。

第一步回应行为就是主动式的倾听行为。尝试理解对方需要我付出怎样的代价，包括理解他的情绪、理解他的考虑，甚至是理解他咄咄逼人的态度，我都应该表现出这方面的能力，包括重新向对方挑明这些负面情绪，虽然这样可能会刺激到对方。在谈判出现紧张局势的时候，没有任何时刻比此时更需要主动式的倾听，也没有任何时刻比此时更难做到主动式的倾听。这是是否掌握主动式倾听这一方式的终极考验，在我内心的情绪已经亮起红灯、在我心底有声音不断对我说“我不想再听这家伙说下去了，他应该滚一边凉快去”的时候，我是否还能够调动自己主动式倾听的能力呢？我们需要提醒自己，我们应该理解对方，但这并不等于要同意他的说法。留给对方自由表达的空间，也就是为自己争取时间，保证自己的退路。如果受迫方可以在不做出任何实质性让步的前提下，成功地理解对方，并向对方展示自己的理解，那么他就在成功的道路上迈出了一大步。所以，关键在于通过关注对方及其情绪方面的情况，最后理解对方、承认对方。

同时，谈判者应转换心态，欢迎对方批评和建议。谈判的大部分时间都花在相互指责上，与其拒绝对方的批评，不如对此持欢迎态度。我们不应要求对方接受或放弃某个观点，而应问对方这个观点是否有什么不妥，分析对方的否定态度，发现其中潜在的利益，并站在他们的角度改进自己的想法。根据从对方了解的情况重新定制自己的方案，这样批评就不再是谈判进程中的障碍。

这一方面是大多数进攻型行为的潜在要求，另一方面又是我们接下来采取建设性措施不可或缺的一部分。主动式倾听的技巧可以帮助我们重建与对方的关系。接着我们还可以进行积极的发言，可以向对方提出问题、假设、建议和要求，但最好不要直白地道出自己的目的或直接地指责对方，这是一个平复心绪、放缓节奏、克制情绪的时刻。

第二步，重新导向，就当什么事都没有发生，把对方攻击性的能量转化为有助于解决问题的能量，这就是柔道的技巧。此时我们应该重新引导语流的方向，对其进行疏导。当然这并不意味着我们要对对方的话语置若罔闻，而是指我们要能够超越表象，找出背后建设性的意图。这一步回应措施事先假定在对方咄咄逼人的话语背后隐藏着积极的意图，对方希望解决问题，而不是把问题弄得更加复杂。主要的准则就在于将对方针对自己的攻击重新引导到关注谈判内容的方向上去。我们需要将抱怨的话语集中分析，将它们引向有助于我们找到谈判问题的解决方法，或是找出在场各方都可以接受理由的方向。最后，附带着帮助对方意识到谈判之外解决方式的价值，但不能让这种暗示变成对方眼中的威胁，而是要帮助对方意识到重新展开就内容本身进行谈判的必要性。

这一步的技巧不仅要求谈判者具有极强的自制力，而且也要求进攻的一方要具有足够的善意，要求他能够心无旁骛地把注意力放在解决问题甚至是达成共识的目标上。要求双方暂时从当时的情境下跳脱出来，暂时忘记他们之间不愉快的过去。尽管不一定每个人都可以做到，但是为了能够更好地引导谈判方向，我们的目光应该越过不愉快的当下，想象美好的未来，暂时忘记眼下的不顺，因为这只是表面的现象而已。

第三步，关注于谈判流程的改善。如果积极的倾听活动无法帮助我们重新与对方建立起正常的联系，如果重新导向也无法让我们把话题转向谈判的实质内容，那么为什么不集中精力尝试着重新推动谈判向前发展呢？这就是如何展开谈判的问题，主要有以下两个步骤：

首先我们要让对方注意到我们还在进行谈判。此时谈判者的发言重在描述自己的个人感受和失望情绪，最好是从指责意味更少的“我”的角度传达信息，而不是从“你”的角度传达信息（当我觉得自己受到打压时，我就很难再集中精力，为我们的问题找出合适的解决之道），重在告诉对方此时自己不能有效地达成共识（按照目前的情况，我不认为自己有能力有效地继续我的工作），重在要求对方谈谈他的目标和动力来源（当你这样说或那样说的时候，你的目的是什么呢），或者直接以问句的形式“点破”对方的花招（我觉得刚刚你好像说了一些我明显不能接受的话，如果换作是我对你说了这样的话，你会如何界定它们？你会有什么感觉呢），有时为对方提供一面镜子，让他换位思考一下，让他意识到自己的行为不利于创造价值。

其次是改善谈判流程，提出互动准则（我觉得也许用另一种方式展开讨论会更有用些）。例如要求双方轮流发言，不要打断对方发言，禁止人身攻击，如果需要的话也可以暂停谈判，让双方平复一下情绪。虽然有时我们可以坐在原位上平静心绪（例如禅宗就主张在做出非原定的决定之前要深呼吸三次），但有时直接和对方一起站起来，出去喝一杯咖啡或者透透气（按照尤里的亲切说法就是“去阳台上吧”）也能够起到为激烈谈判气氛降温的作用。如果被进攻的一方觉得自己已经接近爆发的临界边缘，自己之后可能无法再以建设性的态度参与谈判的话，那么他可以直接向对方指出：尽管他也觉得很遗憾，但现在有必要暂时停止谈判。他无需指责对方，只是说眼下的情形让他无法继续谈判，但是他的大门始终向对方敞开，他也随时准备在平和交流的前提下重新和对方开始对话。

第四步可能的举措，就是换个谈判者继续谈判。谈判桌边的成员组成会影响谈判的质量，因此，我们可以要求新的成员加入，要求某些成员暂时退出，或是调整大家的角色。重新挑选谈判代表团的成员，或重新分配大家的发言任务。当然，如果要谈判另一方更换成员的话，措辞谨慎是必须的。不过，有时我们也可以私下和对方负责人交流（两人间交流），或是要求和对方的委托人（谈判另一方的上级）直接对话，或是就扩大或缩小两方代表团规模的问题和对方交涉，要求补充或减少己方或对方的某些谈判代表团成员。另外，要求其他的利益相关者加入谈判，以巩固己方同盟，也是可行的做法。一份忠实的谈判记录或第三方的在场也可以使谈判者在谈判中有所顾忌，表现得更为理智。如果谈判遇到死胡同，一个最好的解决办法就是引入一个被双方都视为中立的第三方来进行调解或仲裁。

六、替代性行为的预期影响

实践证明，替代性的回应方式，尤其是建立在主动式倾听之上的替代性回应，可以帮助我们减轻交流的紧张；帮助我们为他人提供一个表达空间（打开天窗说亮话）；帮助我们做出有建设性的举措，以期对方可以冷静下来终归正轨；帮助我们至少在表面上维持了双方的关系；帮助我们避免谈判破裂；帮助我们即使在离开谈判桌的时候，双方也可以保持互相尊重的关系。这些回应方式，可以更好地达到避免谈判陷入僵局、维持良性工作关系的目的，如果可能的话，它还有助于讨论谈判内容与发现解决方案。

当然，这些替代性回应行为并不是走出谈判困境的万灵药。每个人都可能会遇上棘手的谈判对手，在这种时刻，往往无论采取什么样的策略都不一定有效。所以此时最好的应对方式，就是只关注此时我们唯一可以控制、还可以调整行为方式的人，也就是我们自己。不要把大量精力花在对方身上，去关注他做错了什么，他不应该做什么，他应该留下什么让我们来做。如果尝试了种种方法都无法奏效的话，也许是时候下结论，准备结束谈判，求助于谈判之外的解决之道了。

在面对困难谈判时，谈判者不要效仿对方的言行。吉拉尔就提出要坚决禁止效仿他人行为的做法，即使对方的行事作风令人难以接受，一切都促使我们想要以牙还牙；即使对方总是打断我们，结果我们也想打断他的说话；即使对方提高声音，我们就想喊得比他更加大声；即使对方肆意指责我们发泄自己的负面情绪，我们就很想通过指责他以达到报复的效果……但是我们必须抵挡住这种失控的倾向，不要落入以牙还牙、以眼还眼的陷阱，在冲突的环境下，这对解决问题没有一点帮助。

记住，如果你的对手故意挑衅，没有什么比你冷静、公正与公平的反应更让他难以应对或困惑。你的控制会消除他的敌意，让他觉得愚蠢，在大部分案例中，让他的头脑恢复清醒。

案例应用

苹果如何进入中国市场

一、“白箱网络”中央区之探讨

1．“白箱网络”理论架构

现代商务谈判理论博大精深，谈判活动总体上涉及博弈论、信息论、公平理论以及“黑箱”理论。谈判策略就是依据上述理论展开的，其中“黑箱”理论始终贯穿于每一个谈判活动，可谓谈判策略的指导思想。在控制论中，通常把所不知的区域或系统称为“黑箱”，而把全知的系统和区域称为“白箱”，介于黑箱和白箱之间或部分可察黑箱称为“灰箱”。谈判双方的观点众多，既有相同部分，更多的是相左之处。所以，必须充分把握双方一致的谈判利益，确定哪些是谈判双方不相冲突的。在找准一致性与共性观点后，如何扩大这个“白箱网络”中央区，也就成为谈判双方的“重中之重”。

2．iPhone 手机谈判中的“白箱”中央区

下面四点即是谈判双方心知肚明的“白箱”。

(1) iPhone 的音乐下载功能。此功能帮助用户借助于 Windows 系统的 PC 从苹果应用软件商店 App Store 上下载音乐，既有助于实现苹果的增值服务计划，也有助于移动公司实现从“卖产品”到“卖服务”的转型。

(2) iPhone 上网功能。因为 iPhone 手机预先植入了 WiFi 功能，用户可以借此浏览网页、登录网上邮箱等，这与国内当时众多的所谓智能手机

案例应用

完全不同。这一特殊卖点,有助于联通公司吸引商务人士等更多高端用户,在与移动公司的残酷竞争中占据相对有利的位置。

(3)iPhone 的名牌效应。移动公司大张旗鼓地进行 OPhone 的布局尚需一个漫长的过程,而 iPhone 是已经经过市场检验的世界名牌,移动公司可以借助这一品牌巩固已有市场份额,联通公司可以凭借这一品牌在 3G 市场与移动公司一决高下。苹果公司可以依靠 iPhone 的名牌效应,将苹果产品和服务推广到中国这个世界最大的消费市场。

(4)中国手机营运商包销手机。苹果 iPhone 在全球开启了触摸式手机的潮流,中国消费者更是喜欢触摸式手机。iPhone 引入对国内营运商来讲是风险很低的买卖,尤其在吸引用户上远胜其他任何一款手机。苹果公司借道联通公司进入了全球最大的手机市场,同时挖掘了一个大卖软件应用的市场,苹果应用软件商店 App Store 可以为苹果公司带来大量的收入,通过联通公司发展 iPhone 用户后,苹果公司可以大量培育其应用软件在中国的"粉丝",并在后台收钱,这是一个非常划算的买卖。苹果公司获得了稳定的销售份额,移动、联通等营运商通过 iPhone 手机的销售获取市场份额、赚取丰厚利润、提高企业效益。在包销手机环节双方没有分歧,意见是一致的。

如果在"白箱网络"中央区基础上,将双方可谈判的空间扩大,即将共同区尽可能纳入中央区, 增大双方的共同利益,这种做法符合原则性谈判的宗旨,即"把蛋糕做大,使每一方的利益都增加"。对于国内营运商而言,谈判成功优点有二:一是引入 iPhone 可以促进营运商数据增值业务的发展(尤其是 iPhone 所搭载的无线音乐下载平台、上网功能),二是占据年轻高端用户群体。基于这两点考虑,国内营运商尤其是移动公司、联通公司才爽快答应每年包销数百万部 iPhone 手机。iPhone 正式入华后,苹果公司除负责售后维修支持之外,还将会继续参与推动产品销售的各项具体事宜,包括形象专区建立、分销终端的选择以及产品供应链的监控和管理。通过商务谈判,无论与谁合作,苹果公司在中国的"蛋糕"一定会越做越大。

案例应用

二、苹果 iPhone 手机谈判策略分析

iPhone 手机入华之说早已沸沸扬扬，其间多方博弈，明争暗斗。为了压制对方的谈判空间、达到己方的谈判目的，苹果公司与国内营运商之间演绎了一幕幕没有硝烟的谈判大战，细品之余，梳理出以下几条谈判策略。

1. 开诚布公

这一策略是指谈判双方在谈判过程中开门见山亮明自己的真实思想和观点，如实介绍己方情况，客观提出己方要求，以求得双方合作成功的策略。苹果公司为了及早进入中国市场，首先选择占据中国手机市场份额70%以上的移动公司，毫不遮掩地抛出了其酝酿已久的苹果模式——“分成模式 + 增值服务模式”。即每一个 iPhone 用户为运营商贡献的收入，苹果将获得20% ~30% 的分成；每销售一部手机，运营商一次性向苹果补贴600 美元，同时必须给予用户购机补贴的方案；用户可自由购买 iPhone，使用任何的 SIM 卡；iPhone 装载在线软件商店 iTunes APP Store，用户则到苹果的软件商店付费购买增值服务。苹果公司立足眼前——收取分成费，赚取未来——掌控增值服务，相对于移动公司的以往合作方案，简直是“狮子大开口”！

2. 声东击西

苹果公司深谙谈判策略，在进入中国市场的马拉松式谈判过程中，频繁地施放“烟幕弹”。2007 年市场爆出苹果公司与国内比较大的手机连锁经销商迪信通公司签署协议的消息，先是媒体宣称，迪信通副总裁陈京生曾表示：“迪信通已与 iPhone 签署战略协议，只要 iPhone 进入中国，首先就会进入迪信通的卖场。”他同时表示，iPhone 将于 2008 年春节前后进入中国内地市场。鉴于迪信通的网络优势主要体现在二、三级市场，与 iPhone 手机的目标消费群体有很大差异。“结盟迪信通”一说纯属谈判陷入僵局后，苹果公司迫使对方让步的一种谈判策略而已。接着，联通执行董事兼副总裁李正茂在澳门出席“GSMA 移动通信亚洲论坛”时向媒体表示，iPhone 在一些市场很畅销，联通有兴趣与苹果进行相关磋商。李正茂说：“如果有机会，我们也愿意（与苹果）磋商。至于（双方的）洽谈是否会展开，你得去问苹果。”又有消息称，苹果已经开始计划在北京开设直销店，绕开营运商与内地一些手机渠道商的合作也在洽谈中。苹果公司在与移

案例应用

动公司谈判中屡屡爆出新的谈判“绯闻”，其目的在于迫使移动公司就范，按照苹果模式签订谈判合同。苹果导演了一系列谈判，最终与联通公司达成合作协议，联通公司于2009年第4季度开始销售iPhone，包括3G版和3GS两款型号，双方的合作期限为3年。

3. 出其不意

众所周知，苹果公司在美国独家合作伙伴为全美最大移动营运商AT&T，在英国为O2，德国为T-Mobile。苹果进军中国必定首选占据中国手机市场份额70%以上的移动公司，但是，在谈判中移动公司与苹果公司“寸利必争”。从2007年开始，“半路杀出程咬金”的闹剧接连不断，先是迪信通公司自诩已经与苹果结盟，后来又跳出联通公司主动“伸出橄榄枝”，移动公司坚守阵地，谈判陷入僵局。苹果公司只透露2009年将把iPhone带到亚洲，而没有给出进入中国的时间表。出乎意料的是，“新娘要嫁人了，新郎却不是你”。2009年9月突然爆出苹果公司与联通正式签约，具体内容却半遮半掩，为世间留下悬念。苹果公司在中国市场寻找到了iPhone手机的市场“推手”，这是“出其不意”之策初见成效；联通公司尽管可以将iPhone变为自己的一个利润增长点，但无法改变目前移动公司占据手机运营市场多数份额的竞争格局，这完全在意料之中。

4. 留有余地

苹果公司与联通公司签订的iPhone在华销售代理合同并非排他性协议，中国联通代理的只是苹果3G iPhone和3GS iPhone两款机型。显然，苹果公司在中国又留了一条门缝——与移动公司谈判的大门仍然敞开着：苹果可能与移动公司联手，推出TD制式的iPhone；移动公司可能代理苹果2G版iPhone；移动公司和苹果公司可能携手面向未来，由移动公司代理苹果的4G iPhone在中国市场的销售。移动公司存在较大操作空间，在苹果公司与联通公司的结盟问题上，极有可能“插足其间，横刀夺爱”，而这正中苹果公司下怀。

思考题：

1. 简述“白箱网络”理论的主要内涵。
2. 苹果公司进入中国市场主要采取了哪些谈判策略？

ON NEGOTIATION

第九章 谈判礼仪

学习要点

谈判不仅是谈判双方基于政治利益、经济利益的交流与合作，也是双方具有的不同文化、习俗之间的碰撞与沟通。礼仪和礼节是人们自尊和尊重他人的生活规范，是对他人表示尊重的方式。同时，作为一种道德规范，礼仪和礼节也是人们文明程度的重要表现方式，它在一定程度上反映了一个国家、民族和个人的文明程度和道德水准。本章主要介绍了在谈判中谈判者应熟悉的礼仪和礼节，这是谈判工作者必备的基本素养。谈判的礼仪惯例包括服饰礼仪、双方馈赠礼品礼仪、迎送礼仪、签约礼仪等。在国际谈判中，应注意各国谈判者交往中的日常礼仪，包括风俗习惯、见面礼仪、交谈礼仪、宴请和赴宴礼仪等。

新闻导读

“世纪联姻”成一厢情愿！伦交所四条理由拒绝港交所并购

2019年9月13日，伦敦证券交易所（以下简称“伦交所”）正式发布声明，经董事会一致同意，拒绝香港交易所（以下简称“港交所”）的“世纪联姻”并购建议，并称该并购建议存在根本缺陷，与港交所无需做出进一步接触。显然，从伦交所对外声明的措辞中不难看出，对于并购建议，伦交所认为再无谈判的必要，特意强调“无需做出进一步接触”，态度鲜明。伦交所拒绝后，港交所随即做出回应称，对伦交所的拒绝感到失望，仍将继续与伦交所股东接洽，详细分析交易的裨益。截至当地时间13日收盘，伦交所股价报7 514英镑，涨幅3.61%。

9月11日，港交所提议，将港交所和伦交所合并，港交所行政总裁李小加将此次并购建议称之为“世纪联姻”。9月13日伦交所在官网发布声明称，董事会一致拒绝港交所收购提议，也没有必要与港交所进一步接洽。此外，伦交所收购金融数据提供商路孚特（Refinitive）的交易仍将在2020年下半年完成。伦交所还表示，我们认识到中国存在巨大的机遇，非常重视双方关系，也重视与上海证券交易所的互利合作关系。

1. 伦交所的四大拒绝理由，具体是：

(1)港交所的建议并不符合其战略目标。在伦交所给港交所的拒绝信中，开门见山说出主要原因，伦交所认为港交所的收购方案并不符合其战略目标。“我们认识到中国机遇的规模，非常重视我们在那里的关系。然而，我们不认为港交所为我们提供了在亚洲最好的长期定位，或在中国最好的上市/交易平台。我们重视与上海证券交易所的互利合作关系，这是我们首选的、直接的渠道，可以获得与中国的许多机会。”

(2)“结婚”手续复杂，婚后“离婚”风险高。伦交所称，考虑到监管机构、股东和伦交所要求的其他批准存在不确定性的情况下，其执行港交所建议的结果将是终止对路孚特的收购，从而完成对港交所的出售。

9月11日港交所提出的并购建议是有前提条件的：

第一，伦交所股东对路孚特交易进行表决并否决该交易，或路孚特交易终止、过期、被撤回或因其他原因不再进行。前述任何一项于2019年12月31日或之前(或港交所决定的其他较迟日期)发生。

第二,基于该建议交易的规模,需获得港交所股东的批准。

第三,其他协议安排及收购要约中常见的条款及条件,包括监管及反垄断的批准。

单第一条伦交所就很难执行,即要执行港交所建议的结果就是终止对路孚特的收购,从而完成对港交所的出售。

伦交所为何如此执着于对路孚特的收购呢?

2018年4月,伦交所任命前高盛银行家施维默为首席执行官。施维默上台后,为了巩固伦交所作为一家独立公司的地位,宣布以270亿美元收购路孚特。伦交所近年来一直在打造信息服务业务,将其作为比交易和清算业务更为稳定的现金流来源。与当今很多证券交易所一样,如今伦交所上市业务在其收入中所占的比例持续降低,而出售数据的收入逐渐增长,伦交所收购路孚特看中的就是其拥有的海量金融数据,一旦并购成功,将协助伦交所转型为金融市场数据及分析行业巨头,成为彭博社最强大的竞争对手。而且,伦交所的规模也将远远超过想买它的港交所。"伦交所收购路孚特是伦交所的业务转型之举。伦交所本身便是数据供应商,但伦交所掌门人有更大野心,希望在大数据时代引领潮流,规模越大越好。此外,对于对冲基金等数据用户来说,也很欢迎数据供应商的并购整合。毕竟数据供应商多,标准也多,会让数据用户无所适从",有香港投行向时报君表示。

(3)港交所股票代价没有吸引力。伦交所在信中提出,港交所提议的四分之三的并购代价是香港交易所股票,伦交所认为,这对其股东来说是一个吸引力较小的投资主张。

按照港交所对伦交所发起的要约收购,港交所将用"现金+定增"收购伦交所全部股本,伦交所股东持有的每股可获"20.45英镑+2.495股港交所股份"。合并完成后,港交所总股本将从12.58亿扩大到21.38亿股,其中伦交所股东持股占比41%。

伦交所指出,港交所股票代价的价值"本质上是不确定的",伦交所还质疑港交所长期作为战略门户的可持续性,特别是其业务集中于香港。

(4)并购建议中对其的估值严重不足。

基于上述四点考虑,伦交所董事长堂·罗伯特(Don Robert)在致港交所的函件中表示,没有必要与港交所进一步接洽,一致拒绝港交所的并购建议。

2. 伦交所:被众多仰慕者追求。自2001年公开上市后,伦交所在过去20余年里被众多竞争对手作为收购目标。其欧洲大陆竞争对手德国证券交易所先后三次出手都未能如愿,同样败下阵来的还有发起敌意收购的美国纳斯达克、瑞典证券交易所和澳大利亚投资银行麦格理集团(Macquarie)等。

有意思的是,自2017年与德国证券交易所"平等合并"的计划被欧盟委员会阻止以来,伦交所股价已翻了一倍多。在不断被出价并购的路上,伦交所自身也在不断扩张业务,在2007年收购了意大利证券交易所,2011年通过收购培生集团所持股份完全控制了富时国际,足见其野心。

2015年3月,伦交所持续8年的最大单一股东迪拜证券交易所宣布全数出手所持17.4%伦交所股份,涉及金额约15亿英镑,卡塔尔投资局(QIA)随即成为伦交所最大单一股东,持有10.3%股权。

资料来源:证券时报,2019-09-14(https://baijiahao.baidu.com/s?id=1644613365465795152&wfr=spider&for=pc).

礼仪和礼节是人们自尊和尊重他人的生活规范,是对他人表示尊重的方式。同时,作为一种道德规范,礼仪和礼节也是人们文明程度的重要表现方式,它在一定程度上反映了一个国家、民族和个人的文明程度和道德水准。在谈判过程中,谈判双方都渴望获得对方的尊重与理解。懂得并掌握必要的礼仪与礼节,是谈判工作者必备的基本素养。

第一节 谈判礼仪惯例

当今国际竞争日益激烈,国际商务和文化、体育交流活动日益频繁,一个公司、一笔交易的成败往往不仅取决于产品、服务质量和价格水平,更取决于公司对客户的态度如何,取决于其对谈判礼仪的知识掌握得如何。如果你懂得谈判礼仪,了解对方的文化风俗,就能够赢得客户的尊重和欣赏,从而达成交易。

在国际商务、文化交往中,必须遵守有关惯例。这些交往惯例即涉外礼仪,是指涉外交往中必须遵守的国际惯例。

内外有别,指的是在运用谈判礼仪时,对待自己人与对待外国客商有所不同。

中外有别,具体指在涉外交往中,必须意识到中国人的思维意识、文化背景和风俗习惯与外国客商的所作所为是有差别的。

外外有别,是指不同的国家有不同的文化和风俗习惯,因而会有不同的做法,不能一概而论。

一、服饰礼仪

服饰是指人在服装上的装饰。穿着打扮既是人类生存的基本要素,也是人体外在形象的重要组成部分。服饰是形成谈判者良好个人形象的必备要素。

服饰功能包括自然功能和社会功能。自然功能是指服饰的自然属性,即人类出于保护自身的需要,要求服装能遮阳防雨、抵御寒冷等。社会功能是指在自然功能的基础上所产生的社会效益。民族、性别、习惯、年龄等差异使人们在服饰上有很大区别。

在谈判活动中,服饰的颜色、样式及搭配合适与否,对谈判人员的精神面貌、留给对方的第一印象和感觉都将带来一定的影响。

(一)服饰要庄重、大方、优雅、得体

谈判者应根据自身的气质、体形特点选择适宜的着装,凡是最适合自身特点的服饰,一定是最美和最优雅的。从服饰的样式来看,尽管世界各民族的服饰各有千秋、式样繁多,但男士西装和女士西式套装已成为谈判桌上普遍认可的着装。

在谈判场合,谈判者应选择黑色、深蓝色、灰色和深褐色的单色服装,这些颜色会带给谈判对手稳重、成熟、严谨的可信任感觉,不遵守这一礼仪就会带来麻烦。1983 年6 月,美国前总统里根出访欧洲四国,曾因其穿了一套格子西装引起一场轩然大波,因为按照惯例,在比较重要的正式场合应着黑色礼服,以示庄重。

男士西装分为简易西装和精制西装两类,前者穿着比较随意,后者穿着却有一定的讲究。精制西装在穿着时应符合规定的制式:上衣、西装背心和长裤必须用同一种面料裁制,穿着时不可内套毛衣和外现其他内衣,不可卷袖和翻袖,应佩戴领带或领结,同时应配穿颜色及款式协调的皮鞋,不可穿旅游鞋和运动鞋。

（二）服饰要符合身份、个性、体形

谈判人员的穿衣打扮应具有一定的个性，要针对自己在谈判桌前的身份和自身的特点（包括性别、年龄、性格、职务等），确定服装的式样和色彩的搭配。

身材有高矮之分，体形有胖瘦之别，肤色有深浅之差，人的穿着应因人而异，扬长避短，藏拙显慧。换言之，体胖或身形高大者应选择冷色调，体瘦或矮小者宜选择暖色调；脖子短者应选择低领装，瘦削者不宜选择过于宽大的服装。

（三）服饰颜色的选择

服饰的颜色不宜过于单调，而应在某一色调的基础上求得变化。配色不要太杂，一般不能超过三种颜色。

黑色象征庄重，黑色的西装配上白色的衬衫会给人潇洒大方的感觉。

白色象征纯洁、素雅和洁净，给人以端庄的感觉。

灰色象征文静、朴素、含蓄，给人以谦虚、平和的感觉。

咖啡色象征浑厚、高贵，给人以力量、尊严的感觉。

蓝色象征安静、理智，给人以愉悦、智慧的感觉。

（四）仪容要求

谈判人员的发型要经过修整，发式要大方得体，不可追求过分时尚华丽；发丝保持清洁无头屑，不粘连；眼镜的大小要不夸张，镜框要清洁，不可佩戴有镜链的眼镜；口腔要卫生，忌吃洋葱和大蒜；指甲要保持清洁；男士的胡须应经常修整；在公众场合不可口嚼口香糖。

（五）女性服饰

在谈判活动中，女性人员的表现往往对谈判结果起到意想不到的作用。因此，女性在谈判中应注意得体、优雅的礼仪形象。

1. 着装。着装是女性在谈判中遇到的首要问题。在冬、春、秋季进行谈判时，女性以着西装，特别是西装套裙为佳，但在一般性的会谈中，女性可穿着毛衣套装，外配风衣或大衣。在夏季，女性着装应以西装套裙为主，但也可着连衣裙或长、短袖衬衫配西裙或西裤。

女装应注意不可以暴露、不可以透明、不可以超短、不宜过长。内衣更不可以外现，吊带装不能出现在谈判桌前。穿裙装时吊袜带、袜口不能暴露在外，一定要穿长筒丝袜。袜子的色彩和纹路不可鲜艳夺目，不可穿网眼款式，一般以黑色、肉色、浅灰和无色为主，袜子不可走丝或残破。

在进行正式谈判时，女士穿鞋戴帽需色泽及款式协调，最好不穿凉鞋，特别是无后带凉鞋。

2. 首饰。首饰的佩戴是女性在谈判活动中遇到的另一个重要问题。得体的首饰、化妆可以给人优雅端庄的感觉，会赢得对方的尊重和赞赏。首饰的选择应注意以下几点：

应尽量避免佩戴制作粗糙的首饰。

首饰的款式不应夸张，以少为佳，画龙点睛。

首饰的色泽应与服饰协调，质地相同，色彩一致。

合乎惯例，即戒指佩戴在左手，一般只应佩戴一枚；手链可同时佩戴，但戴在右手说明主人未婚，戴在左手说明“名花有主”。

不可佩戴有特殊忌讳的首饰，特别是不能佩戴侵犯谈判对方民俗禁忌的首饰。

3. 化妆。适度的化妆是尊重对方的表现，但在商务活动中，化妆不宜过浓，粉饰不宜过厚，口红不宜过艳，眼影不宜过深，尤其不可使用浓香型化妆品。

香水一般在四个部位使用：两手腕的脉动部位；下巴以下；耳根以后；裙装之内。在商务谈判过程中，女性切忌在众人面前照镜子和补妆，这是不尊重他人的表现。

二、双方馈赠礼品礼仪

谈判人员在相互交往中馈赠礼品，除表示友好、增进友谊和今后不断联络感情的愿望外，更主要的是表示对合作成功的祝贺和对再次合作的促进。因此，为表达心意针对不同对象选择礼品，就成为一门敏感性和寓意性都很强的艺术。

选择礼品的主要依据是对方的习俗和文化素养。谈判人员的文化背景不同，偏好和要求就会有所差异。比如，美国、英国、加拿大、澳大利亚等一些西方国家的谈判人员通常不在商务活动中赠送礼品，但是在日本，赠送礼品是建立和保持业务关系的重要因素之一。谈判人员馈赠礼品必须注意以下问题。

（一）礼物价值不宜过高

礼物的价值不宜过高，但一定要特色鲜明。比如在美国，一般的商务性礼物的价值在 25 美元左右，亚洲、非洲、拉美和中东等国家的客商则往往比较看重礼物的货币价值。

（二）注重对方的习俗和文化背景

谈判人员由于所属国家、地区有较大差异，文化背景有所不同，爱好与要求必然存在差异。

在阿拉伯国家，伊斯兰教禁酒，不能以酒作为馈赠礼品；禁止偶像崇拜，最好不要赠送带有人像和动物画片的图书或年历。

在英国，人们普遍讨厌带有送礼人单位或公司标志的礼品；白色的百合花象征死亡，菊花只用于葬礼，其他花可送人。

在意大利，赠送礼物的同时也在赠送快乐和愉悦，如塞满巧克力的糖桶和装潢精美的古典名著等，都是很好的选择。

在法国，康乃馨被认为是不祥的象征，只有在出席葬礼时才采用。

在日本，菊花是皇室专用花，所以普通人不得乱用；日本人认为荷花是不祥之物，只在祭奠时荷花才会出现。

在俄罗斯，给女主人只送红玫瑰，但数目不可为3。

我国一向以偶数表示吉祥，日本人却以奇数表示吉祥。西方人忌讳13这个数字，日本和韩国忌讳4这个数字，因此无论是赠送鲜花还是水果，都应注意避开这些敏感数字。

（三）礼物的选择

在选择礼物时，既要尊重对方的风俗习惯和偏好，又要突出中国的民族特色，并有一定的纪念意义，比如传统工艺品或奥运吉祥物等。有时，过于贵重的礼物会给对方造成有求于对方或产品本身可能存在缺陷的误解，结果会适得其反。

根据调查，外国客商大多喜欢我国以下几种礼品：

1. 景泰蓝礼品。景泰蓝是我国传统工艺的杰出代表，用它制作的纪念品种类繁多，受到外国朋友的普遍欢迎。其中，男士主要欣赏用景泰蓝工艺制成的打火机、笔，女士则喜欢饰物、镜子和随身盒等。

2. 玉佩。玉本身充满了神秘的东方色彩，我国的吉祥如意护身符更是如此。外国友人对玉的偏好以色泽温润、明光通透为佳，带有太极、八卦、汉字等图案的玉制品深受外国友人的喜爱。

3. 具有我国传统风格或印有汉字的服饰。这类礼品最受外国朋友特别是年轻朋友的偏爱。

4. 绣品。在我国各种刺绣礼品中,苏绣、湘绣受到普遍欢迎。

5. 水墨字画、竹制工艺品。

（四）礼物的包装

在选择好上述礼品后,要打好包装。在包装前,必须取下价格牌,否则是失礼的表现,这与我们有些国人在日常生活中的习惯完全不同。若礼物价值过高,会产生贿赂的嫌疑,常常引起对方不必要的疑虑,从而给谈判结果带来负面影响。

（五）收受礼品的礼仪

除了要向对方赠送礼品表示友好之外,谈判人员也经常遇到对方向我方赠送礼品的问题。对于赠送的礼品是否能够接受,要做到心中有数,因为如果你接受了一件礼物,就容易失去对某些事物或进程的控制。在谈判中,接受礼物必须符合国家和企业的有关规定和纪律。

国际谈判人员必须牢记自己是企业、国家的代表,而不是个人行为。当对方所送礼品不能接受时,应说明情况并致谢。在收受礼品时,对欧美客商一定要当面亲自拆开礼品包装,并表示欣赏、真诚接受和道谢。收礼后的还礼可以是实物,一般为对方礼物价值的1/2,也可以在适当时候提及,表示“不忘”和再次感谢对方。

三、迎送礼仪

迎来送往是常见的社交活动。在谈判中,对前来参加谈判的人员,要视其身份和地位以及谈判的性质和双方的关系等,综合考虑安排迎送礼仪。对方应邀谈判人员抵达和离开时,要安排相应身份的人员前往迎送。迎送礼仪方面的要求要注意以下几点。

（一）确定迎送规格

迎送规格依据前来谈判人员的身份和目的确定,适当考虑双方的关系,同时应注意惯例。主要迎送人的身份和地位通常要与对方人员相称,以对口、对等为宜。当事人因故不能出面时,可灵活变通,由职位相当人士或副职代替,但应向对方做出解释。通常迎送人员不宜过多。有时,从发展双方关系或其他需要出发,破格接待也是可以的,但除非有特殊需要,一般都按常规办理。

（二）掌握抵达和离开的时间

必须准确掌握对方谈判人员乘坐的交通工具的抵达和离开的时间,尽早通知有关单位和全体迎送人员。如有变化，要及时告知。要做到既顺利接送来客，又不过多耽误迎送人员的时间。迎接时，应在来客抵达之前等候；送行时，应在客人登机（车、船）前到达。

（三）介绍

通常先将前来欢迎的人员介绍给来客，可由工作人员或欢迎人员中身份较高者介绍。由于客人初到，常会比较拘谨，所以主人宜主动与客人寒暄。

（四）陪车

应请客人坐在主人的右侧。如有翻译，请其坐在司机旁边。上车时，最好请客人从右侧车门上车；主人从左侧车门上车，避免从客人膝前穿过。如果客人先上车坐到了主人的位置上，切忌不要让客人再移位。

（五）其他

迎送身份高的客人，应事先在迎送地安排贵宾休息室，准备饮料。

指派专人协助办理出入境手续及票务、行李托运等手续。及时把客人的行李送往住地，以便其更衣。

客人抵达住地后，一般不要马上安排活动，应让其稍做休息，起码给对方留下沐浴和更衣时间。只谈翌日计划，以后的日程安排择时再谈。

多方接待时要做好协调工作，规格要相差不大，活动不能重复，更不能脱节。

四、签约礼仪

签字仪式虽然时间不长，也不像举办宴会那样涉及许多方面的工作，但由于它涉及各方关系，同时又是谈判成功的标志，有时甚至具有历史转折的意义，谈判接待人员一定要认真筹办，一丝不苟。

（一）人员确定

签字人应视文件的性质由缔约各方确定，双方签字人的身份应大体相当。

出席签字仪式的人员，基本上是参加谈判的全体人员。如果因某种需要一方要求让某些未参加会谈的人员出席，应征得另一方同意。双方出席人数应大体相等。

（二）必要的准备工作

首先是签字文本的准备，有关单位应及早做好文本的定稿、翻译、校对、印刷、装订、盖火漆印等工作,同时准备好签约使用的文具、国旗等物品。

(三)签字厅的布置

由于签字的种类不同,各国的风俗习惯不同,因而签字仪式的安排和签字厅的布置也各不相同。

在我国,一般在签字厅内设置一张长方桌作为签字桌。桌面覆盖深绿色台呢,桌后放置两把椅子,作为双方签字人的座位,面对正门主左客右。座前摆放各自的文本,文本上端分别放置签字的工具。签字桌中央要摆放一个悬挂双方国家国旗的旗架。

(四)签字仪式的程序

双方参加签字仪式的人员进入签字厅后,签字人入座,其他人员分主方和客方按身份顺序排列于各方的签字人员座位之后。双方的助签人员分别站立在各自签字人员的外侧,协助翻揭文本及指明签字处。在签完本国本企业保存的文本后,由助签人员互相传递文本,再在对方保存的文本上签字,然后由双方签字人交换文本,相互握手。有时签字后,接待方备有香槟酒,供双方共同举杯庆贺。

第二节 日常交往礼仪

在国际谈判中,除了发扬我国优良的文化传统外,还应该在日常交往中注意尊重各国的风俗习惯,了解它们的不同做法。

一、风俗习惯

(一)守时守约

1. 先期约定。这一礼仪要注意:

掌握约定的时间。预约的前提是要尊重对方的选择,在此前提下,再商定到访的具体时间。作为客人,对主人提出的具体时间,应予以优先考虑;客人在提出方案时,最好多提供几种方案供主人选择。

了解约定人数。预约时,宾主双方应事先通报各自到场的具体人数及其身份,竭力避免自己一方中出现令对方反感的人员。双方人员一旦确定,就不能随意变动。尤其是客人一方，一定不能随意增加拜访人数，否则会令主人应接不暇，打乱主人的安排和计划。

2. 依约而行。对已有约定，一定要认真遵守。在商务交往中，如果和交往对象已有约定，就一定要依约而行，如约而至，信守承诺。既不要早到，让对方措手不及，也不要迟到，让对方等待。如有特殊原因需要变更约定，要尽早通知对方，并向对方致歉。

（二）热情有度

所谓热情有度，是指既要对别人热情，又要遵守一个界限，这个界限就是不能妨碍别人、影响别人，甚至给别人带来麻烦。

1. 关心有度。关心他人比关心自己为重是中华民族的传统美德，但是绝不能关心不该自己关心的事，要尊重他人的隐私。

2. 谦虚有度。在国际交往中，适度的谦虚是必要的，也是令人尊敬的。但是在那些推崇个性、强调自我表现的民族和国家面前，一定要意识到过分的谦虚会被对方误会，要把握好谦虚的“度”的含义。在许多外国客商看来，过分的谦虚往往是不必要的，过分的谦虚是没有实力或虚伪做作的表现。

3. 距离有度。所谓距离有度，是指与交往对象之间要保持适当的空间距离。这些空间距离在谈判活动中表现为私人距离、常规距离、礼仪距离和公共距离。

（1）私人距离。私人距离是指小于半米的距离，以及身体之间无穷接近的距离。显而易见，私人距离的适用对象是亲朋好友、家人、夫妻和恋人，以及需要扶老携幼之人。私人距离又称亲密距离，在涉外交往中私人距离一般是不可以使用的。

（2）常规距离。常规距离是指 0. 5 米 ~ 1 米的距离。这种距离是在人际交往中，或站或行时所允许保持的最为正规的距离，所以常规距离也称交际距离。

（3）礼仪距离。礼仪距离又称尊重的距离，是指 1 米 ~ 1. 2 米的距离。在这样的距离中，自己的动作不会触碰到别人，自己的飞沫不会喷到别人的脸上，也是尊重他人私人活动空间的表示。但必须注意的是，不同国家、民族的人对礼仪距离的理解是有差别的。比如，中东国家的客商表示信任或友好时，他们的礼仪距离要比其他国家商人的礼仪距离小得多。

（4）公共距离。公共距离是指在大庭广众之下与外人相处时的一种距离。如果是谈判对手之间，通常较为自由，约为 1 米 ~ 1. 5 米。如果是公共场所，陌生人相处的距离一般为1.5米以上。

(三)女士优先

在国际社会,女士优先是一种交际惯例。所谓女士优先,是指在社交场合,一个有教养的成年男士应该以自己的言行举止尊重、照顾、保护、关心、体谅女性,这是一个男士最基本的教养。它的具体要求包括:

1. 进门、出门时,男士要为女士开门。
2. 在女士面前,有教养的男士不可以吸烟。
3. 当女士落座或起立时,男士要为女士拉起凳子,或者拉近椅子。
4. 当女士在衣帽间更换外衣外套时,在场男士应予以协助。
5. 当女士在室外行走时,如果手提笨重物品,男士要上前主动提供帮助。
6. 当女士遭遇尴尬和难堪时,男士应主动上前排忧解难。

二、见面礼仪

(一)介绍

介绍时要有礼貌地以手示意,而不要用手指点人。要介绍清楚姓名、身份、己方国家和企业的名称。在商务谈判中,一般由双方主谈人或主要负责人相互介绍各自的组成人员。

介绍的顺序应注意遵循以下原则:

1. 先把年轻的介绍给年长的。

2. 先把职位和身份较低的介绍给职位和身份较高的。

3. 先把男性介绍给女性,即使女性非常年轻或刚参加工作也是如此(这项规则与我国文化中的传统习惯有明显差异)。

4. 先把客人引荐给主人。要注意,在人数较多的场合,主人应一一认识所有的客人,在谈判中这一点非常重要。另外,对于远道而来又是初次见面的客人,介绍者应准确无误地把客人介绍给主人。如果作为客人未被介绍人发现,最好能礼貌而又巧妙地找他人来向主人引荐,必要时毛遂自荐也不失礼。

5. 先把个人介绍给团体,然后介绍团体的成员。介绍时,除女士和年长者外,一般都应起立,但在宴席和会谈桌上不必起立。被介绍人要微笑点头表示礼貌。

（二）握手

握手的时间长短要适宜，一般为3秒钟左右。

握手的力量要适度，男性与女性握手时，往往只握其手指即可。

握手时，应面带笑容注视对方，切忌目光左顾右盼。

女性与他人握手时应先脱去手套（如果佩戴手套的话），但地位及身份较高者例外。男性应脱去手套才能与他人握手。

握手要注意先后顺序。在上下级之间，上级伸手后，下级才能伸手相握；在男女之间，女士伸手后，男士才能伸手相握；在主人与客人之间，主人应先伸手，客人再伸手相握；多人握手时注意不能交叉，待别人握手完毕后再伸手；在与某人握手时，不要看着第三者，这是很不礼貌的表现。

要注意的是，握手并非是全球通用的礼节。例如，在东南亚一些佛教国家是双手合十致敬；在日本、韩国是鞠躬行礼；美国人只有被第三者介绍时才行握手礼；东欧一些国家的见面礼是相互拥抱。

（三）致意

如果遇到谈判双方或多方之间相距较远，一般可举右手打招呼并点头致意。与相识者侧身而过时，应说声“你好”。与相识者在同一场合多次会面时，只点头致意即可。与一面之交或不大相识的人在谈判场合会面时，均可点头或微笑致意。如果遇到身份高的熟人，一般不要径直去问候，而是在对方应酬活动告一段落后，再前去问候致意。

三、交谈礼仪

（一）称呼

在正式介绍时，应使用对方的尊称和对方的姓，同时要注意姓名的构成。一般来说，西欧和美国的姓名构成是名在前、姓在后，拉美国家一般是母亲的名字在前、父亲的名字在后。讲西班牙语的国家，父亲的名字在前、母亲的名字在后。韩国和中国一样，姓在前、名在后。美国和比利时的已婚职业妇女，仍使用她们婚前的姓。在德国，“先生”或“女士”用在职称前，两者并用。在日本，在姓名后加“san”表示尊敬，意思接近于“先生”或“女士”，但这是一个敬语，切忌在自己姓名后加“san”。

在称呼对方姓名时，应注意自己的发音。如不知对方姓名如何发音，可直接向对方请教,否则,如果每次都把对方姓名读错,是非常不礼貌的。

(二)名片交换

在不同国家,名片交换的重要程度不同。在国际商务谈判中,应根据有关国家的礼仪来决定名片如何交换。当然,无论采用何种方法,名片的交换都有助于加深双方的了解。

在设计和交换名片时,应注意以下几点:

1. 设计有两种语言的名片。设计一面是中文、另一面是英文或东道主国家语言的名片。在名片上,应标有职务和头衔,这种头衔有助于对方给你以恰当的礼遇。这种头衔在许多国家是非常重要的。

2. 把名片放在自己口袋里或公文包内,以便随时取用。名片应保持完整无损,并放在一个精致的名片盒或袋内。同时,要带足够的名片,因为有时可能见面人数较多,交换名片时必须保证每人一张,缺少是比较尴尬和失礼的。

3. 了解递交名片的场所与时机。在美国和澳大利亚,交换名片比较随意,有时甚至不需要交换。但在有些国家,交换名片显得比较正式、隆重。

在日本,交换名片是在鞠躬和自我介绍后进行,客人先递交名片。如果你是被介绍者,递交名片必须在被介绍之后进行。

在阿拉伯国家,交换名片一般是在会面后进行,也往往在握手时交换名片。

在葡萄牙,交换名片是在见面后立即进行。

在丹麦,交换名片是在见面开始时进行。

在荷兰和意大利,通常是在第一次见面时递交名片。

在社交活动场合,不宜递交名片或要求赠送名片。

4. 熟悉递交名片的方式。在递交名片时,应把英文或东道国国家文字的那一面朝上,把中文的那一面朝下。

在中东、东南亚和非洲国家,应用右手递交名片,因为印度、印度尼西亚、马里等一些国家的人用手抓饭,认为右手是干净的,左手则是不干净的。

在日本和新加坡,应用双手递交名片。

5. 懂得如何接受名片。当接到名片时,应说一声"谢谢"或点头微笑,同时对名片加以研究,切记不能玩弄名片。在认真阅读后,应郑重地将名片放入自己的名片盒内或夹到文件上,不要在接到名片后一字未看就随便放入口袋中,这是十分失礼的。

如参加会谈时接到的名片较多,可将名片在桌上摊开,并将名片与人对号,会谈结束后再将名片收起放好。

(三)谈话与举止

1. 表情自然。谈判人员不要离对方太近或太远,不要拉拉扯扯、拍拍打打。

2. 手势适当。谈判人员的手势要文明,幅度要合适,不要动作过大。不要用手指指人或拿着笔、尺子等物指人。

3. 参加别人的谈话时要先打招呼。别人在与他人谈话时,不要凑近旁听。若有事需要与某人交谈,要等别人谈完。有人主动和自己交谈时应乐于交谈,第三者参与交谈时,应以点头或微笑表示欢迎。谈话过程中遇有急事需处理或需离开时,应向对方表示歉意。

4. 人多时与所有人交谈。当交谈现场超过 3 人时,应不时地与在场所有人交谈几句,不要只和一两个人说话,而不理会其他人。当所谈问题不宜让别人知道时,应另选场合。

(四)自己讲话时要给别人说话的机会

自己讲话时要给别人发表意见的机会,别人讲话时也应寻找机会适时地发表自己的看法。善于聆听别人的讲话,不要轻易地打断对方的发言。一般不谈与话题无关的内容,如对方谈到一些不便谈论的问题,不要轻易地表态,可转移话题。对方发言时,不应左顾右盼、心不在焉、注视别处或显出不耐烦的样子。不要做看手表、伸懒腰、玩东西等漫不经心的动作。

(五)谈话内容

谈话的内容不要涉及疾病、死亡等不愉快的事情,不要谈论荒诞离奇、耸人听闻、黄色淫秽的事情。

(六)不询问

不询问女士的年龄、婚姻状况,不询问对方履历、工资、财产、衣饰价格等,不对别人评头品足,不讽刺别人,也不随便谈论宗教问题。

(七)男士一般不参加女士之间的讨论

男士一般不参加女士圈的讨论,也不要与女士无休止地交谈而引人反感侧目。男士与女士交谈时要谦让、谨慎,不随便开玩笑,争论问题要有节制。

（八）交谈时的距离

距离的含义是既要尊重他人，又要听清话语。一般来说，美国人、亚洲人与人交谈时的距离稍远，阿拉伯人的交谈距离较近，甚至仅有3英寸，欧洲人的交谈距离居中。

四、宴请和赴宴礼仪

（一）宴请礼仪

各个国家和民族都有自己的特点和习俗，采用何种宴请方式，通常根据活动目的、邀请对象及经费开支等因素决定。

1. 确定宴请方式。可以选择正式宴会、便宴、家宴和工作餐等形式，选择时主要依据时间、费用、交易重要程度等因素。

2. 确定邀请对象和名义。确定邀请对象的主要依据是主、客双方的身份，主、客身份应对等。身份低的人邀请对方高级人士是不礼貌的；身份高的人邀请身份低的人属于规格过高。日常交往中的小型宴请，可根据具体情况，以个人名义或夫妇名义出面邀请。

3. 确定邀请范围。在确定邀请的人员、级别、人数和主人一方由何人作陪时要多方面考虑，比如宴请的性质、主宾的身份、国际惯例、对方招待我方的做法或政治背景等。

4. 宴请时间和地点的选择，一般需注意以下几点：

宴请的时间应对主客双方都合适。注意不要选择对方的重大假日、有重大活动或有禁忌的日期和时间。小型宴请应首先征询主宾的意见，最好相机口头询问，也可用电话联系。主宾同意后，时间即被认为已最后确定，可据此邀请其他来宾。注意不要在客人住的宾馆招待设宴。

各种宴请活动一般均发请柬，工作餐可不发。选菜不是依据主人的爱好，而主要考虑主宾的喜好与禁忌。比如，伊斯兰教徒用清真席，不用酒和大肉，甚至不用含酒精的任何饮料；印度教徒不能用牛肉；佛教和一些宗教人士吃素；也有因身体原因不能吃特定食品的，应事先询问并注意。不要以为价格越高，菜就越好。例如，海参价格很高，很多外国客商却不喜欢吃。事实上，用特色食品招待更受客人欢迎。但是，无论哪一种宴请，最好都要事先开列菜单，征求主宾的同意。宴请不求豪华,以温暖、愉快、民族特色鲜明为上。

宴请要排好桌次和座次。国际上的习惯是:以离主桌位置远近决定桌次高低;在同一桌上,以离主人的座位远近决定座位高低,右高左低。

(二)赴宴礼仪

1. 应邀。接到邀请后,能否出席要尽早答复,以便对方妥善安排。接受邀请后,不要随意改动,万一非改不可,尤其是主宾,应尽早向主人解释、道歉。

2. 出席时间。迟到、早退、逗留时间过短都是失礼行为。主宾、身份高的客人可略晚一些到达,一般以晚到5分钟左右为宜。一般客人应略早到达,提前两三分钟。主宾退席后,其他客人再陆续告辞。

3. 入座。要清楚自己的桌次和座位,不可随意乱坐。

4. 进餐。入座后,主人招呼即可开始进餐。用餐时,身体与餐桌之间要保持适当的距离,以方便取食和不影响邻座;进餐时,应尽量避免打喷嚏、咳嗽、打哈欠等,实在无法抑制时,应用餐巾纸掩住口鼻。

5. 交谈。无论是做主人、陪客还是宾客,都应注意与同桌的人交谈,特别是左右邻座,应相互介绍认识并做简略交谈,不要冷落其中的任何人。

6. 饮酒。在主人向主宾敬酒、致辞时,应暂停进餐,停止交谈,注意倾听,并向主人或主宾行注目礼。参加宴请时,可适当饮酒,饮酒量要控制在自己酒量的1/3以内,饮酒过量或勉强他人饮酒都是失礼的行为,一定要避免。

7. 喝茶、咖啡。喝茶或咖啡时,要用左手端起茶碟或咖啡碟,右手端杯,不要用搅拌用的茶匙把茶或咖啡放入口中。

8. 吃水果。水果一般会去皮切块,要用叉子或牙签取食。

案例应用

两位商界的老总,经中间人介绍相聚谈一笔生意,这是一笔双赢的生意,而且做得好还会大赢,看到合作的美好前景,双方的积极性都很高。A老总首先拿出友好的姿态,恭恭敬敬地递上了自己的名片,B老总单手把名片接过来,一眼没看就放在了茶几上。接着他拿起了茶杯喝了几口水,随后又把茶杯压在了名片上,A老总看在眼里,随意谈了几句话,起身告辞。事后,A老总郑重地告诉中间人,这笔生意他不做了。当中间人将这

案例应用

个消息告诉B老总时,他简直不敢相信自己的耳朵,一拍桌子说:"这不可能!哪儿有见钱不赚的人?"他立即打通A老总的电话,一定要他讲出个所以然来。A老总道出了实情:"从你接我名片的动作中,我看到了我们之间的差距,并由此预见到了未来的合作还会有许多的不愉快,因此,还是早放弃的好。"闻听此言,B老总放下电话痛惜失掉了生意,更为自己的失礼感到羞愧。一个接名片的动作,就丢掉了一桩生意,这使他认识到,在生意场上,人们不是只看产品质量,更要看人的素质。

思考题:

1. 你认为A老总的做法明智吗?说说你的想法。

2. 如果B老总是美国人,或者是拉美人,如果你是A老总,你将怎么做?

判断题:

判断下列说法正确与否,并说明理由。

1. 不要公开批评日本人,这会使他们在同事面前丢脸,他们会感到羞辱和不安,谈判也会因此受到影响。

2. 与韩国人谈判,不要说"不"字,谈判后要及时离开。

3. 与印度人谈判时,要多以事实和数据说话。

4. 菲律宾人对时间比较随便,会议或约会往往比约定的时间要晚10~20分钟。

5. 如果到信奉伊斯兰教的国家谈判,不宜派女士当谈判负责人。

6. 与巴基斯坦和孟加拉国谈判,最好不要用电话商谈。

7. 与中东各国进行谈判,应一开始就进入主题,不要浪费时间。

8. 与大洋洲人谈判时,越谦虚越容易博得对方的尊敬。

9. 与韩国人谈判时要与男士握手,对女士鞠躬。

10. 与美国人谈判时忌讳使用降价的谈判方法。

ON NEGOTIATION

第十章 谈判风格

学习要点

在谈判活动中，由于谈判场合、地点以及人员的不同，每位谈判人员和每个谈判团队都应该选择一个有利于达到目标的谈判风格。同一种风格不一定在每一个场合都有效，也不是每种场合都适合各种风格。谈判人员和团队应该随着场合及对方实力的不同而灵活地改变自己的风格。

新闻导读

RCEP 协定生效面临的问题与风险防范

2020 年 11 月，习近平主席在亚太经合组织（Asia – Pacific Economic Cooperation，APEC）峰会第二十七次领导人非正式会议上表示，中方将积极考虑加入全面与进步跨太平洋伙伴关系协定（Comprehensive and Progressive Agreement for Trans – Pacific Partnership，CPTPP）。这一方面表明中国将在目前区域全面经济伙伴关系协定（RCEP）的基础上继续推动制度改革与对外开放，达到更高的贸易投资自由化水平，另一方面也意味着现有的 RCEP 与 CPTPP 两条轨道并非完全独立，可能会在未来条件成熟时融为一体，为亚太经济共同体的建成做出贡献。不过，考虑到缔约方多为发达国家，CPTPP 在诸如知识产权保护、数字贸易、国企治理、劳工和环境等方面设立了远高于 RCEP 的标准，以中国目前的实际情况不容易满足。但是，正因为当前世界经济的表现形式已发生重大改变，旧有的全球贸易体制变得不适应新情况，国际经贸规则开始由多边主义向区域化、碎片化发展，中国才应该把握机会，倒逼国有企业改革，强化市场在资源配置中的基础性作用，提高中国市场的承压能力，营造良好的法治化营商环境，争取参与到更高水平、高标准的区域自贸协定中。

相比 CPTPP 而言，仍在谈判进程中的中日韩自由贸易协定（Free Trade Agreement，FTA）应该是中国近期最为关注的区域自贸协定。尽管 RCEP 的签署已经间接打通了三国之间的贸易壁垒，但中日韩 FTA 势必会在目前 RCEP 的基础上，根据三国的实际能力与需求提出更高的标准，形成推动东北亚区域经济一体化的“RCEP +”。中日韩 FTA 最重要的意义在于中国完全参与了规则的制定过程，掌握着相当的话语权。与直接加入已经生效的 CPTPP 不同，中日韩 FTA 若能成型，中国将在此过程中积累丰富的谈判经验，探索适合中国发展的制度框架和实施途径，为贸易自由化和经济全球化做出更多贡献。

特朗普上台后发布总统令退出跨太平洋伙伴关系协定（Trans – Pacific Partnership Agreement，TPP），严重挫伤了这一区域性贸易协定的重要性和影响力。考虑到美国方面可能产生的一系列不确定性和风险因素，关注拜登政府的对华政策以及印太战略的实时动向显得至关重要。

日前,拜登政府已表态"俄罗斯是美国最大威胁,中国是最大竞争对手"。这意味着尽管中美双方不处于敌对状态,但在具体竞争领域摩擦冲突不可避免,并且涉及的议题将从之前的以经贸问题为绝对核心转向多议题并重,比如拜登强调在5G、人工智能等产业和技术领域建立美国主导的规则体系,加大对华规制力度。不过,拜登认为特朗普推行的单边主义和贸易保护政策造成了全球贸易的扭曲,疏远甚至恶化了美国与盟友之间的关系。因此,拜登在任时期中美间的合作空间或将有所扩张,但仍要注意在敏感问题上两国面临的尖锐矛盾。

除对华政策的改变外,拜登上台后的一大重要转变即恢复与盟友间的密切关系,重返多边主义框架,增加共同利益。对于特朗普的政治遗产"印太战略",拜登政府并没有表态批评,而是更有可能延续和深化这一战略的细节内容。拜登及其顾问认为,奥巴马时期制定的"重返亚太"战略是应对中国挑战的必要之举,更宣称在其治下的美国将会加强与日本、韩国和澳大利亚等传统盟国的关系,并继续深化与印度和印度尼西亚等国的"战略伙伴"关系。由此可见,拜登政府对于亚太地区的一体化进程十分关切,不可能接受美国被排除在亚太地区"游戏规则"的制定者范围之外,所以美国接下来的动作值得高度关注。此外,拜登政府仍可能重返TPP,拉拢日本、韩国、印尼、泰国等其他亚太经济体组建一个"由志同道合的国家组成的强大集团",削弱RCEP的地区影响力,为中国参与制定国际经贸规则和进一步融入世界经济体系制造障碍。在这种情况下,我们应主动作为,加大开放力度,充分利用地缘上的邻近性和经济上的相互依赖性,强化与周边贸易伙伴之间的经贸合作关系,以RCEP为基础推动构建亚太自贸区,依托"一带一路"倡议拓展欧亚大陆发展潜力,提升国家形象,传递中国理念。

资料来源:沈洁.RCEP协定生效面临的问题与风险防范.区域经济评论,2021(03):122~129.

第一节 个人风格

每个谈判人员都有自己的谈判风格,这取决于其文化背景或职业责任,或者由谈判人员对一次性合作或长期的多次可重复性合作的偏好决定。本节将介绍不同的个人谈判风格及其应用。需要注意的一点是,不会有人在谈判中只采用其中的一种风格,谈判人员往往将根据具体情况把各种风格结合起来。当然,很少有人会选择与他们个性相对立的风格。

本节就是为了使谈判人员能够通过对不同风格的了解来选择最适宜他们性格的一种谈判风格,或使他们进行有效的风格组合。

一、常见的谈判风格类型

应该承认,很难将谈判场上谈判人员的风格一一廓清,但对谈判实务中典型的、最常见的谈判风格却不难有个明晰的了解。纵观中外有关谈判研究的书籍或文章,专家们谈的较多的谈判风格有以下六种。

(一)领导型的风格

领导型的谈判风格,系指谈判人员在谈判中习惯处在主动操纵谈判的位置。这种风格也叫主宰型或权力型风格。

在表现上,一般自负自信,自以为是,有的还趾高气扬,甚至仗势欺人。

这种谈判风格的谈判人员比较注重外表的修饰,以显示身价和地位并营造一种领导的风度,其表现不分场合,为主时、为客时,均以主自居;逆境时、顺境时,还是以主而居。

(二)跟随型的风格

跟随型的谈判风格,系指谈判人员在谈判中习惯于随动的谈判位置。这种风格也叫被动型谈判风格。

在表现的态度上,一般显得谦虚、圆滑,不会自以为是,更不会趾高气扬,喜欢调动对手的积极性。这种谈判人员注重自己外表的稳重,不论为主时、为客时,也不论谈判顺利时、僵持困难时,均会以随和的态度处之。

(三)进攻型的风格

进攻型的谈判风格,系指谈判人员在谈判中习惯于主动向对方发起攻击,以求谈判成果的做法,或者说,惯于处在主动向对手攻击的位置。这种风格也叫挑剔型风格,这是由于谈判中的进攻就是挑出对手的毛病之故而得名。

在表现的态度上,坚决、急切、毫不留情且永不满足,大有“顺之者昌,逆之者亡”之势。这种谈判人员不过于注重外表的修饰,而重实力与实利。不论在为主还是为客时,也不论谈判顺逆,主要考虑挑剔对手,而对自己的反省仅在对手让利之后。

(四)防守型的风格

防守型的谈判风格,系指谈判人员在谈判中习惯处于以守为攻的位置。因为防守的成功需要顽强的谈判,故这种风格亦称顽强型风格。持这种风格的谈判人员在谈判时谨慎严谨,意志坚强,善于诡辩。设防需缜密,否则就要"溃堤";要守则需坚决、有耐性;防守之盾为理由、为说辞,常有理,常有词,需调用诡辩术。

防守型谈判人员不太注重外表的修饰,对自己的弱点或对手的理由较为关注。

(五)闪电型的风格

闪电型的谈判风格,系指谈判人员在谈判中习惯采用快速进攻或结束谈判的手法。因其表现为快速,故亦称快速型谈判风格。这类谈判人员在谈判中多采取简捷、开门见山、出手果断的谈判态度。

这类谈判人员不过分考虑外在的繁文缛节,把注意力全然放在对方与己方阶段性目标及最终的出手交易条件上,不论是主座谈判还是客座谈判,也不论谈判是否顺利,始终把谈判目标放在第一位。

(六)太极型的风格

太极型的谈判风格,系指谈判人员在谈判中惯于软硬兼施、刚柔结合。由于阳刚与阴柔兼蓄,如太极之合,故称为太极型,也可称之刚柔兼合型。这种风格的谈判人员在谈判中能进能退,不急不躁。动则坚决,静则温和,实话实说,好则说好,坏则说坏,取平和之心,创亲合之势,克对手愠怒于初,促对手逐利向前。

一般来说,太极型的谈判人员为主时,多后发制人,以礼在先,渐入实质;为客时,善于随机应变,顺势进退。谈判顺利时,刚多于柔;谈判艰巨时,柔多于刚。

二、各种谈判风格的利弊

从上述分析中不难看到各种典型风格的特征,以及这些特征对谈判的影响。由于风格是谈判人员的组织手法,又是谈判人员个性的标记,因此它具有两面性——积极性与消极性。只有正确分析这两面性,才能有效运用不同的谈判风格。

(一)领导型的风格

其利在于:对谈判拥有支配性,从而获得主动的谈判地位,同时会创造一种心理压力，使对手无形中自觉“为臣”，削弱其谈判斗志。再者，还可以使谈判以我为中心，使谈判组织更有效、费用更低。

其弊在于：必须真正拥有物质上的实力——谈判条件变化余量大，主谈人组织能力强。此外，处于主宰地位时，还应把握好“度”——不伤对手的自尊，从而避免可能激起的对抗。

（二）跟随型的风格

其利在于：易于侦察对手的情况，给自己留有的谈判余地较大，在跟随的过程中也便于给自己储备谈判的能量——进攻的理由和退让的时间。

其弊在于：跟随之中容易丢失一方尊严——谈判的威力，讲话的效力。此外，在跟随对手的谈判中，需要找准己方出手的机会，因为对手的出手机会不等于己方的出手机会。

（三）进攻型的风格

其利在于：可以营造一种气势——无畏的谈判气势，对于怕事的对手或拘谨的对手，这种大胆的谈判作风着实有震慑作用。此外，对推动谈判来讲有其积极性，因为暴露问题就是解决问题的前奏。

其弊在于：易于暴露自己的弱点，因为进攻中的“炮弹”——理由和条件无不反映进攻者的想法、追求和内部秘密，其中不利于己的信息就有可能暴露。此外，也有可能受到对手的顽强抵抗，以至于挫败进攻锐气，这需要谈判人员有良好的心理素质，去迎接对手的挑战。

（四）防守型的风格

其利在于：不易丢失利益，由于明确守利，自然放利之时一定为收利时，故不会丢利。此外，可以给对手制造精神创伤，因为顽强防守，对于骄躁脆弱的谈判人员可能起到精神挫伤的作用，使其失去耐心，失去斗志。

其弊在于：容易产生僵局，处处防守处处僵，有时会出现该僵的局面僵、不该僵的局面也僵的情况。此外，谈判代价较大，由于谈判僵局多，达成协议所需的时间往往较长，增加了谈判成本，同时也增加了谈判破裂的风险。

（五）闪电型的风格

其利在于：谈判明快，谈判场面清新、简捷。同时，这种简捷的作风促使双方尽快接触本质，从而使谈判效率提高，谈判成本下降。

其弊在于:谈判人员在条件与时间可供调度、回旋的余地较少,因为快速,条件的分割层次有限,可供使用的时间长度也有限。此外,容易造成"摊牌"的僵局,使本可以再商量或需要再创造条件的交易在速度允许的时间段中丧失。

(六)太极型的风格

其利在于:谈判攻防灵活,既不过分压制对手,又可自由躲闪对手的攻击。此外,可以有效解决谈判难题,在宽松的环境中双方寻求解决的空间。同时,所有的条件均在一种交换状态下进行,使谈判更稳健。

其弊在于:这种风格需要充足的时间做保证。太极的游刃有余需要时间与空间,当无时空条件时,这种风格便难以生存。此外,这种风格会给谈判人员罩上误会的外衣——过于油滑而显不实,太极有虚,从虚中求实,当对方或旁人仅关注虚的一面时,易产生误会。

三、谈判风格的应对

对于各种谈判风格的优点,善于运用就可以帮助谈判人员实现谈判目标;对于其不足之处,若不妥善处理,就会造成负面影响,阻碍谈判目标的实现。因此,在面对具有谈判风格的对手时,需有应对之策。

(一)借用优势推动谈判

1. 领导型的风格。这种风格可以借用的点有:

控制能力和组织能力,可使谈判进行更有效,加速双方信息的交流。

实力使谈判的可塑性较大,讨价还价有余量,易于向谈判目标靠拢。

2. 跟随型的风格。这种风格可以借用的点有:

跟随形成了一定自由度,可使谈判减少无谓的抗争,易于创造良好的谈判气氛。

应该讲,谈判中的后手也是手(出条件的行为),可以先手逼后手,手手要求相应,那么双方易于向目标靠拢,使谈判进程加快。

3. 进攻型的风格。这种风格可以借用的点有:

无畏的态度可以使谈判更坦率、信息更丰富,使谈判议题的真面貌能较早显现在谈判桌上,便于谈判双方寻求解决的方案。

轰然的气氛可以用来丰富谈判组织的手段,让谈判的进程波澜起伏,在这过程中使谈判双方均有忧患意识,促使双方寻找“安全的陆地”,调整谈判的态度。

4. 防守型的风格。这种风格较为保守、消极,但仍有可借用之处:使谈判战场开阔,攻击点灵活。具体说是在谈判的组织上,可以有较大余地选择谈判议题,安排谈判的程序和方式。运动战是双方在这种风格情况下最易进行的谈判方案。

5. 闪电型的风格。这种风格可以借用的点有:

速度。加快谈判进程,减少谈判时间,降低谈判成本,对双方均有利。

余地。因其不留太多的余地或其表象就是不留余地的态度,可迫使双方及早进入决战。

6. 太极型的风格。这种风格可以借用的点有:

灵活。可使谈判桌上有最大的回旋余量,谈判人员易于从困境中寻找出路,使谈判能流畅地进行,从而提高谈判参与者的信心,促使交易成功。

从容。可使谈判双方均有时间去考虑双方的问题,使谈判压力减少,谈判手段更丰富,谈判桌面更轻松。

(二)利用弱点获取利益

1. 领导型的风格。这种风格最大的弱点是“自大、自尊”,对此可以做的文章是:

(1)攻其“自大”,要其出手放利,否则就“不听从指挥”。例如,在许多谈判中,这种风格的谈判人员常被“将军”:“贵公司有实力,请在××方面予以关照”“既然贵方有言在先,那么,我方需要看贵方的具体表现”“您是地位高的谈判代表,不能言而无信,请就××问题拿出贵方具有诚意、能维护您的身份的方案”。

(2)攻其“自尊”,对其虚荣心可以“滥戴高帽子”,让其忘乎所以。例如:“贵方对生意一向注重大局,不计较小利,这种态度让我方佩服”“您的大手笔、大气魄将会推动贵我双方的合作”“您具有大将风格”“在我见到为数众多的谈判人员中,您是最杰出的一位”“您对全局的观察全面、敏锐”“您的反应不愧为优秀的谈判人员、主持人”。

(3)“激将”,让其带着响(放出条件,做出让步)的领头走。例如:“既然贵公司财大气粗,我们愿尽力配合,但自然要看贵公司做榜样了”“您谈判气度比之君子,希望您的出手亦像君子”“您现在的行为是否让人觉得言行不一了?请您拿镜子照一照”“这个条件在贵方能力之内,这个理由贵方不难理解,倘若因此而使双方陷于困境,贵方将做何解释”。

(4)“故意冒犯”,挫伤对方的自尊,或使其愤怒、激动,或使其情绪沮丧、动摇信心。例如:“贵公司表面很强,但未必处处强”“贵公司规模是不小,可贵公司的谈判气量却不大”“您的做法不是大公司的代表,比我或别的小公司代表还有不及之处”“在谈判桌上,没有企业大小之分,谈判地位是平等的,您这么失礼,不会得到积极结果,只有我们对您的失望和遗憾”“这是个普通的问题,是个常识性的问题。您犯这种低级错误,令人惊讶”“您的表现与贵公司在国际交易中的地位不相称”。

2. 跟随型的风格。这种风格最大的弱点是被动,对此可大下功夫。

(1)攻其“跟随”的形式,在组织形式、谈判议题、谈判态度上以多变的手法使其被迫跟着走,把控制谈判的权利掌握在手。

(2)在实质性的交易条件必须要求其跟上,不使谈判形成主动者吃亏、被动者一定占便宜的局面,这样就利用了其弱点而取得主动权,更不至于吃亏。例如在谈判中常见的处理有:“既然贵方谦让,那么我方先提建议”“贵方口头说愿意尊重我方意见,那么,我方已先做出了榜样,贵方不应食言,请做出相应的行动”“贵方跟我方谈判,但请别误会成看我方谈判,仅靠我方一方的努力是达不成协议的”“我方不要口头上的谦让,也不喜好虚荣,希望贵方拿出谈判诚意以及真正实在的条件来,否则,我方会认为贵方在耍我方”“我方可以主动做出努力,但请贵方别把对手当傻瓜,请拿出相应的态度与行动来”“您当跟班,我很乐意,但别空着手”。

3. 进攻型的风格。这类风格的弱点在于暴露性大,可以针对该弱点获取对手情报,并可组织有效的防守反击,以争取利益。

(1)获取情报时,常有如下说法:“贵方别过分挑剔,请讲明白为什么”“没有理由的批评,我方是不会接受的”“贵方的信息来源可靠吗?说给我听听,否则我方不信,拒绝采纳”“请别见怪,我不怕别人的气势,就怕别人有理,倘若您想让我听取您的意见,请您平心静气地说明道理”。

(2)防守反击时,又会有如下的说法:“如果事实如贵方说的那样,交易条件应为X,事实却证明不是贵方所说的那样。因此,交易中X条件不能成立”“按照贵方的思维方式,我方认为贵方的Y条件应予以修改”“您能肯定您的说法吗?若肯定,那么,我可以告诉贵方,这是错的。因为根据××资料,贵方说法很有误。请贵方收回您的要求,并接受我方的条件”“贵方的道理讲得很好,正好说出了我方的想法,只不过贵方导出了错误结论。我方认为,按贵方的推理,其结果只能是 A 条件,而非贵方要求的 B 条件”“既然贵方已看到了事实因素,那么,请贵方也勇敢公正地正视客观结果吧”。

4. 防守型的风格。这种风格的弱点在于僵硬,具体利用有如下几点:

(1)攻击其弱点求谈判气氛中的有利。即以确凿有力的理由挑起争论,制造僵局,让谈判桌上所有的人员均可看到防守者“不讲理”,应承担“僵局责任”,使谈判气氛、人心对主动者有利。

(2)坚持“得理不饶人”。必须让防守者拿出态度来,否则就让谈判“僵死”。这样做,主动在组织合理、服人的进攻,可先得到防守者的条件,还可视其条件后出手。常见的说法有:“贵方认为,我方的要求合理呢?还是无理?若合理,贵方应该放弃顽固立场;若无理,请贵方讲出理在哪里”“贵方是否诚心想谈?若不想谈,我们可以终止谈判,但造成双方谈判破裂的责任在贵方”“不管贵方态度如何,今天若不回答我方的意见,我们不会往下谈”“我方坦诚地向贵方陈述了我们对该问题的看法,若贵方仍躲躲闪闪、不置可否,我们认为是对我方的不敬,是一种毫无谈判诚意的表现,贵方应对可能产生的后果负责”。

5. 闪电型的风格。这种风格弱在回旋余地小,可通过其运作速度的快捷,最先摸到对手交易的底线,使其在速度上付出代价。换句话说,是以速度换利益。对方要快,可以,但先留下“买路钱”,否则“欲速则不达”。常见的说法有:“贵方的爽快,我表示钦佩。但贵方的条件如何,我尚未听明白”“贵方直率,我也开门见山。贵方的条件似乎出于我方意料之外,看来双方还需耐心交流一下相互的看法,才能最终解决问题”“贵方的条件反映了贵方的态度,但我方需要研究贵方条件后方可以表态”“贵方条件是什么性质,最终价还是可谈判价,这是贵方的事。对于我方来讲,符合要求的条件我方接受,否则我方将拒绝”“贵方不愿意就贵方提出的条件进行谈判,是贵方的权利,但贵方无权将自己的条件强加给我方”“我方也赞同谈判要快,但快不等于不谈清楚交易条件”。

6. 太极型的风格。这种风格的弱点是时空的保证,要想求利就需打乱对手部署,压缩时空,减少其施展功力的可能性,使谈判于己有利。

常见的说法有:“我方可用于谈判的时间有限,请双方尽早对 × × 问题做好准备”“请贵方别绕圈子,直接回答我方的问题”“贵方说的理由很客观、全面,那么,具体建议是什么?请直截了当地说出来”“请贵方明天务必对我方的要求做出答复,否则无法继续谈判”“我方后天将有别的业务要谈,双方的谈判将中断一段时间。若贵方想与我就正在谈的交易达成协议,我方建议,尽量利用这有限的时间”“贵方能否简单点? 请直接讲,贵方要求我方怎么做”。

四、谈判风格的定位

大多数人会根据他们所处的情境采用一种或几种风格,尽管他们很可能比较偏好某种具体的谈判风格。当谈判者和对方互动谈判时,通常会根据对方的行为不断地调整谈判风格。为了准确定位谈判风格,谈判人员应有自我基本定位和定位调整两个层面上的思考。

(一)基本定位

一名谈判人员的风格定位,不是指因其个性而去选择相应的谈判风格,而是在比较各种风格的利弊之后择优而从的一种选择和学习。

1. 择优而从。在上述 6 种典型的谈判风格中,只有太极型谈判风格最主动、最优越,它集中体现了谈判中需要的灵活性、主动性和回旋性。这些特性对制造谈判气氛、实施保护和进攻、挽救谈判危机、塑造谈判人员形象均有一定的积极意义。这些建设性的谈判优点均强于其他类型的谈判风格。

2. 选择中的学习。按个性选择谈判风格是自然选择,属低级选择范畴,不用太多的学习即可掌握(尽管仍要学习克服其弊端的手段)。择优的选择属理性的选择,是高级的选择,因为对某些谈判人员来讲,是反性格的选择,需要学习方可掌握。而正是由于塑造谈判风格,又使谈判人员得到一次升华。

(二)定位调整

由于各种谈判风格自身存在的缺陷,谈判人员在择优选择之后,还存在一个完善的过程。对谈判风格的完善过程也叫谈判风格定位的调整。调整手法有两种:内涵式的调整与外延式的调整。

1. 内涵式的调整,指为选择的谈判风格从其谈判表现的实质(本质)予以标记,使外在的风格产生更加强烈的魅力——说服对方的魅力。这个标记是“唯理是谈”。

“唯理是谈”的意思是:无论以什么特征表达谈判立场,均应有相应理由予以支持。简单地说就是:有立场,即有理;无理,则无要求。该标记无疑会使谈判风格更加亮丽。有人说:“讲理人有无理时,不讲理的人无时没有理。”意思就是说,真要讲理,就是老实人,老实人就会承认没有理的事,只有不老实的人才永远能找理说。

对此,作为谈判风格内涵的调整因素,“唯理是谈”重在强调风格中道理的存在,不强调其理的性质——理的全面性或片面性、本质性还是表面性。

2. 外延式的调整,指从外部给选择的谈判风格予以组合,以加强其谈判威力。该组合的意思是:在熟谙各种谈判风格利弊的基础上,针对谈判实际情况,将一种或数种谈判风格组合进来,以弥补基本谈判风格在特定谈判中的不足或加强其效果。例如:某种情况下需要领导型风格或进攻型风格,那么在太极型风格的基础上,适时导入领导型或进攻型的风格。

外延式的调整不仅要求灵活运用各种谈判风格的优点,还要求适时回到自己的基本风格上来。这样要求基于两点:其一,外延调整的组合手段系战术需要,不能因此而破坏整体风格。其二,该组合不能冲淡乃至改变谈判人员的基本风格,否则效果未必会好。这里,既指谈判人员风格外在的形象效果会因为反差太大而遭损害,又指对方的心理反应效果因为你的基本风格突变而受到强烈挫伤。

第二节　团队风格

大多数情况下,谈判双方总是以团队的形式出现的。因此,团队谈判风格的运用是谈判能否成功的关键。团队谈判风格的选择与个人谈判风格选择具有差异性,具体表现在:这个团队是否自始至终能够保持统一性。这是团队谈判成败的关键。

谈判团队由不同的谈判个人构成,团队中各成员都具有独特的智慧结构、文化背景及性格类型。因此,在确定团队谈判所采用的风格时,应首先确定谈判人员,让他们来决定团队最终的谈判风格。

一、意见一致型

所谓“意见一致型”谈判风格,是指只有当团队各成员意见基本一致以后才能最后做出决定的风格。

（一）特征

1. 该团队每个成员都享有权利和责任。

2. 任何决定(无论大小)都由团队决策。

3. 发言人并不是唯一的,可以根据不同的讨论事项而随时更换。

4. 首席谈判者只是扮演协调员的角色,而且不暴露身份。

（二）优点

1. 由于团队成员都有参与权和发言权,因此能够调动每个成员的积极性。

2. 对于那些并不是非常成熟的谈判成员,可以提供给他们足够的锻炼机会。

3. 团队成员的共同参与能够拾漏补缺,集思广益,能够多方面、多角度地考虑问题。

4. 由于每个决定都必须由全部团队成员讨论决策,因此对方不容易找到突破口,有“无机可趁”的感觉。

（三）缺点

1. 每个决定无论大小都要由全体成员讨论决定,因此进程缓慢,容易让对方感到不耐烦甚至终止谈判。

2. 在谈判过程中,可能会有许多预期之外的问题发生,需要讨论。这意味着该团队有可能无法在预定的期限内结束谈判,快到事先约定的期限却还有很多问题没有解决,这个时候手忙脚乱,反而会造成不必要的损失。

（四）需要注意的问题

1. 确定团队成员时,应挑选那些具备“就事论事”态度的人,切不可挑选那些容易情绪化的人员。因为一旦内部产生分歧,这些成员就有可能分不清重点,使得团队内的讨论无法继续下去。

2. 团队成员都应该具备良好的沟通能力,并愿意做出合理的让步。

3. 团队成员应该来自同一种文化,并愿意接受团队的领导。

4. 团队成员除了应具备必要的专业知识外,还应该对公司的大局有所了解。

5. 事先做好充分的准备,确定团队讨论和做出决定的方式以及基本限定的时间,不能让讨论漫无目的地一直继续下去。另外,要做好应对突发情况的预案。

6. 团队成员在谈判过程中,只需要认真倾听对方阐述的观点并将其搞清楚,没有必要发表意见。

二、平行组型

与“意见一致型”相似,该种风格的谈判团队也对权利和责任进行分配。不同之处在于,首席谈判会将整个团队分成若干相对独立的平行团队,每个团队分别就合同的一项或几项进行谈判。

(一)特征

1. 每个团队相对独立平行,而且有权利单独做决定,并对做出的决定负责。

2. 首席谈判者宏观协调各个团队的作业和进程。

(二)优点

1. 每个团队能够根据自身的目的做成交易,无须过多考虑公司其他部门的谈判结果。

2. 容易给对方造成压力,本来只需要对付一家,现在相当于是在与几家独立的公司谈判。

(三)缺点

若内部互相出现任何问题或总部产生分歧,会对谈判的全局效力产生不良影响。

(四)需要注意的问题

1. 各谈判者必须对团队立场充分理解和灵活运用,做决定时应考虑整个团队的立场。

2. 事先必须有精心的组织安排。这种谈判过程会发生谈判职责划分不当的问题,因此必须有充分的准备才行。

3. 配置得力的领导。能够对各个团队的相互关系统筹管理的领导是该谈判风格成功的关键。

4. 让对手感到与各个独立的团队谈判是这种风格的关键,事实上各个团队的谈判是一个统一的整体。

三、牛仔型

所谓“牛仔型”的团队谈判风格指的是该团队的成员在必要的情况下可以单独出马与对方谈判。我们平常所谓的“牛仔”就是指那些能够独立行事,同时也为着集体的目标努力的人。

（一）特点

该类型谈判风格往往在涉及大量投资的谈判中使用。这种谈判不能仅由一次双方全体成员参加的大型谈判解决,需要安排一些专门的会议,如工程、营销、技术等方面的会议。这种情况下,就需要团队的个别成员或部分成员参加。

"牛仔型"团队成员不仅仅是行业专家,还应精通综合管理,并且明白整个团队要达到的一致目标。

（二）优点

分散作业,发挥各自的技能。相当灵活,适应性强(但对人员的要求也很高)。

（三）缺点

由于经常是一个人或者少部分人单独行动,因此容易受到对方的离间计侵蚀。

（四）需要注意的问题

1. 团队成员必须有足够的进取心和独立做决策的能力。前面讲到的意见一致型的成员,可能会不太适应该风格。记住,在正式谈判之外的谈判场合做出的决定往往会影响整个谈判的成败。

2. 团队成员之间必须经常联系,保持信息的畅通,以确保实现团队的计划目标,并及时传达最新消息。虽然每位成员负责一部分工作,但团队的整体工作是一盘棋。

3. 必须要保证团队成员的忠诚,使团队成员认识到自身利益与独立行事的区别。

4. 需要有强有力的领导。首席谈判不仅能够制定出明确的团队目标,还必须具有激发成员并有效控制局势的能力。通信联络必须畅通无阻,以充分发挥调兵遣将的能力。

四、团队型

团队型与牛仔型基本上是一样的,只是由一个人变成一个团队。其特点是:

一个团队有一个团队负责人,团队负责人必须具有"牛仔"的特质,同时能够领导一个团队的工作。

如果在谈判中涉及大量的技术,这种风格就非常有效。团队负责人领导专家并负责谈判的主要进程。

五、等级型

所谓等级型谈判指的是大部分决定（无论大小）都是由首席谈判决策的一种谈判风格。

（一）特点

1. 基本上所有的权利都由首席谈判者控制，谈判团队内的成员没有权利做任何决定。该谈判风格与意见一致型不同。在意见一致型团队中，每位团队成员的意见或多或少都会影响整个团队的决定。在采取等级型风格的团队中，团队成员的意见只可能对首席谈判的观点或想法产生影响，最后做决定的还是首席谈判。他可以采纳团队成员的意见，也可以完全不听团队成员的意见而一意孤行。

2. 团队成员的构成在一定程度上体现了其在公司中的等级。

（二）优点

1. 如果首席谈判能力比较强大，这种方式能够避免无法统一过多意见而造成时间延误的问题，谈判效率相对较高。

2. 团队能够保持和谐、统一。

（三）缺点

1. 由于首席谈判处于谈判的主导地位，因此团队的其他成员可能得不到太多的锻炼机会。

2. 观察敏锐的对手一旦察觉到团队的决策权集中于首席谈判，就可以将大部分精力转来对付首席谈判一人。因为他们知道，团队的其他成员对决策的影响力是微乎其微的。因此，首席谈判可能面临与对方整个团队周旋的局面。

六、部门型

这种方式是“等级型”的翻版，但其中又产生了“水平组型”的职责分配效应。

不论是来访者还是东道主都面对着这样一个对手：这个对手按照部门设置及中央权力的基本公司结构组织团队，然而，每天谈判不是团队到场，只是派去与工作与议程所列的谈判项目直接相关的人员。这些以专业划分的部门只能就自身有限的领域进行谈判，但要诱使对方把观点全盘托出，以供其他部门日后分析、评判。

团队领导(或是成员和部门)每天更替,首席谈判可以对谈判进行远程操作指导。对手必须与同一家公司的各个部门周旋,但无法与真正的决策者沟通。还有,他们被迫不断适应新人,这样有碍于他们对对方战略的全面把握。这样,不仅在谈判中被拖得筋疲力尽,还不断迷失方向。

部门型谈判要求严格控制谈判议程的各项条款,保持部门之间、部门与首席谈判间通信联络畅通无阻。一些部门型谈判人员(通常是来访的经销商)让其成员对对方进行个别的、直言不讳的陈述,认为"事实胜于雄辩"。这种向对方"摊牌"对于尽早对关键事宜做决定是非常有效的方法。这种团队的大多数成员都应是"实用主义"。

以上介绍了团队谈判中比较常使用的谈判风格,但需要牢记的是,对手的类型总是不一样的。若想在日趋扩大的国际市场上立于不败,每个团队和团队的每个成员都应该掌握尽可能多的谈判类型。

只有尽可能多地熟练掌握更多的谈判方式或谈判方式的组合,才能让谈判人员认清对方的细微特征。对于一种方式的熟练掌握只有通过不断反复使用或细心观察才能获得。出于道德原因,谈判人员或团队可能会反对某种方式,尽管如此,他们必须熟悉这种方式的具体细节。洞悉对手的谈判方式,并明确谈判者意图,才可能做好前期准备工作,并且在谈判开始之后进行有效地调整,以便运筹帷幄。

案例应用

关于全球抗疫医疗产品的贸易谈判

2020 年 1 月 30 日,世界卫生组织宣布新冠肺炎疫情为"国际关注的突发公共卫生事件"(PHEIC)。随着疫情不断蔓延,世界卫生组织总干事谭德塞 3 月 10 日宣布,新冠肺炎疫情构成全球性大流行。截至 2020 年 5 月 26 日,全球确诊人数已经超过 540 万,而且还有递增趋势。从各国抗击疫情的情况来看,抗击疫情成效实际上是医用物资后勤保障的竞争和较量。各国采取各种措施,组织医用防护服、口罩等疫情防控急需医疗物资的生产,甚至以保护国家安全的名义,要求汽车、航空、卫妆等行业迅速转产和复工,以多种方式扩大防护物资和医疗产品的产能和增加产量,推进医药研发和临床应用。同时,增加对重要防护物资和医疗产品的进出口贸

案例应用

易，扩大跨境政府采购和商业采购，力争保障国内医用物资供应。由于全球抗疫医疗产品供给远远低于需求，年初以来一些世界贸易组织成员采取了不同形式的进出口贸易限制措施。截至2020年3月21日，54个国家（地区）采取了46项出口贸易限制措施，其中仅3月份出台的贸易限制措施就有33项。与此同时，仅有26个国家（地区）有能力生产和出口医用呼吸机，这意味着大多数发展中国家（地区）需要依靠进口贸易提供医疗产品来抗击疫情。

贸易谈判不仅需要谈判官员保持良好沟通，更离不开领导人的政治指导和实质性参与。3月26日，二十国集团（G20）领导人应对新冠肺炎特别峰会召开，峰会声明专门提及"应对疫情对国际贸易造成的干扰"，要求旨在保护健康的应急措施将是有针对性、适当、透明和临时的，确保重要医疗用品和服务的正常跨境流动，协调应对措施，避免对国际交通和贸易造成不必要的干扰，解决全球供应链中断问题，实现自由、公平、非歧视、透明、可预期和稳定的贸易投资环境以及保持市场开放的目标。二十国集团贸易部长应对新冠肺炎特别视频会议于3月30日和5月14日分别召开。两次会议声明均要求保持市场开放、全球物流网络顺畅和持续运作，确保最需要的地方以可负担的价格尽快获得必需的医疗用品和药品。不采取不必要的贸易壁垒并向世界贸易组织通报采取的相关贸易措施，增强透明度。对受疫情影响的发展中国家（地区）、最不发达国家（地区）及脆弱群体表示关心和支持，帮助中小微企业，并加强国际投资合作，监测和评估疫情对贸易的冲击，呼吁国际组织深入分析新冠肺炎疫情对世界贸易、投资和全球价值链的影响，促进必需的商品和服务的投资和流动。实现抗疫医疗产品国际贸易正常化是二十国集团领导人和贸易部长关注的优先内容，通过开展全球抗疫医疗产品贸易谈判，进一步推动抗疫医疗产品跨境流动的自由化和便利化，有助于缓解疫情大流行对国际贸易的冲击。

2019年12月，世界贸易组织争端解决机制上诉机构运转陷入瘫痪，不少学者将此等同于世界贸易组织停摆，对如何改进世界贸易组织争端解决机制进行了多角度探讨，却忽视了世界贸易组织同样重要的贸易谈判、审议监督和能力建设功能。无论是关贸总协定时代，还是世界贸易组织成立

案例应用

以来的各个阶段,货物和服务的市场准入谈判一直是多边贸易体制的重要支柱。新冠肺炎疫情引致世界贸易组织第12届部长会议延迟举办,原有的货物、服务等领域的谈判议题被暂时搁置,可能会影响世界贸易组织制定多边贸易规则和维护国际贸易秩序的声誉。

随着新冠肺炎疫情的全球蔓延,启动全球抗疫医疗产品市场准入磋商和谈判,不仅可以减轻医疗产品供求不平衡的压力,为发展中成员抗击疫情提供必要的物质基础,也能充实世界贸易组织改革的新领域,更好地发挥世界贸易组织作为全球贸易治理平台的作用。

任何一项多边或诸边贸易协定,在发起谈判前都有前期的学术研究和数据统计积淀,这是世界贸易组织秘书处经济研究统计司职员人数领先其他司局的原因之一。开展全球抗疫医疗产品贸易谈判具有一些技术困难和政治障碍,比如谈判产品范围、阶段性降税模式、原料药供应和仿制药生产、主要成员能否发挥引领作用、协调医疗产品的产业利益和贸易利益等。同时,全球抗疫医疗产品供应链安全问题也引发了世界贸易组织成员的担忧,贸易保护主义和单边贸易措施对开展新的贸易谈判形成干扰。因此,推动全球抗疫医疗产品贸易谈判既具有可行性,属于传统货物贸易议题谈判范畴,也面临一定的挑战,特别是发达成员的谈判立场和谈判意愿,这些问题亟须进一步深化研究。

对于中国来说,抗疫医疗产品具有产业利益,引领该议题贸易谈判具有重要意义。如果世界贸易组织成员能在全球抗疫医疗产品贸易谈判中收获不同程度的谈判成果,该谈判成果的最终归途应是多边化,即纳入世贸组织规则框架。这应是中国作为该组织主要成员,积极参与世界贸易组织改革和维护多边贸易体制核心价值的基本主张。

资料来源:徐清军,高波. 关于推动全球抗疫医疗产品贸易谈判的初步研究[J]. 国际贸易问题,2020(6):26~38.

思考题:

1. 为何要启动全球抗疫产品的贸易谈判?
2. 多边贸易体制的重要支柱是什么?
3. 全球抗疫产品贸易谈判的技术困难和政治障碍主要有哪些?

参考文献

[1]（美）尼尔伦伯格. 谈判的艺术[M]. 曹景行,陆延泽,译. 上海:上海翻译出版公司,1987.

[2]（美）杰勒德. 哈佛谈判学[M]. 成都:西南财经大学出版社,1998.

[3]（美）唐纳森,等. 谈判指南[M]. 郭庆春,等,译. 北京:电子工业出版社,1997.

[4]（美）盖温·肯尼迪. 谈判:如何在博弈中获得更多[M]. 陈蓉,译. 北京:中信出版集团,2022.

[5]（美）费舍尔. 谈判的心理策略[M]. 孙健敏,张小安,译. 重庆:重庆出版社,1993.

[6]（美）凯尔·安德森. 谈判商务高手[M]. 张志洪,译. 广州:广东经济出版社,1998.

[7]（美）艾米尼亚·伊瓦拉,等. 谈判[M]. 王旭东,等,译. 北京:中国人民大学出版社,2003.

[8]（美）加文·肯尼迪. 新谈判优势[M]. 爱丁,等,译. 北京:电子工业出版社,2004.

[9]（美）马克斯·巴泽尔曼,等. 理性谈判[M]. 魏清江,等,译. 北京:机械工业出版社,2004.

[10]（美）理查德·吕客. 谈判[M]. 冯华,译. 北京:机械工业出版社,2005.

[11] 刘园. 国际商务谈判[M]. 北京:中国人民大学出版社,2000.

[12] 冯娟娟,孙秀兰. 谈判与社会心理[M]. 北京:经济科学出版社,1994.

[13] 蒋春堂,蒋冬梅. 谈判学(新版)[M]. 武汉:武汉大学出版社,2004.

[14] 董耀会,国辉. 成功谈判术[M]. 北京:中国经济出版社,2004.

[15] 张维迎. 博弈论与信息经济学[M]. 上海:上海三联书店,1996.

[16] 颜宏裕. 绝佳谈判术[M]. 北京:经济管理出版社,2004.

[17] 陈莞. 实用谈判技巧[M]. 北京:经济管理出版社,2003.

[18] 吕维霞,等. 现代商务礼仪[M]. 北京:对外经济贸易大学出版社,2003.
[19] 吕维霞. 案说公共关系[M]. 北京:对外经济贸易大学出版社,2002.
[20] 邱伟光. 公共关系实务[M]. 上海:华东师范大学出版社,1996.